国家文化产业资金支持媒体融合重大项目

U0648828

职业教育教学改革融合创新型教材·会计类

Nashui Shenbao
Shiwu Shixun

纳税申报
实务实训 第三版

刘彩霞　张娟　主编　邓晴　宋燕　汤玉梅　副主编

东北财经大学出版社
Dongbei University of Finance & Economics Press　大连

图书在版编目（CIP）数据

纳税申报实务实训 / 刘彩霞，张娟主编. —3版. —大连：东北财经大学出版社，2020.7

（职业教育教学改革融合创新型教材·会计类）

ISBN 978-7-5654-3858-5

Ⅰ．纳…　Ⅱ．①刘…②张…　Ⅲ．纳税–税收管理–中国–高等职业教育–教材　Ⅳ．F812.423

中国版本图书馆 CIP 数据核字（2020）第 069695 号

东北财经大学出版社出版

（大连市黑石礁尖山街217号　邮政编码　116025）

网　址：http：//www.dufep.cn

读者信箱：dufep@dufe.edu.cn

大连永盛印业有限公司印刷　东北财经大学出版社发行

幅面尺寸：185mm×260mm　　字数：393千字　　印张：19.5

2020年7月第3版　　　　　2020年7月第1次印刷

责任编辑：张旭凤　王　娟　　　　责任校对：木　棉

封面设计：冀贵收　　　　　　　　版式设计：钟福建

定价：46.00元

教学支持　售后服务　　联系电话：（0411）84710309

版权所有　侵权必究　　举报电话：（0411）84710523

如有印装质量问题，请联系营销部：（0411）84710711

◇ 第三版前言 ◇

为了贯彻落实国家加快现代职业教育发展、培养社会需要的高素质技术技能型人才的战略部署，我们按照教育部《国家中长期教育改革和发展规划纲要（2010—2020年）》、《国务院关于印发国家职业教育改革实施方案的通知》（国发〔2019〕4号）等文件精神，根据税务会计岗位的需要和实训教学的需求，编写了"税务会计"课程配套实训教材。

本书以祥龙电子有限公司（虚构）为例，编写了其一个月的经济业务，并提供了各种各样的仿真原始凭证，要求学生根据原始凭证及有关资料等运用复式记账法，采用实际的通用记账凭证及书中直接提供的试算平衡表、日记账、总分类账、明细分类账、纳税申报表（最新）、会计报表等配套资料进行实际操作，独立完成整套的会计核算工作和纳税申报工作，培养正确处理纳税申报中各种业务的能力，从而完成理论知识到工作技能的转化。

本书的编写具有以下几个特点：

第一，操作性强，重视实践能力的培养。本书以学生日后的实际工作需要为核心，紧密结合税务会计工作实际，根据税务会计的具体工作方式设计工作流程图，着重于具体操作知识的编写，条理清晰，操作规范，加强学生的技能训练，主张"管用、够用、实用"。

第二，设计精炼，涉税事项覆盖面广。教材编写力求给学生和老师营造一个业务丰富的模拟环境，40多项业务中涉及增值税、企业所得税、城市维护建设税、教育费附加、地方教育附加、城镇土地使用税、房产税、车船税、印花税、个人所得税等多个税种，练习全面。

第三，使用效果好，实现学习、示范、模拟练习、教师指导和考核等各环节的紧密结合，使学生边看边学、边学边练，从而达到强化技能、规范操作的效果。

本书既可作为高等职业学院、高等学校会计及其他财经类专业的教学用书，也可作为成人高等学校、企业财务人员、税务工作人员培训或自学用书。

在本书编写过程中，我们专门组织了教材编写研究会，邀请了湖北省技能名师工作室"税务专业刘彩霞工作室"的校外企业专家进行了深入的研讨，以湖北省税务省级特色专业师资为主体，力求体现职业教育特色，突出对学生实践能力的培养，充分体现教学过程的实践性、开放性和职业性。本书由湖北财税职业学院财税系主任刘彩霞教授任第一主编，湖北财税职业学院教师、注册税务师张娟老师任第二主编，湖北财税职业学院教师、注册税务师邓晴、宋燕、汤玉梅任副主编。具体编写分工为：沈颖喆、胡蝶编写了第一部分，张娟、文丹、黄喆编写了第二部分，彭晖、丁婷玉编写了第三部分，邓晴、宋燕、汤玉梅编写了答案，最后由张娟进行统稿，刘彩霞对书稿进行了审读把关。

由于编者时间和水平有限，书中不妥之处在所难免，恳请读者在教材使用过程中提出宝贵意见。

编　者

2020年5月

◇ 目 录 ◇

第一部分
纳税申报实务实训准备

>> 1.1　纳税申报实务实训的目的

　　高等职业技术教育是我国高等教育体系的重要组成部分。从 20 世纪 90 年代末开始，伴随我国高等教育的快速发展，高等职业技术教育也进入了快速发展时期。在短短的几年时间内，我国高等职业技术教育的规模，无论是在校生数量还是院校的数量，都接近占高等教育总规模的半壁江山。按照教育部《国家中长期教育改革和发展规划纲要（2010—2020 年）》，坚持能力为重，优化知识结构，丰富社会实践，强化能力培养，着力提高学生的学习能力、实践能力、创新能力，教育学生学会知识技能，学会动手动脑，学会生存生活，学会做事做人，促进学生主动适应社会，开创美好未来。

　　高等职业技术教育承担着为我国走新型工业化道路，调整经济结构和转变增长方式，提供高素质技能型人才的任务。按照《国务院关于印发国家职业教育改革实施方案的通知》（国发〔2019〕4 号），推进人才培养模式创新。坚持校企合作、工学结合，强化教学、学习、实训相融合的教育教学活动；推行项目教学、案例教学、工作过程导向教学等教学模式；加大实习实训在教学中的比重，创新顶岗实习形式，强化以育人为目标的实习实训考核评价。实训课程作为教学改革的重要载体，是实现理论知识到工作技能的重要桥梁，本课程应达到下列目的：

　　1.努力体现真实的职业环境。本实训课程在实训室组织教学，实现仿真环境教学。

　　2.强调实训项目的应用性和规范性。本实训课程不仅包含纳税申报的全部内容，还突出涉税会计核算流程，同时培养学生防范办税岗位涉税风险意识。

　　3.加强技能操作训练。要使学生不限于对某项技能的了解，而应该对主要技能达到独立操作和熟练的水平，这就需要有一定量的积累。通过设计、选择典型工作任务，达到使学生举一反三、触类旁通的目的。

>> 1.2　纳税申报实务实训的内容和程序

　　本实训内容和程序：

　　1.初始建账；

　　2.根据原始凭证编制记账凭证；

　　3.根据记账凭证逐笔登记库存现金日记账和银行存款日记账；

　　4.根据原始凭证和记账凭证，登记各种明细分类账；

5.编制试算平衡表；

6.根据试算平衡表编制科目汇总表；

7.根据科目汇总表登记总分类账；

8.期末，库存现金日记账、银行存款日记账和明细分类账的余额同有关总分类账的余额核对相符；

9.期末，根据总分类账和明细分类账的记录，编制纳税申报表；

10.期末，根据总分类账和明细分类账的记录，编制会计报表。

纳税申报实务实训具体流程如图1-1所示。

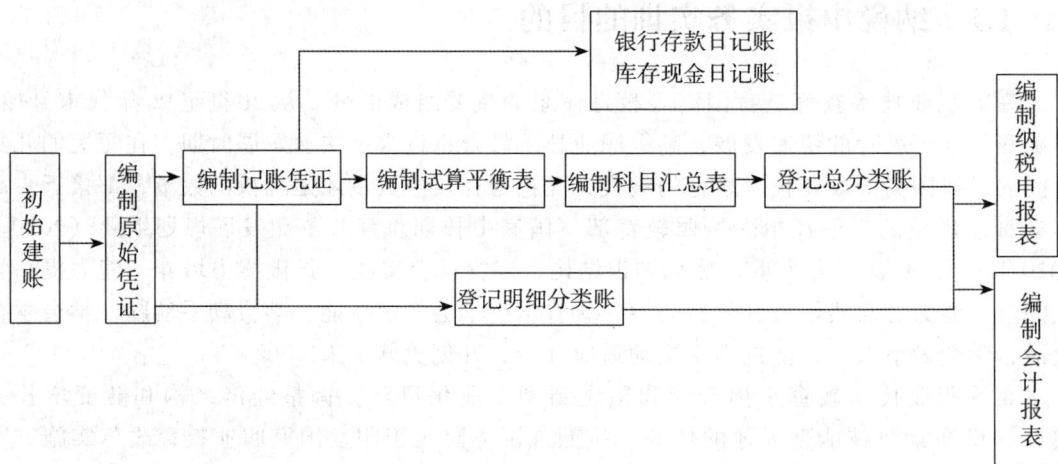

图1-1　纳税申报实务实训具体流程

>> 1.3 纳税申报实务实训的知识准备

1.3.1 会计文字和数字书写要求

会计书写规范是对企业会计事项书写时采用书写工具、书写文字或数字、书写要求、书写方法及格式等方面进行的规范。会计文字和数字书写规范是会计的基础工作标准，直接关系到会计工作质量的优劣和会计管理水平的高低，以及会计数据资料的准确性、及时性和完整性。

（1）会计文字书写规范

会计上的文字书写是指汉字书写。会计人员每天都离不开书写，不仅要书写文字，而且要书写数字，两者是相辅相成的。书写数字离不开文字的表述，文字也离不开数字的说明，只有文字、数字并用，才能正确反映经济业务。

会计人员在填制会计凭证时要写明经济业务内容，接受凭证单位名称，商品类别、计量单位，会计科目（总账科目和明细科目）及金额大写等；登记会计账簿时，要用汉字书写"摘要"栏（即会计事项）和据以登账的凭证种类，如"收字"、"付字"、"转字"或"现收"、"现付"、"银收"、"银付"和"转"等；编制会计报表时，撰写会计报告说明、会计分析报告及其他应用文字等，都需要汉字。所以说，文字书写在财务会计书写中具有重要作用。

会计工作对书写的基本要求是：简明扼要，字体规范，字迹清晰，排列整齐，书写流利并且字迹美观。

①简明扼要地用文字将所发生的经济业务叙述清楚，文字不能超过各书写栏。书写会计科目时，要按照会计制度的有关规定写出全称，不能简化、缩写，并且子目、明细科目也要准确、规范。

②书写字迹清晰、工整。书写文字时，可用正楷或行书，但不能用草书，要掌握每个字的重心，字体规范，文字大小应一致，汉字间适当留间距。

③会计人员在书写文字时，应养成正确的写字姿势，掌握汉字的笔顺和字体结构，写好规范的汉字。

④中文大写数字笔画多，不易涂改，主要用于填写需要防止涂改的销货发票、银行结算凭证等信用凭证，书写时要准确、清晰、工整、美观；如果写错，要标明凭证作废，需要重新填写凭证。

A.中文大写数字写法。中文分为数字（壹、贰、叁、肆、伍、陆、柒、捌、玖）和数位（拾、佰、仟、万、亿、元、角、分、零、整（正））两个部分。中文书写通常采用正楷、行书两种。

会计人员在书写中文大写数字时，不能用〇（另）、一、二、三、四、五、六、七、八、九、十等文字。

B.中文大写数字书写的基本要求。

a.大写金额由数字和数位组成。数位主要包括：元、角、分和拾、佰、仟、万、亿，以及数量单位等。

b.大写金额前若没有印制"人民币"字样的，书写时，在大写金额前要冠以"人民币"字样。"人民币"与金额首位数字之间不得留有空格，数字之间更不能留空格，写数字与读数字顺序要一致。

c.人民币以元为单位时，只要人民币元后分位没有金额（即无角无分时，或有角无分），应在大写金额后加上"整"字结尾；如果分位有金额，在"分"后不写"整"字。例如，58.69元，应写为：人民币伍拾捌元陆角玖分（因其分位有金额，在"分"后不写"整"字）。又如，58.60元，应写为：人民币伍拾捌元陆角整（因其分位没有金额，应在大写金额后加上"整"字结尾）。

d.如果金额数字中间有两个或两个以上数字"0"时，可只写一个"零"字。如金额为800.10元，应写为：人民币捌佰元零壹角整。

e.表示数字为拾几、拾几万时，大写文字前必须有数字"壹"字，因为"拾"字代表位数，而不是数字。例如，10元，应写为：壹拾元整。又如，16元，应写为：壹拾陆元整。

f.大写数字不能乱用简化字，不能写错别字，如"零"不能用"另"代替，"角"不能用"毛"代替等。

g.中文大写数字不能用中文小写数字代替，更不能与中文小写数字混合使用。

C.中文大写数字错误的订正方法。中文大写数字写错或发现漏记，不能涂改，也不能用"划线更正法",必须重新填写凭证。

D.大写金额写法解析。会计人员进行会计事项处理书写大小写金额时,必须做到大小写金额内容完全一致,书写熟练、流利,准确完成会计核算工作。下面列举在书写大写金额时,容易出现的问题并进行解析。

例1:小写金额为 6 500 元

正确写法:人民币陆仟伍佰元整

错误写法:人民币:陆仟伍佰元整

错误原因:"人民币"后面多一个冒号。

例2:小写金额为 3 050.50 元

正确写法:人民币叁仟零伍拾元伍角整

错误写法:人民币叁仟伍拾元伍角整

错误原因:漏写一个"零"字。

例3:小写金额为 105 000.00 元

正确写法:人民币壹拾万伍仟元整

错误写法:人民币拾万伍仟元整

错误原因:漏写一个"壹"字。

例4:小写金额为 60 036 000.00 元

正确写法:人民币陆仟零叁万陆仟元整

错误写法:人民币陆仟万零叁万陆仟元整

错误原因:多写一个"万"字。

例5:小写金额为 35 000.96 元

正确写法:人民币叁万伍仟元零玖角陆分

错误写法:人民币叁万伍仟零玖角陆分

错误原因:漏写一个"元"字。

例6:小写金额为 150 001.00 元

正确写法:人民币壹拾伍万零壹元整

错误写法:人民币壹拾伍万元另壹元整

错误原因:将"零"写成"另",多出一个"元"字。

(2)会计数字书写规范

在世界各国的会计记录中,通常采用的数字是阿拉伯数字。阿拉伯数字书写规范是指要符合手写体的规范要求。

①数字书写要求。

A.每个数字要大小匀称,笔画流畅,独立有形,不能连笔书写,要让使用者一目了然。

B.每个数字要紧贴底线书写,但上端不可顶格,其高度占全格的 1/2 ~ 2/3 的位置,要为更正错误数字留有余地。除6、7、9外,其他数字高低要一致。书写数字"6"时,上端比其他数字高出 1/4,书写数字"7"和"9"时,下端比其他数字伸出 1/4。

C.书写的每个数字要排列有序，并且数字要有一定倾斜度。各数字的倾斜度要一致，一般要求上端一律向右顺斜45度到60度。

D.书写数字时，各数字从左至右，笔画顺序是自上而下，先左后右，并且每个数字大小一致，数字排列的空隙应保持一定且同等距离，每个数字上下左右要对齐，在印有数位线的凭证、账簿、报表上，每一格只能写一个数字，不得几个数字挤在一个格里，更不能在数字中间留有空格。

E.会计数字的书写必须采用规范的手写体，这样才能使会计数字规范、清晰，符合会计工作的要求。

F.会计工作人员要保持个人的独特字体和书写特色，以防止别人模仿或涂改。会计数字书写时，除"4"和"5"以外的数字，必须一笔写成，不能人为地增加数字的笔画。

G.不要把"0"和"6"、"1"和"7"、"3"和"8"、"7"和"9"书写混淆。在书写阿拉伯数字的整数部分时，可以从小数点向左按照"三位一节"用分位点","分开或加1/4空分开。如8 541 630或8 541 630。

H.阿拉伯数字表示的金额为小写金额，书写时，应采用人民币符号"￥"。"￥"是汉语拼音"yuan"的第一个字母的缩写变形，它既代表了人民币的币制，又表示人民币"元"的单位。所以，小写金额前填写人民币符号"￥"以后，数字后面可不写"元"字。

需要注意的是："￥"与数字之间不能留有空格。书写人民币符号时，要注意"￥"与阿拉伯数字的明显区别，不可混淆。在填写会计凭证、登记会计账簿、编制会计报表时，数字必须要按数位填入，金额要采用"0"占位到"分"为止，不能采用划线等方法代替。

②数字书写错误的更正方法。

书写数字发生错误时，严禁采用刮、擦、涂改或采用药水消除字迹等方法改错，应采用正确的更正方法进行更正。更正的方法叫划线更正法，即将错误的数字全部用单红线销掉，并在错误的数字上盖章，而后在原数字上方对齐原位填写出正确的数字。

1.3.2　初始建账基本要求

新建单位和原有单位在年度开始时，会计人员均应根据核算工作的需要选择适用的会计制度并设置账簿，即平常所说的"建账"。建账基准日应以公司成立日（即营业执照签发日或营业执照变更日）为准，会计核算以年度、季度、月度进行分期核算，实际工作中，一般以公司成立当月月末或下月月初为基准日。如果公司设立之日是在月度中的某一天，一般以下一个月份的月初作为建账基准日。

（1）建账流程

初始建账基本程序如下：

第一步：按照需用的各种账簿的格式要求，准备各种账簿（订本式），预备各种账页（活页式、卡片式），并将活页的账页用账夹装订成册。

第二步：在账簿的"启用表"上，写明单位名称、账簿名称、册数、编号、起止页数、启用日期以及记账人员和会计主管人员姓名，并加盖名章和单位公章。记账人员或会计主管人员在本年度调动工作时，应注明交接日期、接办人员和监交人员姓名，并由交接双方签名或盖章，以明确经济责任。

第三步：按照会计科目表的顺序、名称，在总账账页上建立总账账户；并根据总账账户明细核算的要求，在各个所属明细账户上建立二、三级明细账户。原有单位在年度开始建立各级账户的同时，应将上年账户余额结转过来。

第四步：启用订本式账簿，应从第一页起到最后一页止顺序编列号码，不得跳页、缺号；使用活页式账簿，应按账户顺序编列本户页次号码。各账户编列号码后，应填写"账户目录"，将账户名称页次登入目录内，并粘贴索引纸（账户标签），写明账户名称，以利检索。

（2）建账方法

①库存现金日记账、银行存款日记账的建账方法。

首先，根据账簿的启用要求，将扉页要求填制的内容填好，根据企业第一笔现金来源和银行存款来源，登记库存现金日记账和银行存款日记账。

【例1-1】企业采用根据收款凭证登记库存现金日记账、银行存款日记账的方法。某投资人转入10万元至企业银行存款账户中，企业可根据银行转来的银行收款凭证编制银行存款收款凭证：

借：银行存款   100 000

     贷：实收资本   100 000

然后，根据该收款凭证登记银行存款日记账。

根据现金支出需要，会计人员开出现金支票提取现金2 000元。企业可根据现金支票存根联编制银行存款付款凭证：

借：库存现金   2 000

     贷：银行存款   2 000

根据该付款凭证登记库存现金日记账和银行存款日记账。以后即可根据日常现金及银行存款业务逐日逐笔登记库存现金日记账和银行存款日记账。

②明细账的建账方法。

企业明细分类账的设置是根据企业自身管理需要和外界各部门对企业信息资料需要来设置的。需设置的明细账有交易性金融资产（根据投资种类和对象设置）、应收账款（根据客户名称设置）、其他应收款（根据应收部门、个人、项目来设置）、长期股权投资（根据投资对象设置）、固定资产（根据固定资产的类型设置，另外对于固定资产明细账账页每年可不必更换新的账页）、短期借款（根据短期借款的种类或对象设置）、应付账款（根据应付账款对象设置）、其他应付款（根据应付的内容设置）、应付职工薪酬（根据职工薪酬的构成内容设置）、应交税费（根据税费的种类设置）以及销售费用、管理费用、财务费用（均按照费用的构成设置）。企业可根据自身的需要增减明细账的设置。日常核算根据原始凭证、汇总原始凭证及记账凭证登记各种明细账。无论按怎样的分类方法，各个账户明细账的期末余额之和应与其总账的期末余额相等。

③总账的建账方法。

企业可根据业务量的多少购买一本或几本总分类账（一般情况下无需一个科目设一本总账）。然后根据企业涉及的业务和涉及的会计科目设置总账。原则上讲，只要是企业涉及的会计科目就要有相应的总账账簿（账页）与之对应。会计人员应估计每一种业务的业务量大小，将每一种业务用口取纸分开，并在口取纸上写明每一种业务的会计科目名称，以便在登记时能够及时找到应登记的账页，在将总账分页使用时，假如总账账页从第1页到第10页登记库存现金业务，我们就在目录中写清楚"库存现金……1~10"，并且在总账账页的第1页贴上口取纸，并在口取纸上写清楚"库存现金"；第11页到第20页登记银行存款业务，我们就在目录中写清楚"银行存款……11~20"，并且在总账账页的第11页贴上写有"银行存款"的口取纸，依此类推，总账就建好了。

为了方便登记总账，在总账账页分页使用时，最好按资产、负债、所有者权益、收入、费用的顺序来分页，在口取纸选择上也可将资产、负债、所有者权益、收入、费用按不同颜色区分开，以便于登记。

1.3.3　原始凭证的填制和审核要求

（1）原始凭证的填制

在会计实务中，由于经济业务的种类和内容不同，经营管理的要求不同，原始凭证的名称、格式和内容也千差万别。但无论何种原始凭证，都必须反映经济业务发生或完成情况，并明确有关人员的经济责任。所以各种原始凭证一般应具备以下基本内容（也称为原始凭证要素）：

①原始凭证名称和编号；

②填制原始凭证的日期；

③接受原始凭证单位名称；

④经济业务内容（含数量、单价、金额等）；

⑤填制单位名称或填制人姓名；

⑥经办人员的签名或盖章；

⑦凭证附件。

原始凭证按照来源不同，可分为外来原始凭证和自制原始凭证；按其填制要求和方法的不同，可分为一次凭证、累计凭证和汇总凭证。

原始凭证是具有法律效力的证明文件，是进行会计核算的依据，必须认真填制。原始凭证的种类不同，其具体填制方法和填制要求也不尽一致，但就原始凭证应反映的经济业务、明确经济责任而言，原始凭证填制的一般要求是相同的。为了确保会计核算资料的真实、准确并及时反映，填制原始凭证应遵循如下原则：记录要真实；内容要完整；手续要完备；书写要规范；填制要及时；不得涂改、刮擦、挖补；编号要连续。

（2）原始凭证的粘贴规则及图示

①原始凭证分类。

对于各种原始凭证应按照其经济内容项目进行分类，如办公用品、电话费、差旅费、招待费等，按照其类别分别粘贴好，而且要把相同费用项目的原始凭证粘贴在一起。

②原始凭证粘贴规则。

A.在空白的报销单（有的单位有专门的"报销单据粘贴单"；如果没有专门的"报销单据粘贴单"，可用空白报销单来代替）上将原始凭证（原始凭证大部分都是发票）按照小票在上、大票在下的要求，从右至左呈阶梯状依次粘贴；如果票据比较少，可直接在正式报销单的反面上粘贴（原始凭证的正面要与报销单的正面同向）；若票据比较多，可以在多张空白报销单（或报销单据粘贴单，下同）上粘贴。

B.将已经填写完毕的正式报销单粘贴在已经贴好原始凭证的空白报销单上（要将左面对齐粘贴）。

③注意事项。

A.正式报销单与空白报销单是按照规定格式印制的，完全一样，只是用处不一样。要当作封面的是正式的报销单（填写摘要、数字等），当作粘贴发票用的是空白的报销单。

B.从右至左呈阶梯状依次均匀粘贴，超大凭证需要折叠。

C.只需要粘牢原始凭证的左侧部分，而不用将背面全部贴实。

D.要将褶皱的凭证全部摊开、压平。

E.尺寸太小的凭证，如汽车票等，可按照上、中、下（二行或三行）或右、中、左（二列或三列）的方式来进行复式粘贴，但是不可以叠压粘贴。必要的时候，可以多次重复使用单据粘贴单。

F.粘贴超大凭证。要通过折叠的办法处理，除了某些特殊情况外，一般的方法为齐左折右或者齐上折下，并且要在装订位置适度粘贴，以装订后不影响内容的完整性为原则。

G.报销票据如果有增值税专用发票，要把发票抵扣联单独交给相关会计人员，而不得和发票联一起粘贴到空白报销单上。

H.发票的盖章必须为“发票专用章”，且必须清晰。

I.所填制的费用报销单，应该在经办人签字之后交由部门负责人、财务审核，要由总经理审批之后到财务部办理报销手续。

④相关原始凭证粘贴、折叠及费用报销填制单据图示如图1-2至图1-8所示。

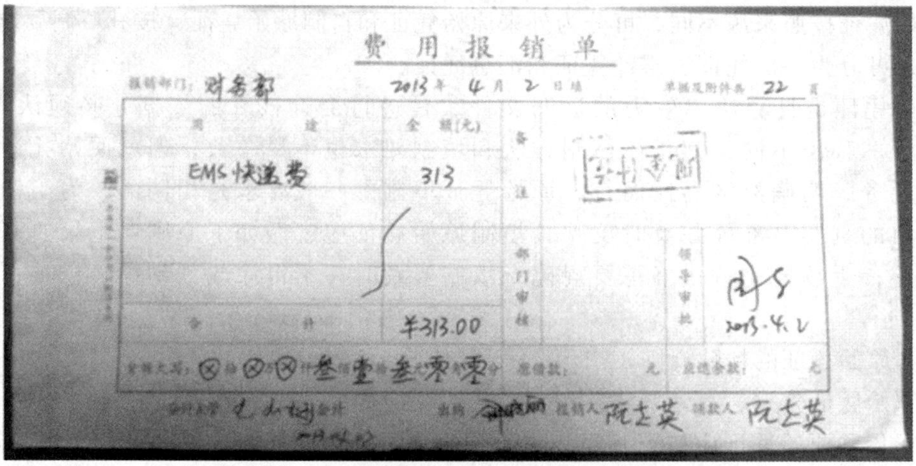
费用报销单

报销部门：财务部　2013年4月2日　单据及附件共22页

用途	金额（元）	备注
EMS快递费	313	
合计	¥313.00	

金额大写：叁佰壹拾叁元整

报销人：阮士英　领款人：阮士英

图1-2　费用报销单封面示例

图1-3　原始凭证粘贴——从右至左粘贴（阶梯状、均匀）（一）

图1-4　原始凭证粘贴——从右至左粘贴（阶梯状、均匀）（二）

图1-5　原始凭证粘贴——从右至左粘贴（阶梯状、均匀）（三）

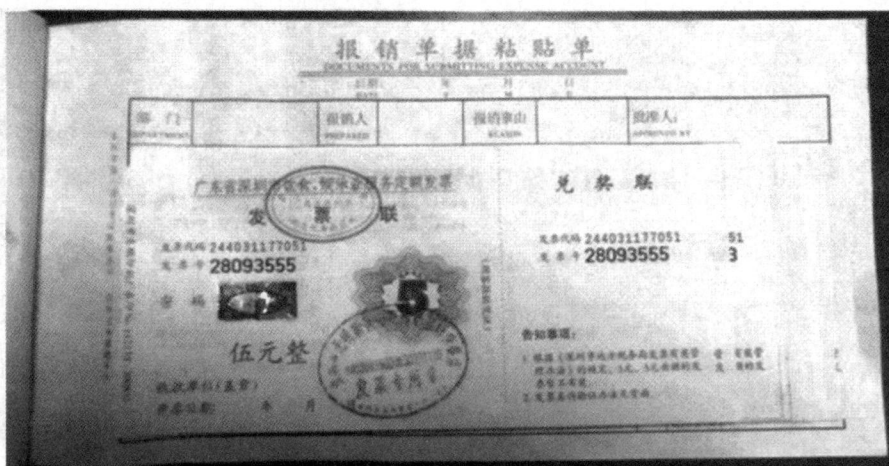

图1-6　原始凭证粘贴——从右至左粘贴（阶梯状、均匀）（四）

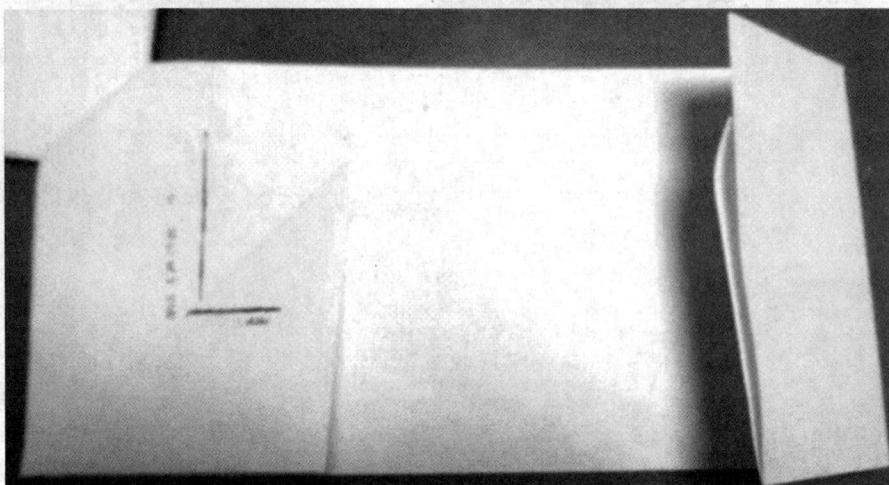

图1-7　原始凭证折叠——按封面大小（略小于封面）折叠（先折角、然后向上折、再左折）

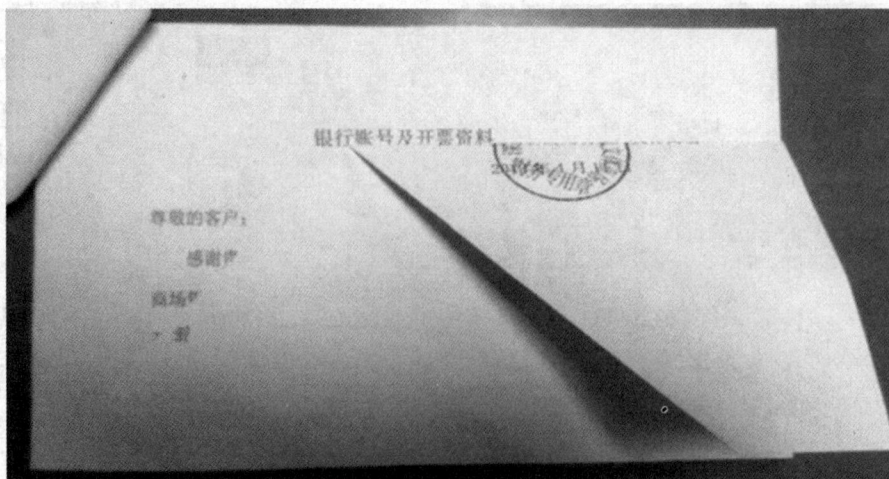

图1-8　原始凭证折叠——按封面大小（略小于封面）折叠（先对角或半对角折、然后向上折、再向下折）

（3）增值税专用发票

增值税专用发票由基本联次或者基本联次附加其他联次构成。基本联次为三联：第一联：记账联（销售方记账凭证），即销售方作为销售货物的原始凭证；第二联：抵扣联（购买方扣税凭证）；第三联：发票联（购买方记账凭证）。发票上的"税额"指的是"销项税额"，"金额"指的是销售货物的"不含税价格"。发票一式三联，是具有复写功能的，一次开具，三联的内容一致。

（4）原始凭证的审核

原始凭证必须经过会计人员审核无误后，才能作为登记明细分类账和编制记账凭证的依据。这是保证会计核算资料的真实、正确和合法，充分发挥会计监督作用的重要环节。原始凭证的审核包括真实性审核、完整性审核和合法性审核三个方面的内容。

1.3.4　记账凭证的填制和审核要求

（1）记账凭证的填制

记账凭证的主要作用在于对种类繁多、格式各异的原始凭证进行归类、整理，运用账户和复式记账方法确定会计科目，编制会计分录，并据以记账。在实际工作中，由于其所反映经济业务的内容不同、各单位规模大小及其对会计核算繁简程度的要求不同，其格式亦有所不同。但为了满足记账的基本要求，记账凭证应包括以下基本内容：

①记账凭证的名称，如"收款凭证""付款凭证""转账凭证"等。

②填制记账凭证的日期和记账凭证的编号。

收付款业务因为要登入当天的日记账，记账凭证的日期应是货币资金收付的实际日期，但与原始凭证所记的日期不一定一致。转账凭证的日期为收到原始凭证的日期，但在摘要栏要注明经济业务发生的实际日期。

记账凭证的编号，要根据不同的情况采用不同的编号方法。如果企业的各种经济业务的记账凭证，采用统一的一种格式（通用格式），凭证的编号可采用顺序编号法，即按月编顺序号。业务极少的单位可按年编顺序号。如果是按照经济业务的内容加以分类，采用三种格式的记账凭证，记账凭证的编号应采用字号编号法，即把不同类型的记账凭证用字加以区别，再把同类记账凭证顺序号加以连续。三种格式的记账凭证，采用字号编号法时，具体编为"收字第**号""付字第**号""转字第**号"。例如，5月12日收到一笔现金，是该月第30笔收款业务，记录该笔经济业务的记账凭证的编号为"收字第30号"。如果一笔经济业务的同一笔会计分录需要填制2张及以上的记账凭证，记账凭证的编号可采用分数编号法，如某月第10笔经济业务的会计分录需要填制2张记账凭证，则编号为$10\frac{1}{2}$和$10\frac{2}{2}$。如果一笔经济业务需要编制多笔会计分录，在编制多张记账凭证时，顺序编号即可。

③经济业务的内容摘要。

④经济业务所涉及的会计科目（一级科目、二级或明细科目）及其记账方向、金额。

⑤所附原始凭证张数。

⑥填制凭证人员、稽核人员、记账人员、会计主管或其他指定人员的签名或盖章。

通用凭证的填制：日期填写的是填制本凭证的日期；右上角填写填制记账凭证的顺序

号；“摘要”填写对所记录的经济业务的简要说明；将经济业务中所涉及的全部会计科目，按照先借后贷的顺序记入“会计科目”栏中的“一级科目”和“二级或明细科目”，并按应借、应贷方向分别记入“借方金额”或“贷方金额”栏；“记账”是指该凭证已登记账簿的标记，防止经济业务重记或漏记；“金额”是指该项经济业务的发生额；该凭证右边“附件　张”是指本记账凭证所附原始凭证的张数；最下边分别由有关人员签章，以明确经济责任。

记账凭证填写完毕，应进行复核与检查，并按所使用的记账方法进行试算平衡。有关人员，均要签名盖章。出纳人员根据收款凭证收款，或根据付款凭证付款时，均要在凭证上加盖“收讫”或“付讫”的戳记，以免重收重付、防止差错。

（2）记账凭证的审核要求

为了保证账簿记录的正确性，有利于监督经济业务，必须对记账凭证进行审核。记账凭证的审核，除了对原始凭证复审外，还应审核以下内容：

①记账凭证是否附有原始凭证，所附原始凭证是否完整；在记账凭证上填写的张数是否与实际原始凭证的张数相符；记账凭证所反映的内容是否与原始凭证的内容相符。

②记账凭证的应借、应贷会计科目是否正确，账户对应关系是否清晰，金额计算是否准确。

③记账凭证有关项目的填写是否完备，有关人员的签名或盖章是否齐全，以及填写是否符合规范等。

记账凭证经过审核后，如发现有错误，应查明原因及时处理，包括补办手续、补填内容、拒绝办理，或按规定方法更正错误等。只有经过审核无误的记账凭证，才能据以登记账簿。

记账凭证的记账人和审核人不可以是同一人。未经审核的凭证不能记账。制单人和审核人不能为同一人，出纳签字人和审核人也不能是同一人。

记账凭证填制示例如图1-9所示。

记账凭证

202×年 06 月 06 日　　　　记字第 003 号

摘要	总账科目	明细科目	√	借方金额（千百十万千百十元角分）	√	贷方金额（千百十万千百十元角分）
支付运费	材料采购	乙材料		90000		
	库存现金					90000
合计				¥90000		¥90000

附单据 1 张

财务主管 AAA　记账 BBB　出纳 CCC　审核 DDD　制单 EEE

图1-9　记账凭证填制图示

（3）记账凭证装订方法

①将凭证封面和封底裁开，分别附在凭证前面和后面，再拿一张质地相同的纸（可以再找一张凭证封皮，裁下一半用，另一半为订下一本凭证备用）放在封面上角，做护角线，如图1-10所示。

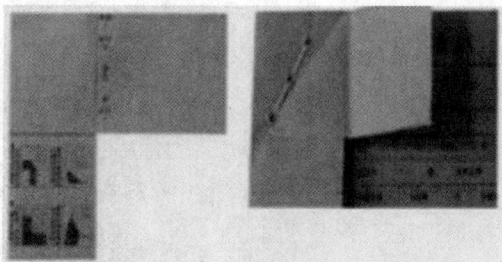

图1-10　记账凭证装订（一）

②在凭证的左上角画一边长为5厘米的等腰三角形，用夹子夹住，用装订机在底线上分布均匀地打两个孔，如图1-11、图1-12所示。

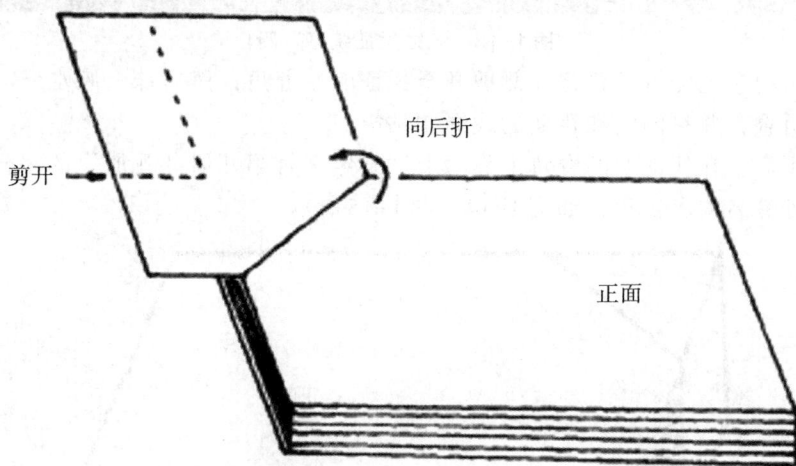

图1-11　记账凭证装订（二）

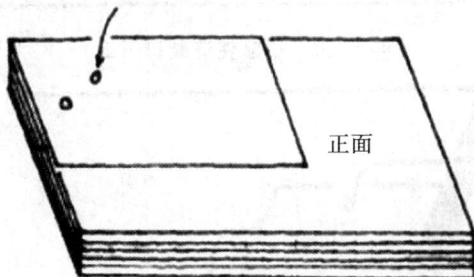

图1-12　记账凭证装订（三）

③用大针引线绳穿过两个孔。如果没有针，可以将回形别针顺直，然后将两端折向同一个方向，将线绳从中间穿过并夹紧，即可把线引过来（因为一般装订机打出的孔是可以穿过的）。

④在凭证的背面打线结。线绳最好在凭证中端系上，如图 1-13 所示。

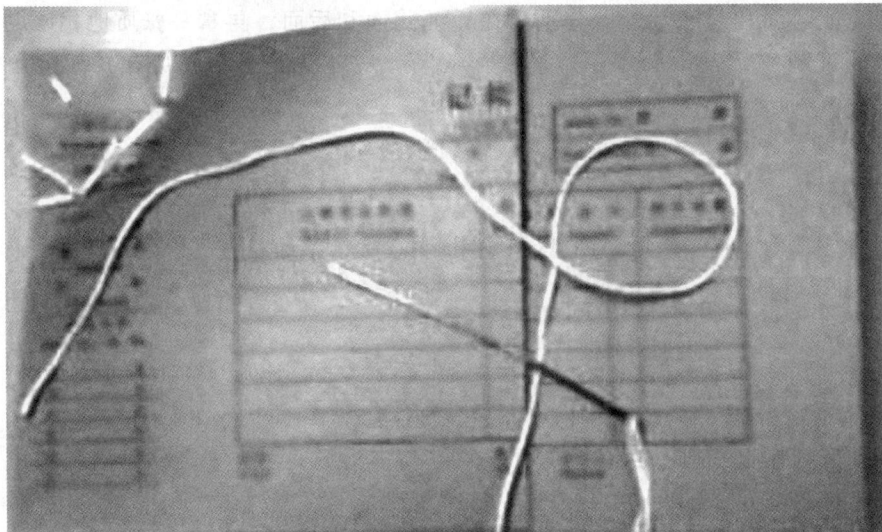

图 1-13　记账凭证装订（四）

⑤将护角向左上侧折，并将一侧剪开至凭证的左上角，然后抹上胶水。

⑥向后折叠，并将侧面和背面的线绳扣粘牢。

⑦待晾干后，在凭证本的脊背上面写上"某年某月第几册共几册"的字样。装订人在装订线封签处签名或者盖章，如图 1-14、图 1-15 所示。

正面

图 1-14　记账凭证装订（五）

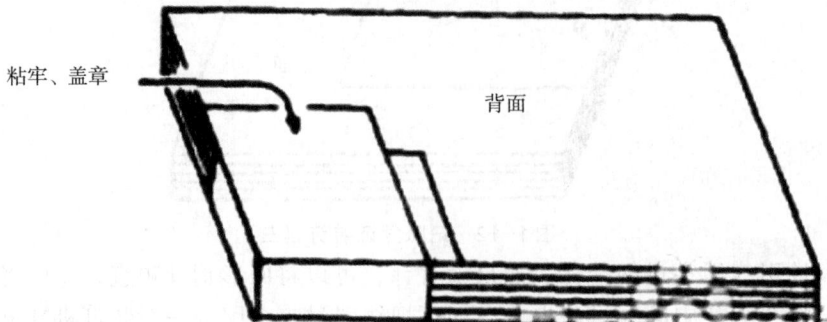

粘牢、盖章

背面

图 1-15　记账凭证装订（六）

⑧装订凭证厚度一般 1.5 厘米，保证装订牢固，美观大方，如图 1-16 所示。

图 1-16　记账凭证装订（七）

现金凭证、银行凭证和转账凭证最好依顺序编号，一个月从头编一次序号，如果单位的凭证少，可以全年顺序编号。只有熟悉了会计凭证装订方法，才能提高会计人员工作效率。

（4）凭证的保管要求

会计凭证的保管是指会计凭证记账后的整理、装订、归档和存查工作。

会计凭证的保管主要有下列要求：

①会计凭证应定期装订成册，防止散失。从外单位取得的原始凭证遗失时，应取得原签发单位盖有公章的证明，并注明原始凭证的号码、金额、内容等，由经办单位会计机构负责人、会计主管人员和单位负责人批准后，才能代作原始凭证。若确实无法取得证明的，如车票丢失，则应由当事人写明详细情况，由经办单位会计机构负责人、会计主管人员和单位负责人批准后，代作原始凭证。

②会计凭证封面应注明单位名称、凭证种类、凭证张数、起止号数、年度、月份、会计主管人员、装订人员等有关事项，会计主管人员和保管人员应在会计凭证封面上签章。

③会计凭证应加贴封条，防止抽换凭证。根据财政部的规定，原始凭证不得外借，如因特殊原因需要使用原始凭证时，经本单位领导批准可以复制。

④原始凭证较多时，可单独装订，但应在凭证封面注明所属记账凭证的日期、编号和种类，同时在所属的记账凭证上应注明"附件另订"及原始凭证的名称和编号，以便查阅。

⑤每年装订成册的会计凭证，在年度终了时可暂由单位会计机构保管一年，期满后应当移交本单位档案机构统一保管；未设立档案机构的，应当在会计机构内部指定专人保管。出纳人员不得兼管会计档案。

⑥严格遵守会计凭证的保管期限要求，期满前不得任意销毁。

保管年限：

①原始凭证、记账凭证 30 年。

②银行存款余额调节表 10 年。

1.3.5　账簿登记要求

在实际工作中，账簿的格式是多种多样的，不同格式的账簿所记录的经济内容也不相同。但各种账簿都应具备一些基本内容，也称基本要素。这些基本要素主要包括：封面、扉页、账页。

登记会计账簿时所应遵循的基本要求如下：

（1）准确完整

登记会计账簿时，应当将会计凭证日期、编号、业务内容摘要、金额和其他有关资料逐项记入账内，做到数字准确、摘要清楚、登记及时、字迹工整。每一项会计事项，一方面要记入有关的总账；另一方面要记入该总账所属的明细账。账簿记录中的日期，应该填写记账凭证上的日期；以自制的原始凭证，如收料单、领料单等，作为记账依据的，账簿记录中的日期应按有关自制凭证上的日期填列。此外，登记账簿要及时。

（2）注明记账符号

登记完毕后，要在记账凭证上签名或者盖章，并注明已经登账的符号，表示已经记账。在记账凭证上设有专门的栏目供注明记账的符号，以免发生重记或漏记。

（3）书写留空

账簿中书写的文字和数字上面要留有适当空格，不要写满格，一般应占格距的1/2~2/3。这样，在发生登记错误时，能比较容易地进行更正，同时也方便查账工作。

（4）正常记账使用蓝黑墨水笔或碳素墨水笔

登记账簿要用蓝黑墨水笔或者碳素墨水笔书写，不得使用圆珠笔（银行的复写账簿除外）或者铅笔书写。在会计上，数字的颜色是重要的语素之一，它同数字和文字一起传达出会计信息。如同数字和文字错误会表达错误的信息一样，书写墨水的颜色用错了，其导致的概念混乱也不亚于数字和文字错误。

（5）特殊记账使用红墨水笔

下列情况，可以用红墨水笔记账：

①按照红字冲账的记账凭证，冲销错误记录。

②在不设借、贷等栏的多栏式账页中，登记减少数。

③在三栏式账户的余额栏前，如未印明余额方向的，在余额栏内登记负数余额。

④根据国家统一会计制度的规定可以用红字登记的其他会计记录。例如，财政部会计司编的《会计制度补充规定及问题解答（第一辑）》，在解答"应交税费——应交增值税"明细账户的设置方法时，对使用红色墨水笔登记的情况进行了一系列较为详尽的说明：在"进项税额"专栏中用红字登记退回所购货物应冲销的进项税额；在"已交税金"专栏中用红字登记退回多交的增值税税额；在"销项税额"专栏中用红字登记退回销售货物应冲销的销项税额，以及在"出口退税"专栏中用红字登记出口货物办理退税后发生退货或者退关而补缴已退的税款。

（6）顺序连续登记

各种账簿按页次顺序连续登记，不得跳行、隔页。如果发生跳行、隔页，应当将空行、空页划线注销，或者注明"此行空白"或"此页空白"等字样，并由记账人员签名或者盖章。这对解决在账簿登记中可能出现的漏洞，是十分必要的防范措施。

（7）结出余额

结账是在把一定时期内发生的全部经济业务登记入账的基础上，计算并记录本期发生额和期末余额后，将余额结转下期或新的账簿的会计行为。会计人员应按照规定，对库存现金、银行存款日记账按日结账，对其他账户按月、季、年结账。

月结时，应在该月最后一笔经济业务下面划一条通栏单红线，在红线下"摘要"栏内注明"本月合计"或"本月发生额及余额"字样，在"借方"栏、"贷方"栏或"余额"栏分别填入本月合计数和月末余额，同时在"借或贷"栏内注明借贷方向。然后，在这一行下面再划一条通栏红线，以便与下月发生额划清。

季结时，通常在每季度的最后一个月月结的下一行，在"摘要"栏内注明"本季合计"或"本季度发生额及余额"，同时结出借、贷方发生总额及季末余额。然后，在这一行下面划一条通栏单红线，表示季结的结束。

年结时，在第四季度季结的下一行，在"摘要"栏注明"本年合计"或"本年发生额及余额"，同时结出借、贷方发生额及期末余额。然后，在这一行下面划通栏双红线，以示封账。

凡需要结出余额的账户，结出余额后，应当在借或贷等栏内写明"借"或者"贷"字样。没有余额的账户，应当在借或贷等栏内写"平"字，并在余额栏内用"θ"表示。库存现金日记账和银行存款日记账必须逐日结出余额。一般来说，对于没有余额的账户，在余额栏内标注的"θ"应当放在"元"位。

月末结账示例如图1-17所示。

图1-17　月末结账示例

（8）承前过次

每一账页登记完毕结转下页时，应当结出本页合计数及余额，写在本页最后一行和下页第一行有关栏内，并在摘要栏内注明"过次页"和"承前页"字样；也可以将本页合计数及余额只写在下页第一行有关栏内，并在摘要栏内注明"承前页"字样，如图1-18所示。

图1-18　承前过次示例

会计人员在填制凭证、登记账簿和编制报表过程中，难免会发生各种各样的会计数据错误，如重记、漏记、数字颠倒、数字错位、记错账户等情况，从而影响会计信息的准确性，会计人员若发现错误应及时找出差错原因，并予以更正。会计人员在计算机或手工操作中发生在数据方面的错误类型有很多，其查找的方法主要有：

①差数法。它是指按照错账的差数查找错账的方法。例如，在记账过程中只登记了会计分录的借方或贷方，漏记了另一方，从而导致试算平衡中借方合计与贷方合计不等。其表现形式是：借方金额遗漏，会使该金额在贷方超出；贷方金额遗漏，会使该金额在借方超出。对于这样的差错，可由会计人员通过回忆或与相关金额的记账核对进行查找。

②尾数法。对于发生的角、分的差错，可以只查找小数部分，以提高查找错账的效率。

③二除法。它是指将差额数除以2来查找错账的方法。在记账时，如果某账户的金额记错了方向，即借方金额错记入贷方（或相反）时，则必然会出现一方合计数增多，而另一方合计数减少的情况，其差额应是记错方向金额的2倍，将此差数除以2，得出的商即是反向的金额。然后在账簿中查找与之相同的数字，而不必逐笔查找，这样，很容易找出错账所在。例如，将应记入"银行存款"科目借方的4 000元误记入贷方，则该明细科目的期末余额将小于其总分类科目期末余额8 000元，除以2后的商4 000元即为借贷方向反向的金额。同理，如果借方总额大于贷方600元，就应查找有无300元的贷方金额误记入借方。凡差数为偶数的，可以先采用二除法查找。

④九除法。它是指将差数除以9来查找错账的方法。适用于以下三种情况：

A.小数记成大数。如将100误记为1 000，差数为900，除以9得100，则100应为正确数。

B.大数记成小数。如将400写为40，差数为360，除以9得40，则40为错记数。将商数乘以10即为正确数。

C.邻数颠倒。如将34写成43，109写成190等。颠倒的两个数字之差最小为9，最大为81。查找的方法是：将差数除以9，得出的商连续加11，直到找出颠倒的数字为止。如，将34写成43，其差数为9，将差数除以9得1，连续加11后可能的结果为12、23、34。当发现账簿记录中出现上述数字（本例为34），则有可能是颠倒的数字。

在填制记账凭证和登记会计账簿的过程中，难免会发生错误，如账户名称记错、借贷方向记反、串户以及重记、漏记、多记、少记等，发现各种错误记录时，不得任意用挖补、刮擦、涂改或用褪色药水等方法更正，必须根据错误的具体情况，采用相应的方法予以更正。错账更正的方法有三种：划线更正法、红字更正法和补充登记法。

（9）会计账簿的装订

各种会计账簿年度结账后，除跨年使用的账簿外，其他账簿应按时整理立卷。基本要求是：

①账簿装订前，首先按账簿启用表的使用页数核对各个账户是否相符，账页数是否齐全，序号排列是否连续；然后按会计账簿封面、账簿启用表、账户目录、该账簿按页数顺序排列的账页、会计账簿封底的顺序装订。

②活页式账簿装订要求。

第一，保留已使用过的账页，将账页数填写齐全，去除空白页并撤掉账夹，用牛皮纸做封面、封底，装订成册。

第二，多栏式活页账、三栏式活页账、数量金额式活页账等不得混装，应将同类业务、同类账页装订在一起。

第三，在本账的封面上填写好账簿的种类，编好卷号，会计主管人员和装订人（经办人）签章。

③账簿装订后的其他要求。

第一，会计账簿应牢固、平整，不得有折角、缺角、错页、掉页、加空白纸的现象。

第二，会计账簿的封口要严密，封口处要加盖有关印章。

第三，封面应齐全、平整，并注明所属年度及账簿名称、编号，编号为一年一编，编号顺序为总账、库存现金日记账、银行存（借）款日记账、分类明细账。

第四，会计账簿按保管期限分别编制卷号，如库存现金日记账全年按顺序编制卷号；总账、各类明细账、辅助账全年按顺序编制卷号。

1.3.6　纳税申报表填写要求

纳税申报是指纳税人按照税法规定定期就计算缴纳税款的有关事项向税务机关提出的书面报告，是税收征收管理的一项重要制度。

纳税人必须依照法律、行政法规规定或者税务机关依照法律、行政法规的规定确定的申报期限、申报内容，如实办理纳税申报，报送纳税申报表、财务会计报表以及税务机关根据实际需要要求纳税人报送的其他纳税资料，具体包括：①财务会计报表及其他说明材料；②与纳税有关的合同、协议书及凭证；③税控装置的电子报税资料；④外出经营活动税收管理证明和异地完税凭证；⑤境内或者境外公证机构出具的有关证明文件；⑥税务机关规定应当报送的其他有关证件、资料。

扣缴义务人必须依照法律、行政法规的规定或者税务机关依照法律、行政法规的规定确定的申报期限、申报内容，如实报送代扣代缴、代收代缴税款报告表以及税务机关根据实际需要要求扣缴义务人报送的其他有关资料，具体包括：税种、税目，应纳税项目或者应代扣代缴、代收代缴税款项目，计税依据，扣除项目及标准，适用税率或者单位税额，应退税项目及税额，应减免项目及税额，应纳税额或者应代扣代缴、代收代缴税额，税款所属期限，延期缴纳税款、欠税、滞纳金等。

（1）增值税抄报税，发票认证相关规定

抄税→认证→报税。

抄税，为将税控开票系统中开出的增值税专用发票和增值税普通发票涉及的增值税销项税额抄写到税控盘内；认证，为企业在税控系统的进项税额模块勾选准备在当月认证的增值税专用发票，通过网络认证的方式完成认证；生成报税盘并打印各种报表；报税，包括网上报税或纳税服务大厅报税。由于设备升级，现在抄税可以直接在税控发票开票软件上（税控盘版）进行，报税可到一体化平台申报，然后回到税控发票开票软件（税控盘版）上进行反写。增值税防伪税控系统抄税时间为每月1—15日，报税时间为每月1—15日，遇节假日顺延。为避免纳税人申报时遇到困难，建议纳税人抄税时间提前在每月10日之前，报税时间在每月15日之前。增值税专用发票开出后180天内认证有效。当月认证的必须在当月抵扣。

（2）企业所得税预缴、汇算清缴的相关规定

企业所得税的征收方式是：按年计算，分期预缴，年终汇算清缴。

企业所得税分月或者分季预缴。企业应当自月份或者季度终了之日起15日内，向税务机关报送预缴企业所得税纳税申报表，预缴税款。

企业应当自年度终了之日起5个月内，向税务机关报送年度企业所得税纳税申报表，并汇算清缴，结清应缴应退税款。

纳税人在年度中间发生解散、破产、撤销情形的，应在清算前报告主管税务机关，办理当期企业所得税汇算清缴；纳税人有其他情形依法终止纳税义务的，应当在停止生产、经营之日起60日内，向主管税务机关办理当期所得税汇算清缴。

（3）纳税申报表中各税项目的填写

企业所得税：各项目的本期数、累计数要如实填列。按应纳税所得额的累计数确定适用税率。企业亏损不缴企业所得税时，也要如实填列各项数据。

个人所得税：纳税人姓名、所得项目、应纳税所得额、税率、扣缴所得税款要据实填列。

城建税和教育费附加：计税（征）金额、税率（征收率）、应纳税额（应征金额）必须填写正确、齐全。

房产税：房产原值、计税房产原值、计税房产余值、房产租金收入、税率、年应纳税额、本期应纳税额等要逐项填写准确。

城镇土地使用税：土地等级、应税面积、单位税额、全年应纳税额、本期应纳税额要逐项填写准确。

（4）纳税人在填写纳税申报表时的其他注意事项

①反映内容要真实。纳税人务必保证填报数据的真实性。按照《中华人民共和国税收征收管理法》的有关规定，纳税人采取欺骗、隐瞒手段进行虚假纳税申报或者不申报，逃避缴纳税款数额较大并且占应纳税额10%以上的，处3年以下有期徒刑或者拘役，并处罚金；数额巨大并且占应纳税额30%以上的，处3年以上7年以下有期徒刑，并处罚金。

②计算数据要准确。纳税人务必保证填报数据准确、逻辑关系无误、表与表之间制约关系正确。

③填写项目要完整。纳税人务必按照要求填写申报表，并保证填报文字、数据的完整性，如无数据的项目通常填"0"，不得漏项。

④递交手续要完备。

⑤填写报送要按时。除增值税、企业所得税、房产税、城镇土地使用税可以按季申报，也可以按月申报外，其他税种一律按月申报。车船税在车辆投保交强险时由保险企业代收。按照《中华人民共和国税收征收管理法》的有关规定，纳税人未按时报送申报表及申报资料，税务机关将依法予以处罚。

1.3.7 会计报表编制要求

编制会计报表的基本目的，是向会计报表的使用者提供企业有关财务状况和经营成果方面的信息资料，而这些信息资料是会计报表使用者进行投资决策的主要依据，阅读会计报表则是包括投资者在内的有关各方取得企业财务状况信息和经营情况信息的主要途径。

因此，企业必须保证会计报表提供的信息能够及时、准确、完整地反映企业的财务状况和经营成果。会计报表的质量特性是指使财务报表提供的信息对会计报表使用者有用的那些性质，主要包括可理解性、相关性、可靠性和可比性。编制会计报表的基本要求是便于理解、真实可靠、相关可比、全面完整和编报及时。

（1）便于理解

会计报表的可理解性是指其提供的会计信息应该为使用者所理解。企业对外公布的会计报表是提供给广大使用者的，会计报表的使用者通过阅读企业的会计报表来了解企业过去、现在和未来的财务信息资料，从而取得自己投资决策所需要的有关信息。因此，企业编制的会计报表应当容易理解，否则，会计报表使用者就不能作出可靠的判断，甚至有可能会作出错误的决策。当然，会计报表"便于理解"的要求是建立在会计报表使用者具有一定的会计报表阅读能力的基础上的。

（2）真实可靠

会计作为一个信息系统，须如实反映企业的财务状况和经营成果。因此，企业编制的对外公布的会计报表为了满足不同的使用者对会计信息资料的要求，便于使用者根据会计报表所提供的有关资料对自己的投资行为作出决策、判断，会计报表所提供的数据必须做到真实可靠。如果会计报表所提供的财务信息不能做到真实可靠，或者提供虚假的财务信息，会计报表就不可能发挥其应有的作用，甚至会误导会计报表的使用者，使他们对企业的财务状况和经营情况不能作出正确的判断，造成决策失误，损害报表使用者的利益。按有关规定，上市公司公布的年度报告必须经过会计师事务所审计，中期报告则由公司自行决定是否审计。

（3）相关可比

相关可比是指会计报表提供的财务信息必须与会计报表使用者的决策需要有关，并且具有可比性。因此，企业在编制会计报表时，应做到提供的财务信息能够使会计报表的使用者了解企业过去、现在的财务状况和经营情况以及未来的变化趋势，并提供给会计报表使用者有关的可比信息。

（4）全面完整

会计报表应当全面反映企业的财务状况和经营成果，反映企业生产经营活动的全貌。会计报表只有全面反映企业的财务状况和经营成果，提供完整的会计信息资料，才能满足会计报表使用者对企业财务信息资料的需要。这既包括该编报的会计报表必须全部编报，也包括该填列的项目必须全部填列。因此，企业在编制会计报表时，凡是国家要求提供的会计报表，必须按照规定的要求编报，不得漏编、漏报；会计报表的格式和内容，必须按照规定进行使用与填列。对于企业某些重要的会计事项，还应当在会计报表附注中加以说明。

（5）编报及时

会计报表必须及时编报，否则就会失去信息的时效性。失去时效性的信息即使再真实、可靠、完整，对会计报表的使用者来说，也是没有什么价值的。因此，会计报表必须及时编制和报送，这样才能有利于会计报表使用者使用。按照目前的有关规定，月度中期财务会计报告应当于月度终了后6日内（节假日顺延，下同）对外提供，季度中期财务会计报告应当于季度终了后15日内对外提供，半年度中期财务会计报告应当于年度中期结束后60日（相当于2个连续的月份）内对外提供，年度财务会计报告应当于年度终了后4个月内对外提供。

（6）资产负债表的填列方法

①资产负债表"期末余额"栏的填列方法。

本表"期末余额"栏的填写方法包括：

A.根据总账科目的余额填列。"交易性金融资产"、"递延所得税资产"、"短期借款"、"交易性金融负债"、"应付票据"、"专项应付款"、"预计负债"、"递延收益"、"递延所得税负债"、"实收资本（或股本）"、"库存股"、"资本公积"、"其他综合收益"、"专项储备"和"盈余公积"等项目，应根据有关总账科目的余额填列。

有些项目则应根据几个总账科目的余额计算填列，如"货币资金"项目，需根据"库存现金"、"银行存款"和"其他货币资金"三个总账科目的合计数填列；"其他流动资产"和"其他流动负债"项目，应根据有关科目的期末余额分析填列。

【例1-2】某企业202×年12月31日结账后的"库存现金"科目余额为10 000元，"银行存款"科目余额为4 000 000元，"其他货币资金"科目余额为1 000 000元。

【分析】该企业202×年12月31日资产负债表中的"货币资金"项目金额为：10 000+4 000 000+1 000 000=5 010 000（元）。本例中，企业应当按照"库存现金"、"银行存款"和"其他货币资金"三个总账科目余额加总后的金额，作为资产负债表中"货币资金"项目的金额。

B.根据明细账科目的余额计算填列。"开发支出"项目，应根据"研发支出"科目中所属的"资本化支出"明细科目期末余额填列；"应付账款"项目，应根据"应付账款"和"预付账款"科目所属的相关明细科目的期末贷方余额合计数填列；"一年内到期的非流动资产"和"一年内到期的非流动负债"项目，应根据有关非流动资产或负债项目的明细科目余额分析填列；"应付职工薪酬"项目，应根据"应付职工薪酬"科目的明细科目期末余额分析填列；"未分配利润"项目，应根据"利润分配"科目中所属的"未分配利润"明细科目期末余额填列。

【例1-3】某企业202×年12月31日应付管理人员工资300 000元，应计提福利费42 000元，应付车间工作人员工资57 000元，无其他应付职工薪酬项目。

【分析】企业202×年12月31日资产负债表中"应付职工薪酬"项目金额为：300 000+42 000+57 000=399 000（元）。本例中，管理人员工资和福利费、车间工作人员工资都属于职工薪酬的范围，应当以各种应付未付职工薪酬加总后的金额，作为资产负债表中"应付职工薪酬"项目的金额。

C.根据总账科目和明细账科目的余额分析计算填列。"长期借款"项目，应根据"长期借款"总账科目余额扣除"长期借款"科目所属的明细科目中将在资产负债表日起1年内（含1年）到期，且企业不能自主地将清偿义务展期的长期借款后的金额计算填列；"长期待摊费用"项目，应根据"长期待摊费用"科目的期末余额减去将于1年内（含1年）摊销的数额后的金额填列；"其他非流动资产"项目应根据有关科目的期末余额减去将于1年内（含1年）收回数后的金额填列；"其他非流动负债"项目，应根据有关科目的期末余额减去将于1年内（含1年）到期偿还数后的金额填列。

【例1-4】某企业长期借款情况见表1-1。

表1-1　　　　　　　　　　　　　　**长期借款明细表**

借款起始日期	借款期限（年）	金额（元）
202×年1月1日	3	1 000 000
202×-2年1月1日	5	2 000 000
202×-3年6月1日	4	1 500 000

【分析】该企业202×年12月31日资产负债表中"长期借款"项目金额为：1 000 000+2 000 000=3 000 000（元）。本例中，企业应当根据"长期借款"总账科目余额4 500 000元（1 000 000+2 000 000+1 500 000），减去1年内到期的长期借款1 500 000元，作为资产负债表中"长期借款"项目的金额，即3 000 000元。1年内到期的长期借款1 500 000元，应当填列在流动负债下"一年内到期的非流动负债"项目中。

D.根据有关科目余额减去其备抵科目余额后的净额填列。"应收票据"、"债权投资"、"长期股权投资"、"在建工程"和"商誉"项目，应根据相关科目的期末余额填列，已计提减值准备的，还应扣减相应的减值准备；"固定资产"、"无形资产"、"投资性房地产"、"生产性生物资产"和"油气资产"项目，应根据相关科目的期末余额扣减相关的累计折旧（或摊销、折耗）填列，已计提减值准备的，还应扣减相应的减值准备，采用公允价值计量的上述资产，应根据相关科目的期末余额填列；"长期应收款"项目，应根据"长期应收款"科目的期末余额，减去相应的"未实现融资收益"科目和"坏账准备"科目所属相关明细科目期末余额后的金额填列；"长期应付款"项目，应根据"长期应付款"科目的期末余额，减去相应的"未确认融资费用"科目期末余额后的金额填列。

【例1-5】某企业202×年12月31日结账后的"固定资产"科目余额为1 000 000元，"累计折旧"科目余额为90 000元，"固定资产减值准备"科目余额为200 000元。

【分析】该企业202×年12月31日资产负债表中的"固定资产"项目金额为：1 000 000-90 000-200 000=710 000（元）。本例中，企业应当以"固定资产"总账科目余额，减去"累计折旧"和"固定资产减值准备"两个备抵类总账科目余额后的净额，作为资产负债表中"固定资产"项目的金额。

E.综合运用上述填列方法分析填列。"其他应收款"项目，应根据"其他应收款""应收利息""应收股利"相关科目的期末余额，减去"坏账准备"科目中有关坏账准备期末余额后的金额填列；"预付款项"项目，应根据"预付账款"和"应付账款"科目所属各明细科目的期末借方余额合计数，减去"坏账准备"科目中有关预付款项计提的坏账准备期末余额后的金额填列；"存货"项目，应根据"材料采购"、"原材料"、"发出商品"、"库存商品"、"周转材料"、"委托加工物资"、"生产成本"和"受托代销商品"等科目的期末余额合计，减去"受托代销商品款"和"存货跌价准备"科目期末余额后的金额填列，材料采用计划成本核算，以及库存商品采用计划成本核算或售价核算的企业，还应按加或减"材料成本差异"和"商品进销差价"科目后的金额填列；划分为"持有待售资产"和划分为"持有待售负债"项目，应根据相关科目的期末余额分析填列等。

【例1-6】某企业202×年12月31日结账后有关科目所属明细科目借贷方余额见表1-2。

表1-2   有关科目所属明细科目余额表   单位：元

科目名称	明细科目借方余额合计	明细科目贷方余额合计
应收账款	1 600 000	100 000
预付账款	800 000	60 000
应付账款	400 000	1 800 000
预收账款	600 000	1 400 000

【分析】该企业202×年12月31日资产负债表中相关项目的金额分析如下：

"应收账款"项目，应当根据"应收账款"科目所属明细科目借方余额1 600 000元和"预收账款"科目所属明细科目借方余额600 000元加总，作为资产负债表中"应收账款"项目的金额，即2 200 000元（假设不考虑坏账准备，下同）。

"预付款项"项目，应当根据"预付账款"科目所属明细科目借方余额800 000元和"应付账款"科目所属明细科目借方余额400 000元加总，作为资产负债表中"预付款项"项目的金额，即1 200 000元。

"应付账款"项目，应当根据"应付账款"科目所属明细科目贷方余额1 800 000元和"预付账款"科目所属明细科目贷方余额60 000元加总，作为资产负债表中"应付账款"项目的金额，即1 860 000元。

"预收款项"项目，应当根据"预收账款"科目所属明细科目贷方余额1 400 000元和"应收账款"科目所属明细科目贷方余额100 000元加总，作为资产负债表中"预收款项"项目的金额，即1 500 000元。

②资产负债表"年初余额"栏的填列方法。

本表中的"年初余额"栏通常根据上年末有关项目的期末余额填列，且与上年末资产负债表"期末余额"栏一致。如果企业发生了会计政策变更、前期差错更正，应当对"年初余额"栏中的有关项目进行相应调整。如果企业上年年末资产负债表规定的项目名称和内容与本年度规定不一致，应当对上年年末资产负债表相关项目的名称和数字按照本年度的规定进行调整，填入"年初余额"栏。

（7）利润表的填列方法

①利润表"本期金额"栏的填列方法。

本表"本期金额"栏一般应根据损益类科目和所有者权益类有关科目的发生额填列。

A."营业收入"、"营业成本"、"税金及附加"、"销售费用"、"管理费用"、"财务费用"、"信用减值损失"、"其他收益"、"资产减值损失"、"公允价值变动收益"、"投资收益"、"资产处置收益"、"营业外收入"、"营业外支出"和"所得税费用"等项目，应根据有关损益类科目的发生额分析填列。

B."营业利润"、"利润总额"、"净利润"和"综合收益总额"项目，应根据本表中相关项目计算填列。

②利润表"上期金额"栏的填列方法。

本表中的"上期金额"栏应根据上年该期利润表"本期金额"栏内所列数字填列。如果上年该期利润表规定的各个项目的名称和内容与本期不相一致，应对上年该期利润表各项目的名称和数字按照本期的规定进行调整，填入"上期金额"栏。

【例1-7】某公司202×年度有关损益类科目的本年累计发生额见表1-3。

表1-3　　　　　　　　　　**某公司202×年度损益类科目累计发生额**　　　　　　　　单位：元

科目名称	借方发生额	贷方发生额
主营业务收入		1 150 000
主营业务成本	650 000	
税金及附加	2 000	
销售费用	20 000	
管理费用	157 100	
财务费用	41 500	
信用减值损失	30 900	
投资收益		31 500
营业外收入		50 000
营业外支出	19 700	
所得税费用	85 300	

【分析】根据上述资料，编制该公司202×年度利润表，见表1-4。

表1-4　　　　　　　　　　　　　　　　**利润表**　　　　　　　　　　　　　　会企02表

编制单位：某公司　　　　　　　　　　　　202×年度　　　　　　　　　　　　　单位：元

项　目	本期金额	上期金额（略）
一、营业收入	1 150 000	
减：营业成本	650 000	
税金及附加	2 000	
销售费用	20 000	
管理费用	157 100	
财务费用	41 500	
加：公允价值变动收益（损失以"－"号填列）	0	
投资收益（损失以"－"号填列）	31 500	
信用减值损失（损失以"－"号填列）	−30 900	
二、营业利润（亏损以"－"号填列）	280 000	
加：营业外收入	50 000	
减：营业外支出	19 700	
三、利润总额（亏损总额以"－"号填列）	310 300	
减：所得税费用	85 300	
四、净利润（净亏损以"－"号填列）	225 000	

1.3.8 会计档案保管

（1）保管期限

会计档案的保管期限分为永久、定期两类。定期保管期限一般分为10年和30年。

会计档案的保管期限，从会计年度终了后的第一天算起。各类会计档案的保管期限原则上应当按照《企业和其他组织会计档案保管期限表》和《财政总预算、行政单位、事业单位和税收会计档案保管期限表》（见表1-5和表1-6，简称"附表"）执行。附表规定的会计档案保管期限为最低保管期限。单位会计档案的具体名称如有同附表所列档案名称不相符的，应当比照类似档案的保管期限办理。

表1-5   企业和其他组织会计档案保管期限表

序号	档案名称	保管期限	备注
一	**会计凭证**		
1	原始凭证	30年	
2	记账凭证	30年	
二	**会计账簿**		
3	总账	30年	
4	明细账	30年	
5	日记账	30年	
6	固定资产卡片		固定资产报废清理后保管5年
7	其他辅助性账簿	30年	
三	**财务会计报告**		
8	月度、季度、半年度财务会计报告	10年	
9	年度财务会计报告	永久	
四	**其他会计资料**		
10	银行存款余额调节表	10年	
11	银行对账单	10年	
12	纳税申报表	10年	
13	会计档案移交清册	30年	
14	会计档案保管清册	永久	
15	会计档案销毁清册	永久	
16	会计档案鉴定意见书	永久	

表1-6　　　　　财政总预算、行政单位、事业单位和税收会计档案保管期限表

序号	档案名称	保管期限			备注
		财政总预算	行政单位、事业单位	税收会计	
一	**会计凭证**				
1	国家金库编送的各种报表及缴库退库凭证	10年		10年	
2	各收入机关编送的报表	10年			
3	行政单位和事业单位的各种会计凭证		30年		包括：原始凭证、记账凭证和传票汇总表
4	财政总预算拨款凭证和其他会计凭证	30年			包括：拨款凭证和其他会计凭证
二	**会计账簿**				
5	日记账		30年	30年	
6	总账	30年	30年	30年	
7	税收日记账（总账）			30年	
8	明细分类、分户账或登记簿	30年	30年	30年	
9	行政单位和事业单位固定资产卡片				固定资产报废清理后保管5年
三	**财务会计报告**				
10	政府综合财务报告	永久			下级财政、本级部门和单位报送的保管2年
11	部门财务报告		永久		所属单位报送的保管2年
12	财政总决算	永久			下级财政、本级部门和单位报送的保管2年
13	部门决算		永久		所属单位报送的保管2年
14	税收年报（决算）			永久	
15	国家金库年报（决算）	10年			
16	基本建设拨、贷款年报（决算）	10年			
17	行政单位和事业单位会计月、季度报表		10年		所属单位报送的保管2年
18	税收会计报表			10年	所属税务机关报送的保管2年
四	**其他会计资料**				
19	银行存款余额调节表	10年	10年		
20	银行对账单	10年	10年	10年	
21	会计档案移交清册	30年	30年	30年	
22	会计档案保管清册	永久	永久	永久	
23	会计档案销毁清册	永久	永久	永久	
24	会计档案鉴定意见书	永久	永久	永久	

注：税务机关的税务经费会计档案保管期限，按行政单位会计档案保管期限规定办理。

（2）保管要求

①会计档案室应选择在干燥防水的地方，并远离易燃品堆放地，周围应备有适应的防火器材；

②采用透明塑料膜作防尘罩、防尘布，遮盖所有档案架、堵塞鼠洞；

③会计档案室内应经常用消毒药剂喷洒，经常保持清洁卫生，以防虫蛀；

④会计档案室保持通风透光，并有适当的空间、通道和可供查阅的地方，以利查阅，并防止潮湿；

⑤设置归档登记簿、档案目录登记簿、档案借阅登记簿，严防毁坏损失、散失和泄密；

⑥会计电算化档案保管要注意防盗、防磁等安全措施。

（3）销毁规定

①单位档案管理机构编制会计档案销毁清册，列明拟销毁会计档案的名称、卷号、册数、起止年度、档案编号、应保管期限、已保管期限和销毁时间等内容。

②单位负责人、档案管理机构负责人、会计管理机构负责人、档案管理机构经办人、会计管理机构经办人在会计档案销毁清册上签署意见。

③单位档案管理机构负责组织会计档案销毁工作，并与会计管理机构共同派员监销。监销人在会计档案销毁前，应当按照会计档案销毁清册所列内容进行清点核对；在会计档案销毁后，应当在会计档案销毁清册上签名或盖章。电子会计档案的销毁还应当符合国家有关电子档案的规定，并由单位档案管理机构、会计管理机构和信息系统管理机构共同派员监销。

④保管期满但未结清的债权债务会计凭证和涉及其他未了事项的会计凭证不得销毁，纸质会计档案应当单独抽出立卷，电子会计档案单独转存，保管到未了事项完结时为止。单独抽出立卷或转存的会计档案，应当在会计档案鉴定意见书、会计档案销毁清册和会计档案保管清册中列明。

>> 1.4 纳税申报实务实训的用品准备

本实训需要准备以下物品：

（1）通用式记账凭证每位学生100张。

（2）会计凭证封面每位学生2张。

（3）带拉链文件袋每位学生1个。

（4）铁夹子每位学生3个。

（5）小刀每位学生1把。

（6）胶水每位学生1个。

第二部分
纳税申报实务实训基础资料

>> 2.1 模拟企业概况

1.企业名称及法定代表人：祥龙电子有限公司（简称祥龙电子），刘志远。
2.地址及电话：武汉市武昌区白沙洲大道888号，027-88166666。
3.机构设置及负责人：财务科（刘景明），供销科（莫愁），生产车间（高全）。
4.注册资本：1 000万元。
5.企业类型及统一社会信用代码：有限责任公司，2401120131010116440。
6.开户银行及账号：中国建设银行武昌支行，账号210202000202123123。
7.经营范围及主要产品：甲、乙两种产品。
8.增值税纳税人类型：增值税一般纳税人。
9.在职职工：80人。
10.银行预留印鉴：包括公章、财务专用章、法人代表名章、财务负责人名章。

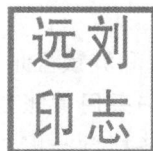

>> 2.2 模拟企业会计核算制度

2.2.1 会计核算形式及凭证账簿组织
1.会计核算形式。采用科目汇总表账务处理程序，每个月编制科目汇总表并根据科目汇总表登记一次总账，明细账根据原始凭证和记账凭证逐笔登记。
2.记账凭证种类。采用通用记账凭证，按月连续编号。
3.开设账簿及格式。开设库存现金日记账、银行存款日记账、总账、明细账。总账和日记账均采用三栏式，明细账根据需要分别选用三栏式和多栏式。

2.2.2 库存商品成本核算制度与方法
1."库存商品"明细账的"发出"栏，平时根据"产品出库单"登记其发出数量。

2.月末根据各库存商品明细账月初结存数量和金额、本月收入数量和金额，按"月末一次加权平均法"计算发出产品的单价，根据该单价乘以发出数量合计，登记"库存商品"明细账的"发出"栏的单价和金额。

3.根据"库存商品"明细账的"发出"栏，编制"产品销售成本汇总计算表"。

2.2.3　固定资产的核算

1.折旧方法。固定资产全部采用直线法计提折旧，预计净残值率为5%。

2.固定资产修理费用。应费用化的固定资产修理费用一律计入管理费用。

2.2.4　费用与成本

1.职工福利费用。采用"先用后提"的方法核算，但用时注意控制在工资总额的14%以内，并在每月月末计提记入有关成本费用账户。生产部门承担70%（甲、乙产品按1∶1的比例分配），管理部门承担20%，销售部门承担10%。

2.水电费用。70%属于生产耗费，在甲、乙产品之间按1∶1的比例分配；20%属于管理部门耗费；10%属于职工食堂耗费。

3.生产工人人工费。在甲、乙产品之间按2∶1的比例分配。

4.制造费用。按1∶1的比例在甲、乙产品之间分配。

2.2.5　增值税及税费附加

1.增值税：公司销售产品应缴纳增值税，适用增值税税率为13%，按月缴纳增值税，每月15日之前向主管税务局申报，次月10日以前缴清。当月取得的符合规定的扣税凭证均在当月认证并抵扣。

2.城市维护建设税、教育费附加和地方教育附加：分别按企业每月应缴增值税金额的7%、3%和2%计算并按月向主管税务局申报，次月10日以前缴清。

3.企业所得税：查账征收，适用企业所得税税率为25%，按年计算、按月据实预交、年度汇算清缴。

4.房产税、车船税和城镇土地使用税：按月计提。

2.2.6　损益类账户采用"账结法"

每月月末，先将各损益类账户（不包括"所得税费用"账户）转入"本年利润"账户。"本年利润"账户各月末余额，即为截至各月末实现的会计利润总额。然后，根据企业所得税每月的预缴申报情况，每月计提"所得税费用"账户金额，月末将"所得税费用"账户金额转入"本年利润"账户，这时，"本年利润"账户的贷方余额即为本月实现的净利润。月末"本年利润"转入"利润分配——未分配利润"。

2.2.7　利润分配

1.计提法定盈余公积。按照当期税后利润的10%计提法定盈余公积。

2.向投资者分红。根据董事会决定的分配额和投资比例进行利润分配。

▶▶ 2.3　模拟企业涉税资料

2.3.1　基础资料

1.房产账面记载：生产经营用房原值9 000万元；职工食堂用房原值200万元；市郊

一处仓库房产原值300万元。当地规定房产税计算允许减除房产原值的30%。

2. 土地使用证书记载的占用土地及其适用的城镇土地使用税税率：一类地段1 000平方米，24元/平方米；二类地段500平方米，18元/平方米；三类地段200平方米，12元/平方米；郊区（相当于七类地段）100平方米，6元/平方米。

3. 拥有车辆情况：小型轿车2辆，用于管理部门；核定载客12人的中型客车1辆，核定载客30人的大型客车4辆，用于接送职工上下班；载货汽车3辆，整备质量吨数均为10吨，用于货运。武汉市规定小型轿车每辆每年应纳税额480元，中型客车每辆每年应纳税额540元，大型客车每辆每年应纳税额600元，载货汽车按整备质量吨数为96元/吨。

4. 202×年12月1日"应交税费"账户余额：未交增值税（贷）100 000元；应交城市维护建设税7 000元；应交教育费附加3 000元；应交地方教育附加2 000元；应交个人所得税2 800元；应交房产税199 500元；应交城镇土地使用税6 000元；应交车船税6 215元；应交企业所得税92 000元。

5. 固定资产全部为上年12月新增。

6. 长期股权投资为对全资子公司的投资。

7. 202×年1—11月已发生业务招待费50 000元。

8. 202×年1—11月已发生广告费及业务宣传费100 000元。

9. 202×年1—11月已实际发生并计提的职工福利费金额为180 000元。

10. 202×年1—11月已预缴企业所得税702 750元。

11. 202×年企业员工人数无增减，工资水平无变动；员工使用以公司名义办理的移动电话号码的电话费可报销。

12. 除题目中所涉及资料外，无其他需要调整事项。

13. 202×年11月30日有关总分类账户余额见表2-1。

表2-1　　　　　　　202×年11月30日有关总分类账户余额　　　　　　　单位：元

账户名称	借方余额	账户名称	贷方余额
库存现金	150 000	短期借款	400 000
银行存款	2 220 815	应付账款	150 000
应收账款	1 278 000	应付职工薪酬	440 000
应收票据	200 000	应交税费	418 515
其他应收款	45 350	应付利息	195 000
交易性金融资产	500 000	长期借款	2 000 000
原材料	3 594 000	实收资本	95 000 000
库存商品	3 244 000	资本公积	3 000 000
固定资产	96 540 000	盈余公积	2 000 000
无形资产	140 000	利润分配	5 603 935
长期股权投资	3 892 500	预计负债	1 346 715
递延所得税资产	7 500	累计折旧	1 188 000
		坏账准备	30 000
		累计摊销	40 000
合计	111 812 165	合计	111 812 165

14.202×年11月30日应收、应付账款明细分类账户余额见表2-2。

表2-2　　　　　　　　　**202×年11月30日应收、应付账款明细分类账户余额**　　　　　　　单位：元

客户单位名称	应收账款金额	供应商单位名称	应付账款金额
大连机电供应公司	368 000	黄海物资供应公司	32 400
武汉电子批发公司	453 200	武汉宏远运输公司	54 030
新新科技有限公司	456 800	武汉市宏光建筑公司	63 570

坏账准备——应收账款29 000元，坏账准备——其他应收款1 000元。

15.202×年1—11月有关利润表项目见表2-3。

表2-3　　　　　　　　　　　　　　　　**利润表**　　　　　　　　　　　　会企02表

编制单位：祥龙电子有限公司　　　　　　202×年11月　　　　　　　　　　单位：元

项目	本月数（略）	本年累计数
一、营业收入		10 050 000
减：营业成本		6 000 000
税金及附加		450 000
销售费用		450 000
管理费用		800 000
财务费用		60 000
加：公允价值变动损益（损失以"-"号填列）		0
投资收益（损失以"-"号填列）		900 000
信用减值损失（损失以"-"号填列）		-30 000
二、营业利润（亏损以"-"号填列）		3 160 000
加：营业外收入		20 000
减：营业外支出		1 000
三、利润总额（亏损以"-"号填列）		3 179 000
减：所得税费用		794 750
四、净利润（净亏损以"-"号填列）		2 384 250
五、其他综合收益的税后净额		0
六、其他综合收益		2 384 250
七、每股收益		（略）

16.202×年11月30日资产负债表见表2-4。

表2-4   资产负债表   会企01表

编制单位：祥龙电子有限公司   202×年11月30日   单位：元

资产	期末余额	年初余额	负债和所有者权益（或股东权益）	期末余额	年初余额
流动资产：			流动负债：		
货币资金	2 370 815	1 092 000	短期借款	400 000	100 000
交易性金融资产	500 000	0	交易性金融负债	0	0
应收票据	200 000	300 000	应付票据	0	0
应收账款	1 249 000	865 650	应付账款	150 000	200 000
其他应收款	44 350	65 000	预收款项		
预付款项	0	0	应付职工薪酬	440 000	400 000
存货	6 838 000	9 105 900	应交税费	418 515	255 350
持有待售资产	0	0	其他应付款	195 000	190 000
一年内到期的非流动资产	0	0	持有待售负债	0	0
其他流动资产	0	0	一年内到期的非流动负债	0	0
流动资产合计	11 202 165	11 428 550	其他流动负债	0	0
非流动资产：			流动负债合计	1 603 515	1 145 350
债权投资	0	0	非流动负债：		2 000 000
其他债权	0	0	长期借款	2 000 000	0
长期应收款	0	0	应付债券	0	0
长期股权投资	3 892 500	0	长期应付款	0	
投资性房地产		0	预计负债	1 346 715	1 603 515
固定资产	95 352 000	96 540 000	递延所得税负债	0	0
在建工程	0	0	其他非流动负债	0	0
生产性生物资产	0	0	非流动负债合计	3 346 715	3 603 515
油气资产	0	0	负债合计	4 950 230	4 748 865
无形资产	100 000	0	所有者权益：	0	
开发支出	0	0	实收资本	95 000 000	95 000 000
商誉	0	0	资本公积	3 000 000	3 000 000
长期待摊费用	0	0	减：库存股	0	0
递延所得税资产	7 500	0	盈余公积	2 000 000	2 000 000
其他非流动资产	0	0	未分配利润	5 603 935	3 219 685
非流动资产合计	99 352 000	96 540 000	所有者权益合计	105 603 935	103 219 685
资产总计	110 554 165	107 968 550	负债和所有者权益（或股东权益）总计	110 554 165	107 968 550

单位负责人：   财会负责人：   复核：   制表：

2.3.2　202×年12月份发生的部分经济业务

1.1日，向黄海物资供应公司购买A材料100千克和B材料200千克，开出转账支票1张，对方垫付运费及税金4 200元。材料已验收入库。

中国建设银行　转账支票存根

支票号码 00000001

附加信息：

出票日期202×年12月01日

收 款 人：	黄海物资供应公司
金 额：	￥241 500.00
用 途：	购买材料

单位主管 刘志远　会 计 刘景明

湖北增值税专用发票

抵　扣　联

1420161141　　　　　　　　　　　　　　　　　　　　№ 67400001

开票日期：202×年12月01日

购买方	名　　　称：祥龙电子有限公司 纳税人识别号：240112013101016440 地址、电话：武汉市武昌区白沙洲大道888号　027-88166666 开户行及账号：中国建设银行武昌支行　210202000202123123						密码区	（略）
货物或应税劳务、服务名称	规格型号	单位	数量	单价	金额	税率		税额
※电子元件※A材料		千克	100	500.00	50 000.00	13%		6 500.00
※电子元件※B材料		千克	200	800.00	160 000.00	13%		20 800.00
合　计					￥210 000.00			￥27 300.00
价税合计（大写）	⊗贰拾叁万柒仟叁佰元整						（小写）￥237 300.00	
销售方	名　　　称：黄海物资供应公司 纳税人识别号：210202123456784532 地址、电话：武汉市珞瑜路2号　027-67863643 开户行及账号：汉口银行洪山支行　210202123456789001						备注	

收款人：王鹏　　　复核：赵云　　　开票人：刘鑫　　　销售方（章）

黄海物资供应公司
210202123456784532
发票专用章

第二联：抵扣联　购买方扣税凭证

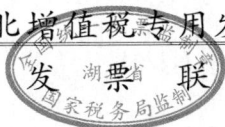

湖北增值税专用发票

1420161141   发票联   № 67400001

开票日期：202×年12月01日

购买方	名　称：祥龙电子有限公司 纳税人识别号：240112013101016440 地址、电话：武汉市武昌区白沙洲大道888号　027-88166666 开户行及账号：中国建设银行武昌支行　210202000202123123	密码区	（略）

货物或应税劳务、服务名称	规格型号	单位	数量	单价	金额	税率	税额
※电子元件※A材料		千克	100	500.00	50 000.00	13%	6 500.00
※电子元件※B材料		千克	200	800.00	160 000.00	13%	20 800.00
合　计					¥210 000.00		¥27 300.00

价税合计（大写）	⊗贰拾叁万柒仟叁佰元整	（小写）¥237 300.00

销售方	名　称：黄海物资供应公司 纳税人识别号：210202123456784532 地址、电话：武汉市珞瑜路2号　27-67863643 开户行及账号：汉口银行洪山支行　210202123456789001	备注

收款人：王鹏　　　复核：赵云　　　开票人：刘鑫　　　销售方（章）：

第三联：发票联 购买方记账凭证

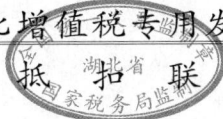

湖北增值税专用发票

1420167492   抵扣联   № 13400001

开票日期：202×年12月01日

购买方	名　称：祥龙电子有限公司 纳税人识别号：240112013101016440 地址、电话：武汉市武昌区白沙洲大道888号　027-88166666 开户行及账号：中国建设银行武昌支行　210202000202123123	密码区	（略）

货物或应税劳务、服务名称	规格型号	单位	数量	单价	金额	税率	税额
※陆路运输服务※运费					3 853.21	9%	346.79
合　计					¥3 853.21		¥346.79

价税合计（大写）	⊗肆仟贰佰元整	（小写）¥4 200.00

销售方	名　称：武汉宏远运输公司 纳税人识别号：212543634012351451 地址、电话：武汉市中山路25号　027-88215643 开户行及账号：汉口银行江岸支行　210202123456789005	备注

收款人：王进　　　复核：赵红　　　开票人：刘民　　　销售方（章）：

第二联：抵扣联 购买方扣税凭证

湖北增值税专用发票

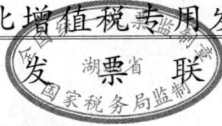

1420167492　发　票　联　　№ 13400001

开票日期：202×年 12 月 01 日

第三联：发票联　购买方记账凭证

购买方	名　　称：祥龙电子有限公司 纳税人识别号：24011201310101 6440 地址、电话：武汉市武昌区白沙洲大道888号　027-88166666 开户行及账号：中国建设银行武昌支行　21020200020 2123123	密码区	（略）

货物或应税劳务、服务名称	规格型号	单位	数量	单价	金额	税率	税额
※陆路运输服务※运费					3 853.21	9%	346.79
合　计					￥3 853.21		￥346.79

价税合计（大写）	⊗肆仟贰佰元整	（小写）￥4 200.00

销售方	名　　称：武汉宏远运输公司 纳税人识别号：212543634012351451 地址、电话：武汉市中山路25号　027-88215643 开户行及账号：汉口银行江岸支行　21020212345 6789005	备注

收款人：王进　　　复核：赵红　　　开票人：刘民　　　销售方（章）

入库单

供应单位：黄海物资供应公司　　　　　　　　　　　　　入库单编号：

材料类别：电子元件　　　　　　202×年 12 月 01 日　　　收料仓库：材料库

编号	名称	规格	单位	数量		实际成本				
				应收	实收	买价		运费	其他	合计
						单价	金额			
A001	A材料		千克	100	100	500	50 000	1 284.4		51 284.4
B001	B材料		千克	200	200	800	160 000	2 568.81		162 568.81
合计										￥213 853.21

供销主管：莫愁　　保管员：特真　　记账：高格　　制单：艾丹

2.2日，收到振兴公司 600 000 元投资款（合同略），收存银行。

中国建设银行 进账单（回单或收账通知）

202×年 12 月 02 日

付款人	全　　　称	振兴公司	收款人	全　　　称	祥龙电子有限公司
	账　　　号	955000121222111010		账　　　号	210202000202123123
	开户银行	汇丰银行武汉支行		开户银行	中国建设银行武昌支行

金额	人民币 (大写)	⊗陆拾万元整	亿	千	百	十	万	千	百	十	元	角	分
					￥	6	0	0	0	0	0	0	0

票据种类	转账	票据张数	1 张
票据张数	15025488		

中国建设银行
武昌支行
202×年12月02日
转讫
收款人开户银行盖章

复核　　　　记账

此联是开户银行交给收款人的回单或收账通知

3.3 日，办公室报销各车间、部门直接领用的办公用品，经审核无误，以现金付讫。

祥龙电子有限公司 报账（付款）审批单

202×年 12 月 03 日

部门：办公室

经手人	焦华	事由	支付办公用品费
项目名称	金额（元）	付款（结算）方式	备注
办公用品	5 085.00	库存现金	
			各车间、部门直接领用
合计	5 085.00		
单位负责人审批	财务主管	部门领导	出纳员
同意　刘志远	同意　刘景明	同意　陈晨	李红

现金付讫

附单据 2 张

湖北增值税专用发票①

1420184933　　　　　　　　发　票　联　　　　　　№ 10005001

开票日期：202×年12月03日

购买方	名　　　称：祥龙电子有限公司 纳税人识别号：240112013101016440 地址、电话：武汉市武昌区白沙洲大道888号　027-88166666 开户行及账号：中国建设银行武昌支行　210202000202123123					密码区	（略）

货物或应税劳务、服务名称	规格型号	单位	数量	单价	金额	税率	税额
※印刷品※复印纸		箱	10	80.00	800.00	13%	104.00
※外存储设备及部件※移动硬盘		个	8	400.00	3 200.00	13%	416.00
※文具※文件夹		个	25	20.00	500.00	13%	65.00
合　计					￥4 500.00		￥585.00

价税合计（大写）	⊗伍仟零捌拾伍元整　　　　　　　　　　（小写）￥5 085.00

销售方	名　　　称：武汉晨光文具用品有限公司 纳税人识别号：212549812015618231 地址、电话：武汉市香港路45号　027-87573322 开户行及账号：汉口银行江岸支行　2102021234567898005	备注

收款人：王进通　　　复核：秦海　　　开票人：刘福民　　　　　　销售方（章）：

右侧竖排：第三联：发票联　购买方记账凭证

办公室办公用品领用表

202×年12月03日　　　　　　　　　　　　　　　　　金额单位：元

领用部门	复印纸		移动硬盘		文件夹		金额合计	签字
	数量	金额	数量	金额	数量	金额		
生产车间	2箱	160.00	2个	800.00	2个	40.00	1 000.00	
企业管理部门	8箱	640.00	6个	2 400.00	23个	460.00	3 500.00	
合计	10箱	800.00	8个	3 200.00	25个	500.00	4 500.00	

备注：

会计主管：刘景明　　　复核：刘景明　　　制单：艾丹　　　记账：高格

　　4.5日，开出转账支票19 775元，购买电脑5台，其中2台交付办公室使用，3台交付销售部门使用。

---

① 此处还应增加抵扣联一张。

中国建设银行　转账支票存根

支票号码 00000002

附加信息：

_____

_____

出票日期 202×年 12 月 05 日

收　款　人：	苏宁电子商城
金　　　额：	￥19 775.00
用　　　途：	购买电脑

单位主管：刘志远　　会　计：刘景明

湖北增值税专用发票

1420195461　　　　　　　　　抵扣联　　　　　　　№ 10005421

开票日期：202×年 12 月 05 日

购买方	名　　　称：祥龙电子有限公司 纳税人识别号：240112013101016440 地址、电话：武汉市武昌区白沙洲大道888号　027-88166666 开户行及账号：中国建设银行武昌支行　210202000202123123						密码区	（略）
货物或应税劳务、服务名称	规格型号	单位	数量	单价	金额	税率	税额
※电子计算机※联想电脑		台	5	3 500.00	17 500.00	13%	2 275.00
合　计					￥17 500.00		￥2 275.00
价税合计（大写）　　⊗壹万玖仟柒佰柒拾伍元整						（小写）　￥19 775.00	
销售方	名　　　称：苏宁电子商城 纳税人识别号：210240254123062324 地址、电话：武汉市武昌区中南路152号　027-88156368 开户行及账号：招商银行武昌支行　6258423685142654318						备注	

收款人：王思长　　　复核：肖笑　　　开票人：刘月蓝　　　销售方（章）：

第二联：抵扣联　购买方扣税凭证

湖北增值税专用发票

1420195461　　　　　　发　票　联　　　　　　№ 10005421

开票日期：202×年 12月 05日

购买方	名　　　　称：祥龙电子有限公司 纳税人识别号：24011201310101644O 地址、电话：武汉市武昌区白沙洲大道888号　027-88166666 开户行及账号：中国建设银行武昌支行　21020200020212312 3	密码区	（略）

货物或应税劳务、服务名称	规格型号	单位	数量	单价	金额	税率	税额
※电子计算机※联想电脑		台	5	3 500.00	17 500.00	13%	2 275.00
合　计					￥17 500.00		￥2 275.00

价税合计（大写）	⊗壹万玖仟柒佰柒拾伍元整	（小写）￥19 775.00

销售方	名　　　　称：苏宁电子商城 纳税人识别号：210240254123062324 地址、电话：武汉市武昌区中南路152号　027-88156368 开户行及账号：招商银行武昌支行　6258423685142654318	备注

第三联：发票联　购买方记账凭证

收款人：王思长　　　复核：肖笑　　　开票人：刘月蓝　　　销售方（章）：

固定资产交接单

202×年 12月 05日

移交单位		接收单位	办公室
固定资产名称	联想电脑	规格	
附属物		数量	2台
建造单位	联想集团	出厂或建造年月	202×年 10月 11日
安装单位		安装完成年月	202×年 12月 05日
原值	￥7 000.00	其中：安装费	
移交单位负责人		接收单位负责人	

会计主管：刘景明　　　复核：高格　　　制单：艾丹

固定资产交接单

202×年 12月 05日

移交单位		接收单位	业务部门
固定资产名称	联想电脑	规格	
附属物		数量	3台
建造单位	联想集团	出厂或建造年月	202×年 10月 11日
安装单位		安装完成年月	202×年 12月 05日
原值	￥10 500.00	其中：安装费	
移交单位负责人		接收单位负责人	

会计主管：刘景明　　　复核：高格　　　制单：艾丹

5.5日，出租给武汉市天伦电子贸易公司2 000平方米的仓库，每月租金60 000元，租期为3年，合计2 160 000元，押金120 000元。已收取本月租金与押金。

房屋租赁合同

甲方：武汉市天伦电子贸易公司

乙方：祥龙电子有限公司

经甲乙双方友好协商，就甲方租用乙方的仓库达成如下协议：

甲方租用乙方仓库，面积为2 000平方米，每月不含增值税租金为60 000.00元，租用期限为5年。3年租金合计2 160 000.00元。乙方先收取甲方押金和1个月的租金价税款，共计185 400.00元。以后甲方将每个月的租金在10号前存到乙方指定的银行账号上，合同期满乙方退还甲方押金120 000.00元。

甲方应对房屋内的设施保持完整，不得随意破坏。

甲方负责在使用房屋期间的水费、电费等一切费用，并按时缴纳。

甲方不得在房屋内进行一切违法活动。

以上协议甲乙双方各持壹份，如有异议另签补充协议，补充协议同本协议具有相同法律效力。

甲方：武汉市天伦电子贸易公司　　　乙方：祥龙电子有限公司

代表签字：　　　　　　　　　　　　代表签字：

日期：202×年12月05日　　　　　　日期：202×年12月05日

押金收款单

单位名称：祥龙电子有限公司　　　　202×年12月05日

交款单位	武汉市天伦电子贸易公司	收款单位章	
交款摘要	房租押金		
金　额	人民币（大写）壹拾贰万元整	人民币（小写）	￥120 000.00

中国建设银行 进账单（回单或收账通知）

202×年12月05日

付款人	全　称	武汉市天伦电子贸易公司	收款人	全　称	祥龙电子有限公司									
	账　号	210202123456789100523		账　号	210202000202123123									
	开户银行	汉口银行洪山支行		开户银行	中国建设银行武昌支行									
金额	人民币（大写）	⊗壹拾捌万伍仟肆佰元整			亿	千	百	十	万	千	百	十	元	角	分
							￥	1	8	5	4	0	0	0
票据种类	转账	票据张数	1张											
票据号码	1526486													
	复核　　　记账				收款人开户银行盖章									

此联是开户银行交给收款人的回单或收账通知

湖北增值税专用发票

1420143252 No 10000021

此联不作报销、扣税凭证使用 开票日期：202×年12月05日

购买方	名　　　　称：武汉市天伦电子贸易公司					密码区	（略）
	纳税人识别号：212543634012361809						
	地址、电话：武汉市武珞路89号　027-67864455						
	开户行及账号：汉口银行洪山支行　21020212345678910523						

货物或应税劳务、服务名称	规格型号	单位	数量	单价	金额	税率	税额
※不动产经营租赁※租金					60 000.00	9%	5 400.00
合　　计					￥60 000.00		￥5 400.00

价税合计（大写）	⊗陆万伍仟肆佰元整	（小写）￥65 400.00

销售方	名　　　　称：祥龙电子有限公司	备注
	纳税人识别号：240112013101016440	
	地址、电话：武汉市武昌区白沙洲大道888号　027-88166666	
	开户行及账号：中国建设银行武昌支行　21020200202123123	

收款人：黄来财　　　复核：刘景明　　　开票人：刘大科　　　销售方（章）：

第一联：记账联 销售方记账凭证

6.6日，开出转账支票向武汉市希望工程捐款30 000元。

中国建设银行　转账支票存根

支票号码 00000003

附加信息：

出票日期202×年12月06日

收　款　人：	希望工程办公室
金　　　额：	￥30 000.00
用　　　途：	捐赠

单位主管：刘志远　　会　计：刘景明

武汉市行政事业单位收款收据

收据联

收据代码 31000002

单位或个人名称：祥龙电子有限公司　202×年12月06日

收据号码 34502800

项目	单位	数量	收费标准	金额									备注
				百	十	万	千	百	十	元	角	分	
七里坪小学捐款						3	0	0	0	0	0	0	
合计金额：人民币（大写）叁万元整				￥	3	0	0	0	0	0	0	0	

收款单位（盖章）　　　开票人：李萌　　　　　　收款人：王爱元

7.8日，报销购买印花税票款200元，以库存现金付讫。

中华人民共和国 印花税票销售凭证

填发日期：　　　　　　202×年12月08日（202×）　　　　　　武税印 25786454

购买单位	祥龙电子有限公司		购买人	张理财
购买印花税票				
面值种类	数量	金额	面值种类	数量	金额
壹角票			伍元票	7	35.00
贰角票			拾元票	1	10.00
伍角票			伍拾元票	1	50.00
壹元票	1	1.00	壹佰元票	1	100.00
贰元票		4.00	总计	13	200.00
金额合计	人民币（大写）贰佰元整				
			售票人（章）　　陈明印	备注　现金付讫	

8.9日，与武汉市宏光建筑公司结算车间房屋修理款项，开出转账支票支付。

祥龙电子有限公司 报账（付款）审批单

部门：办公室　　　　　　202×年12月09日

经手人	焦华	事由	支付车间房屋修理费
项目名称	金额（元）	付款（结算）方式	备注
管理费用—修理费	140 000.00	转账支票	
进项税额	12 600.00		
合计	￥152 600.00		
单位负责人审批	财务主管	部门领导	出纳员
同意 刘志远	同意 刘景明	同意 陈晨	李红

湖北增值税专用发票

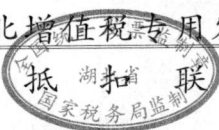

1420167365　　　　　　　　　　　　　　　　　　　　　No 10008901

开票日期：202×年 12 月 09 日

购买方	名　　称：祥龙电子有限公司 纳税人识别号：240112013101016440 地址、电话：武汉市武昌区白沙洲大道 888 号　027-88166666 开户行及账号：中国建设银行武昌支行　2102020002021231233				密码区	（略）

货物或应税劳务、服务名称	规格型号	单位	数量	单价	金额	税率	税额
※建筑服务※车间房屋修理费					140 000.00	9%	12 600.00
合　计					￥140 000.00		￥12 600.00

价税合计（大写）	⊗壹拾伍万贰仟陆佰元整	（小写）￥152 600.00

销售方	名　　称：武汉市宏光建筑公司 纳税人识别号：212543634012361542 地址、电话：武汉市汉口硚口区 150 号　027-87268813 开户行及账号：中国工商银行汉口支行　6248517836247846	备注

收款人：苏醒　　　复核：胡风　　　开票人：刘明　　　　销售方（章）：

湖北增值税专用发票

1420167365　　　　　　　　　　　　　　　　　　　　　No 10008901

开票日期：202×年 12 月 09 日

购买方	名　　称：祥龙电子有限公司 纳税人识别号：240112013101016440 地址、电话：武汉市武昌区白沙洲大道 888 号　027-88166666 开户行及账号：中国建设银行武昌支行　2102020002021231233				密码区	（略）

货物或应税劳务、服务名称	规格型号	单位	数量	单价	金额	税率	税额
※建筑服务※车间房屋修理费					140 000.00	9%	12 600.00
合　计					￥140 000.00		￥12 600.00

价税合计（大写）	⊗壹拾伍万贰仟陆佰元整	（小写）￥152 600.00

销售方	名　　称：武汉市宏光建筑公司 纳税人识别号：212543634012361542 地址、电话：武汉市汉口硚口区 150 号　027-87268813 开户行及账号：中国工商银行汉口支行　6248517836247846	备注

收款人：苏醒　　　复核：胡风　　　开票人：刘明　　　　销售方（章）：

中国建设银行　转账支票存根

支票号码 00000004

附加信息：

_____

出票日期 202×年 12月 09日

收 款 人：	武汉市宏光建筑公司
金　　额：	￥152 600.00
用　　途：	车间房屋修理费

单位主管： 刘志远　 会　计： 刘景明

9.9 日，销售甲产品 20 件，开具的增值税专用发票注明单价 42 000 元，总价款 840 000 元，增值税 109 200 元。已办妥货款进账手续。

中国建设银行　**进账单**（回单或收账通知）

202×年 12月 09日

付款人	全　　称	大连机电供应公司	收款人	全　　称	祥龙电子有限公司										
	账　　号	21020210098765 4321		账　　号	21020200020212 3123										
	开户银行	大连银行甘井子支行		开户银行	中国建设银行武昌支行										
金额	人民币（大写）	⊗玖拾肆万玖仟贰佰元整			亿	千	百	十	万	千	百	十	元	角	分
							￥	9	4	9	2	0	0	0	0
票据种类	转账	票据张数	1张												
票据号码	25741839														
复核　　　　　记账															

中国建设银行
武昌支行
202×年12月09日
收款人开户银行盖章

此联是开户银行交给收款人的回单或收账通知

湖北增值税专用发票

3560194342  № 10000012

此联不作报销、扣税凭证使用 开票日期：202×年12月09日

| 购买方 | 名　　　称：大连机电供应公司 纳税人识别号：210202111111111543 地址、电话：大连市甘井子区新新路3号　0411-86705431 开户行及账号：大连银行甘井子支行　210202100987654321 | | | | | | 密码区 | （略） |

货物或应税劳务、服务名称	规格型号	单位	数量	单价	金额	税率	税额
※电子工业设备※甲产品		件	20	42 000.00	840 000.00	13%	109 200.00
合　计					￥840 000.00		￥109 200.00

| 价税合计（大写） | ⊗玖拾肆万玖仟贰佰元整 | （小写）￥949 200.00 |

| 销售方 | 名　　　称：祥龙电子有限公司 纳税人识别号：24011201310101644
0 地址、电话：武汉市武昌区白沙洲大道888号　027-88166666 开户行及账号：中国建设银行武昌支行　210202000202123123 | 备注  |

收款人：黄来财　　　复核：刘景明　　　开票人：刘大科　　　销售方（章）：

第一联：记账联 销售方记账凭证

10.10日，据实预缴上月应纳所得税；缴纳上月未交增值税、应交城建税和教育费附加。

中华人民共和国
税收完税凭证

注册类型：有限责任公司　　　填发日期：202×年12月10日　　　征收机关：武汉市税务局

缴款单位（人）	代　码	240112013101016440	预算科目	编码	
	全　称	祥龙电子有限公司		名称	企业所得税
	开户银行	中国建设银行武昌支行		级次	
	账　号	210202000202123123	收款国库	武汉市分库	

税款所属期：202×年11月1日至202×年11月30日　　　税款限缴日期：202×年12月15日

品目名称	课税数量	计税金额或销售收入	税率或单位税额	已缴或扣除额	实缴金额
企业所得税			25%		￥92 000.00
金额合计（大写）	⊗人民币玖万贰仟元整				￥92 000.00

| 缴款单位（人）（盖章）财务专用章 | 税务机关（盖章）征税专用章 | 上述款项已收妥并划转收款单位账户12月10日 国库（银行）盖章 202×年12月10日 | 备注 |
| 经办人：高格印 | 填票人（章） | | |

第一联　国库（银行）收款盖章后退缴款人作完税凭证

逾期不缴按税法规定加收滞纳金

中华人民共和国
税收完税凭证

注册类型：有限责任公司　　　　填发日期：202×年12月10日　　　　征收机关：武汉市税务局

缴款单位（人）	代 码	240112013101016440	预算科目	编码	
	全 称	祥龙电子有限公司		名称	增值税
	开户银行	中国建设银行武昌支行		级次	
	账 号	210202000202123123		收款国库	武汉市分库

税款所属期：202×年11月1日至202×年11月30日　　　税款限缴日期：202×年12月15日

品目名称	课税数量	计税金额或销售收入	税率或单位税额	已缴或扣除额	实缴金额
增值税	★	★	13%		￥100 000.00
金额合计（大写）		⊗人民币壹拾万元整			￥100 000.00

缴款单位（盖章）　税务机关（盖章）　经办人（章）　填票人（章）

上述款项已收妥并划转收款单位账户

国库（银行）盖章 202×年12月10日

备注

第一联 国库（银行）收款盖章后退缴款人作完税凭证

中华人民共和国
税收完税凭证

注册类型：有限责任公司　　　　填发日期：202×年12月10日　　　　征收机关：武汉市税务局

缴款单位（人）	代 码	240112013101016440	预算科目	编码	
	全 称	祥龙电子有限公司		名称	个人所得税
	开户银行	中国建设银行武昌支行		级次	
	账 号	210202000202123123		收款国库	武汉市分库

税款所属期：202×年11月1日至202×年11月30日　　　税款限缴日期：202×年12月15日

品目名称	课税数量	计税金额或销售收入	税率或单位税额	已缴或扣除额	实缴金额
个人所得税					￥2 800.00
金额合计（大写）		⊗人民币贰仟捌佰元整			￥2 800.00

缴款单位（人）（盖章）　税务机关（盖章）　经办人（章）　填票人（章）

上述款项已收妥并划转收款单位账户

国库（银行）盖章 202×年12月10日

备注

中华人民共和国
税收完税凭证

注册类型：有限责任公司　　　　填发日期：202×年12月10日　　　　征收机关：武汉市税务局

缴款单位（人）	代　码	24011201310101016440	预算科目	编码	
	全　称	祥龙电子有限公司		名称	
	开户银行	中国建设银行武昌支行		级次	
	账　号	210202000202123123		收款国库	

税款所属期：202×年11月1日至202×年11月30日　　　　税款限缴日期：202×年12月15日

品目名称	课税数量	计税金额或销售收入	税率或单位税额	已缴或扣除额	实缴金额
城市维护建设税		100 000.00	7%		7 000.00
教育费附加		100 000.00	3%		3 000.00
地方教育附加		100 000.00	2%		2 000.00
金额合计（大写）⊗人民币壹万贰仟元整					￥12 000.00

缴款单位（人）（盖章）　经办人（章）	税务机关（盖章）　填票人（章）	上述款项已收妥并划转收款单位账户。国库（银行）盖章 202×年12月10日	备注

逾期不缴按税法规定加收滞纳金

第一联国库（银行）收款盖章后退缴款人作完税凭证

11.10日，缴纳税收罚款30 000元。

中华人民共和国税收罚款收据

填发日期：202×年12月10日

经济类型：有限责任　　　　　　　　　　　　　　　　　　　　征收机关：武汉市税务局

被罚人	代码		地址		
	名称	祥龙电子有限公司	补税凭证字号		
违章事实		漏税			
处罚依据					
处罚办法		罚款			
处罚金额		人民币（大写）⊗叁万元整			￥30 000.00
征收机关（盖章）	填表人（盖章）	备注			

中国建设银行　转账支票存根

支票号码 00000007

附加信息

_____

_____

出票日期 202×年 12月 10日

收　款　人：	武汉市武昌区税务局
金　　　额：	￥30 000.00
用　　　途：	缴纳罚款

单位主管：刘志远　　会　计：刘景明

12.11 日，销售乙产品 30 箱，开出的增值税专用发票注明价款 267 000 元，增值税 34 710 元。款项暂未收到。

湖北增值税专用发票

1420164331

此联不作报销、扣税凭证使用　　开票日期：202×年 12 月 11 日

№ 10000013

购买方	名　　　　称：武汉电子批发公司							密码区	（略）
	纳税人识别号：210202111115535564								
	地　址、电话：武汉市武昌区珞瑜路 3 号　027-67865455								
	开户行及账号：汉口银行洪山支行　210202100987654333								

货物或应税劳务、服务名称	规格型号	单位	数量	单价	金额	税率	税额
※电子工业设备※乙产品		箱	30	8 900.00	267 000.00	13%	34 710.00
合　　计					￥267 000.00		￥34 710.00

价税合计（大写）	⊗叁拾万零壹仟柒佰壹拾元整	（小写）￥301 710.00

销售方	名　　　　称：祥龙电子有限公司	备注
	纳税人识别号：240112013101016440	
	地　址、电话：武汉市武昌区白沙洲大道 888 号　027-88166666	
	开户行及账号：中国建设银行武昌支行　210202000202123123	

收款人：黄来财　　　　复核：刘景明　　　　开票人：刘大科　　　　销售方（章）：

13.12 日，向黄海物资供应公司开出转账支票 1 张，购买 A 材料 100 千克，单价 520 元；B 材料 200 千克，单价 810 元。对方垫付运费及税金共计 4 200 元。材料已验收入库。

中国建设银行　转账支票存根

支票号码 00000008

附加信息

_____

_____

出票日期 202×年 12 月 12 日

收 款 人：	黄海物资供应公司
金　　额：	￥246 020.00
用　　途：	购买材料

单位主管：刘志远　　会　计：刘景明

湖北增值税专用发票

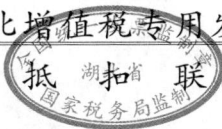

抵 扣 联

1420136142

№ 10300012

开票日期：202×年12月12日

购买方	名　　　称：祥龙电子有限公司 纳税人识别号：240112013101016440 地址、电话：武汉市武昌区白沙洲大道888号　027-88166666 开户行及账号：中国建设银行武昌支行　21020200202123123						密码区	（略）

货物或应税劳务、服务名称	规格型号	单位	数量	单价	金额	税率	税额
※电子元件※A材料		千克	100	520.00	52 000.00	13%	6 760.00
※电子元件※B材料		千克	200	810.00	162 000.00	13%	21 060.00
合　计					￥214 000.00		￥27 820.00

价税合计（大写）	⊗贰拾肆万壹仟捌佰贰拾元整	（小写）￥241 820.00

销售方	名　　　称：黄海物资供应公司 纳税人识别号：210202123456784532 地址、电话：武汉市珞瑜路2号　027-67863643 开户行及账号：汉口银行洪山支行　210202123456789001

收款人：王鹏　　　　复核：赵云　　　　开票人：刘鑫　　　　销售方（章）：

第二联：抵扣联　购买方扣税凭证

湖北增值税专用发票

发 票 联

1420136142

№ 10200012

开票日期：202×年12月12日

购买方	名　　　称：祥龙电子有限公司 纳税人识别号：240112013101016440 地址、电话：武汉市武昌区白沙洲大道888号　027-88166666 开户行及账号：中国建设银行武昌支行　21020200202123123						密码区	（略）

货物或应税劳务、服务名称	规格型号	单位	数量	单价	金额	税率	税额
※电子元件※A材料		千克	100	520.00	52 000.00	13%	6 760.00
※电子元件※B材料		千克	200	810.00	162 000.00	13%	21 060.00
合　计					￥214 000.00		￥27 820.00

价税合计（大写）	⊗贰拾肆万壹仟捌佰贰拾元整	（小写）￥241 820.00

销售方	名　　　称：黄海物资供应公司 纳税人识别号：210202123456784532 地址、电话：武汉市珞瑜路2号　027-67863643 开户行及账号：汉口银行洪山支行　210202123456789001	备注

收款人：王鹏　　　　复核：赵云　　　　开票人：刘鑫　　　　销售方（章）：

第三联：发票联　购买方记账凭证

湖北增值税专用发票

1420167492

No 10002301

开票日期：202×年 12 月 12 日

| 购买方 | 名　　　　称：祥龙电子有限公司
纳税人识别号：240112013101016440
地址、电话：武汉市武昌区白沙洲大道888号　027-88166666
开户行及账号：中国建设银行武昌支行　210202000202123123 | | | | | | | 密码区 | （略） |
| 第三联：发票联　购买方记账凭证 |

货物或应税劳务、服务名称	规格型号	单位	数量	单价	金额	税率	税额
※陆路运输服务※运费					3 853.21	9%	346.79
合　计					￥3 853.21		￥346.79

| 价税合计（大写） | ⊗肆仟贰佰元整 | （小写）￥4 200.00 |

| 销售方 | 名　　　　称：武汉宏远运输公司
纳税人识别号：212543634012351451
地址、电话：武汉市中山路25号　027-88215643
开户行及账号：汉口银行江岸支行　210202123456789005 | 备注 | 212543634012351451
发票专用章 |

收款人：王进　　　复核：赵红　　　开票人：刘民　　　销售方（章）：

入库单

供应单位：黄海物资供应公司

材料类别：主要材料　　　　　　202×年 12 月 12 日

入库单编号

收料仓库：材料库

编号	名称	规格	单位	数量		实际成本			
				应收	实收	买价		运费	其他	合计
						单价	金额			
A001	A材料		千克	100	100	520	52 000.00	1 284.40		53 284.40
B001	B材料		千克	200	200	810	162 000.00	2 568.81		164 568.81
合　计										￥217 853.21

14.15 日，接到银行通知，代付电费 10 170 元。

委托收款凭证（回单或付款通知）

付款人	全　　称	祥龙电子有限公司	收款人	全　　称	武汉供电公司
	账　　号	210202000202123123		账　　号	210202123456666666
	开户银行	中国建设银行武昌支行		开户银行	汉口银行台北路支行

托收金额	人民币 （大写）	⊗壹万零壹佰柒拾元整	千	百	十	万	千	百	十	元	角	分
					￥	1	0	1	7	0	0	0

票据种类	转账
票据张数	1张

中国建设银行
武昌支行
202×年12月15日
转
收款人开户银行盖章

单位主管：刘志远　　会计：刘景明

复核：李明　　记账：高格

委托日期：202×年 12 月 12 日　　付款日期：202×年 12 月 15 日

此联是收款人开户银行交给付款人的回单或付款通知

湖北增值税专用发票

1420187555　　　　　　　　　　　　　　　　No 10000026

开票日期：202×年12月15日

购买方	名　　　称：祥龙电子有限公司 纳税人识别号：240112013101016440 地址、电话：武汉市武昌区白沙洲大道888号　027-88166666 开户行及账号：中国建设银行武昌支行　210202000202123123	密码区	（略）

货物或应税劳务、服务名称	规格型号	单位度	数量	单价	金额	税率	税额
※电力产品※电费			6 000	1.5	9 000.00	13%	1 170.00
合　计					￥9 000.00		￥1 170.00

价税合计（大写）	⊗壹万零壹佰柒拾元整	（小写）￥10 170.00

销售方	名　　　称：武汉供电公司 纳税人识别号：210202123888888678 地址、电话：武汉市中山路99号　027-88216688 开户行及账号：汉口银行江岸支行　210202123456666666	备注	武汉供电公司 210202123888888678 发票专用章

收款人：黄敏　　　复核：黄天　　　开票人：刘科　　　销售方（章）：

第二联：抵扣联　购买方扣税凭证

湖北增值税专用发票

1420187555　　　　　　　　　　　　　　　　No 10000026

开票日期：202×年12月15日

购买方	名　　　称：祥龙电子有限公司 纳税人识别号：240112013101016440 地址、电话：武汉市武昌区白沙洲大道888号　027-88166666 开户行及账号：中国建设银行武昌支行　210202000202123123	密码区	（略）

货物或应税劳务、服务名称	规格型号	单位度	数量	单价	金额	税率	税额
※电力产品※电费			6 000	1.5	9 000.00	13%	1 170.00
合　计					￥9 000.00		￥1 170.00

价税合计（大写）	⊗壹万零壹佰柒拾元整	（小写）￥10 170.00

销售方	名　　　称：武汉供电公司 纳税人识别号：210202123888888678 地址、电话：武汉市中山路99号　027-88216688 开户行及账号：汉口银行江岸支行　210202123456666666	备注	武汉供电公司 210202123888888678 发票专用章

收款人：黄敏　　　复核：黄天　　　开票人：刘科　　　销售方（章）：

第三联：发票联　购买方记账凭证

电费分配表

202×年 12 月 15 日　　　　　　　　　　　　　　　　金额单位：元

部门		分配率	分配额
生产部门	甲产品		
	乙产品		
管理部门			
职工食堂			
合计			

制表：

15.18 日，转让一项商标权，原值 100 000 元，累计摊销 40 000 元。

中国建设银行 进账单（回单或收账通知）

202×年 12 月 18 日

付款人	全　称	新新科技有限公司	收款人	全　称	祥龙电子有限公司											
	账　号	210202123456789405		账　号	210202000202123123											
	开户银行	中国工商银行武昌支行		开户银行	中国建设银行武昌支行											
金额	人民币（大写）	⊗壹拾伍万玖仟元整			亿	千	百	十	万	千	百	十	元	角	分	
						¥	1	5	9	0	0	0	0	0	
票据种类	转账	票据张数	1 张													
票据号码	15602586														

中国建设银行武昌支行 202×年12月18日 转讫

复核　　　记账　　　　　　　　　　　　　　　　收款人开户银行盖章

湖北增值税专用发票

1420161142　　　　　　　　　　　　　　　　　　　　　　　　No 10000371

湖北省 国家税务局监制

此联不作报销、扣税凭证使用　　　开票日期：202×年 12 月 18 日

购买方	名　称	新新科技有限公司				密码区	（略）
	纳税人识别号：212543634014351890						
	地址、电话：武汉市珞瑜路 100 号　027-67865777						
	开户行及账号：中国工商银行武昌支行　210202123456789405						

货物或应税劳务、服务名称	规格型号	单位	数量	单价	金额	税率	税额
※商标※转让商标权					150 000.00	6%	9 000.00
合　计					¥150 000.00		¥9 000.00
价税合计（大写）	⊗壹拾伍万玖仟元整				（小写）¥159 000.00		

销售方	名　称	祥龙电子有限公司	备注
	纳税人识别号：240112013101016440		
	地址、电话：武汉市武昌区白沙洲大道 888 号　027-88166666		
	开户行及账号：中国建设银行武昌支行　210202000202123123		

祥龙电子有限公司 240112013101016440 发票专用章

收款人：李红　　　复核：刘景明　　　开票人：刘大科　　　销售方（章）：

16.20日，上月应发工资 134 000 元，代扣个人所得税 145.80 元、公积金 10 720 元、医疗保险 2 680 元、养老保险 10 720 元，实发工资 109 734.20 元。

工资计算表

202×年12月　　　　　　　　　　　　　　　　　　　　单位：元

部门	工资总额	公积金	医疗保险	养老保险	个人所得税	实发工资
管理部门	23 000	1 840	460	1 840	145.80	18 714.20
销售部门	27 000	2 160	540	2 160	0	22 140
车间管理	12 000	960	240	960	0	9 840
生产工人	64 000	5 120	1 280	5 120	0	52 480
福利部门	8 000	640	160	640		6 560
合计	134 000	10 720	2 680	10 720	145.80	109 734.20

会计主管：刘景明　　　　制单：严秋　　　　复核：高格

代缴个人所得税计算表

202×年12月　　　　　　　　　　　　　　　　　金额单位：元

项目	工资数	人数	公积金	医疗保险	养老保险	应纳税所得额	适用税率	速算扣除数	应纳税额
工资薪金	23 000	4	1 840	460	1 840	4 860	3%	0	145.80
工资薪金	30 000	10	2 400	600	2 400	—	—	—	0
工资薪金	22 000	10	1 760	440	1 760	—	—	—	0
工资薪金	59 000	36	4 720	1 180	4 720	0	—	—	0
合计	134 000	60	10 720	2 680	10 720	4 860		—	145.80

会计主管：刘景明　　　　制单：严秋　　　　复核：高格

中国建设银行　转账支票存根

支票号码 00000009

附加信息

出票日期 202×年12月20日

收款人：

金　额：￥109 734.20

用　途：工资

单位主管 刘志远　会　计 刘景明

17.21日，没收逾期未收回包装物押金2 000元。

> 同意将一年前收到的包装物押金2 000元，作为其他业务收入转账。
>
> 单位主管：刘志远　　　　　　会计主管：刘景明
>
> 202×年12月21日　　　　　　202×年12月21日

18.22日，人事部门报销各部门移动电话费，经审核无误，以转账支票付讫。

祥龙电子有限公司 报账（付款）审批单

部门：办公室　　　　　　　　202×年12月22日

经手人	焦华	事由	支付移动电话费
项目名称	金额（元）	付款（结算）方式	备注
管理费用	2 000.00	转账支票	
销售费用	2 800.00		
制造费用	1 400.00		
进项税额	558.00		
合计	6 758.00		
单位负责人审批	财务主管	部门领导	出纳员
同意 刘志远	同意 刘景明	同意 陈晨	李红

湖北增值税专用发票

1420145877　　　　　　抵扣联　　　　　　№ 10006701

开票日期：202×年12月22日

购买方	名　　称：祥龙电子有限公司 纳税人识别号：24011201310101 6440 地址、电话：武汉市武昌区白沙洲大道888号　027-88166666 开户行及账号：中国建设银行武昌支行　210202000202123123						密码区	（略）
货物或应税劳务、服务名称	规格型号	单位	数量	单价	金额	税率	税额	
※基础电信服务※通讯费					6 200.00	9%	558.00	
合　计					￥6 200.00		￥558.00	
价税合计（大写）	⊗陆仟柒佰伍拾捌元整					（小写）￥6 758.00		
销售方	名　　称：武汉移动通信公司 纳税人识别号：212543634012311456 地址、电话：武汉市珞瑜路34号　027-67865555 开户行及账号：汉口银行洪山支行　210202123456784005						备注	

收款人：黄文　　　复核：陈梦　　　开票人：刘杨　　　销售方（章）

第二联：抵扣联　购买方扣税凭证

中国建设银行 转账支票存根

支票号码 000000010

附加信息 _____

_____

出票日期 202×年 12 月 22 日

收 款 人：	武汉移动通信公司
金 额：	¥6 758.00
用 途：	移动通信话费

单位主管 刘志远　会 计 刘景明

湖北增值税专用发票

1420145877　　发 票 联　　№ 10006701

开票日期：202×年 12 月 22 日

购买方	名　　称：祥龙电子有限公司 纳税人识别号：2401120131010116440 地址、电话：武汉市武昌区白沙洲大道888号　027-88166666 开户行及账号：中国建设银行武昌支行　2102020002021123123	密码区	（略）

货物或应税劳务、服务名称	规格型号	单位	数量	单价	金额	税率	税额
※基础电信服务※通讯费					6 200.00	9%	558.00
合　计					¥6 200.00		¥558.00

价税合计（大写）	⊗陆仟柒佰伍拾捌元整	（小写）¥6 758.00

销售方	名　　称：武汉移动通信公司 纳税人识别号：212543634012311456 地址、电话：武汉市珞瑜路34号　027-67865555 开户行及账号：汉口银行洪山支行　210202123456784005	

收款人：黄文　　复核：陈梦　　开票人：刘扬　　销售方（章）：

第三联：发票联　购买方记账凭证

19.23 日，从国外进口小汽车 1 辆，进口申报价格为 FOB21 499.10 美元。海关填发税款缴款书日，人民币对美元中间价为 7.07 元，运抵我国海关前发生的运输费用、保险费用无法确定，经海关查实其他运输公司相同业务的运输费用占货价的比例为 2%，保险费率为 3‰。小汽车关税税率为 15%，消费税税率为 9%。

中华人民共和国海关进口货物报关单

预录入编号：169355321　　　　　　　　　　海关编号：531620160169355321

进口口岸 武汉海关		备案号 C42064350305		进口日期 202×1223		申报日期 202×1210
经营单位 3706910027 祥龙电子有限公司		运输方式 2	运输工具名称 DORIAN/003		提运单号 CUDMN040690024	
收货单位 同上		贸易方式 一般贸易		征免性质 一般征税		征税比例 T/T
许可证号 327689506		起运国（地区） 美国		装货港 波士顿		境内目的地 37069武汉
批准文号 727582095	成交方式 FOB	运费		保费		杂费
合同协议号 74271	件数 1	包装种类 纸箱		毛重（千克） 1 321.62		净重（千克） 1 268.23
集装箱号 HLXU4294121*4（8）	随附单据				用途	

标记唛码及备注

项号	商品编号	商品名称、规格型号	数量及单位	原产国（地区）	单价	总价	币制	征免
1		小汽车	1辆	美国	21 499.90	21499.90	USD	

税费征收情况

录入员　录入单位　兹声明以上申报无讹并承担法律责任
报关员 王利
　　　　　　申报单位（签章）
单位地址白沙洲大道888号
邮编430076　电话88166666 填制日期202×1210

海关审单批注及放行日期（签章）
审单　　审价

征税　　统计

查验　　放行

海关进口关税专用缴款书

收入系统：海关系统　　　　填发日期202×年12月23日

收款单位	收入机关	中央金库		缴款单位（人）	名　称	祥龙电子有限公司
	科　目		预算级次		账　号	21020200020212 3123
	收款国库				开户银行	中国建设银行武昌支行

税号	货物名称	数量	单位	完税价格（¥）	税率	税款金额（¥）
	小汽车	1	辆	155 505.13	15%	23 325.77

人民币（大写）⊗贰万叁仟叁佰贰拾伍元柒角柒分		合计	¥ 23 325.77
申请单位编号	报关单编号		
合同（批文）号	运输工具（号）		
交款日期	202×年12月25日前	提/装货单号	填制单位
备注	一般征税 USD1=CNY7.07 国际代码		制单人 复核人 单证专用章　收款国库（银行）业务公章

从填发缴款书之日起15日内缴纳（期末遇法定节假日顺延），逾期按日征收税款总额0.5‰的滞纳金。

海关代征增值税、消费税专用缴款书

收入系统：海关系统　　　　填发日期202×年12月23日

收款单位	收入机关	中央金库		缴款单位（人）	名　称	祥龙电子有限公司
	科　目		预算级次		账　号	21020200020212 3123
	收款国库				开户银行	中国建设银行武昌支行

税号	货物名称	数量	单位	完税价格（¥）	税率	税款金额（¥）
	小汽车	1	辆	196 517.47	9%	17 686.57
					13%	25 547.27

人民币（大写）⊗肆万叁仟贰佰叁拾叁元捌角肆分		合计	¥ 43 233.84
申请单位编号	报关单编号		
合同（批文）号	运输工具（号）		
交款日期	202×年12月25日前	提/装货单号	填制单位
备注	一般征税 USD1=CNY7.07 国际代码		制单人 复核人 单证专用章　收款国库（银行）业务公章

从填发缴款书之日起限15日内缴纳（期末遇法定节假日顺延），逾期按日征收税款总额0.5‰的滞纳金。

中国建设银行　转账支票存根

支票号码 000000011

附加信息 _____

_____

出票日期 202×年 12月23日

收款人：	武汉海关
金　额：	￥66 559.61
用　途：	进口税费

单位主管 刘志远　会　计 刘景明

20.24日，销售甲产品30件，已开具的增值税专用发票注明单价45 000元，价款1 350 000元，增值税175 500元。

湖北增值税专用发票

3870495661

No 10000014

此联不作报销、扣税凭证使用　开票日期：202×年12月24日

购买方	名　　称：大连机电供应公司						密码区	（略）
	纳税人识别号：210202111111111543							
	地　址、电话：大连市甘井子区新新路3号　0411-86705431							
	开户行及账号：大连银行甘井子支行　210202100987654321							
货物或应税劳务、服务名称	规格型号	单位	数量	单价	金额	税率	税额	
※电子工业设备※甲产品		件	30	45 000.00	1 350 000.00	13%	175 500.00	
合　计					￥1 350 000.00		￥175 500.00	
价税合计（大写）　⊗壹佰伍拾贰万伍仟伍佰元整							（小写）￥1 525 500.00	
销售方	名　　称：祥龙电子有限公司							
	纳税人识别号：240112013101016440							
	地　址、电话：武汉市武昌区白沙洲大道888号　027-88166666							
	开户行及账号：中国建设银行武昌支行　210202000202123123							

收款人：李红　　复核：刘景明　　开票人：刘大科　　销售方（章）：

第一联：记账联　销售方记账凭证

中国建设银行 进账单（回单或收账通知）

202×年 12 月 24 日

付款人	全　称	大连机电供应公司	收款人	全　称	祥龙电子有限公司										
	账　号	210202100987654321		账　号	21020200202123123										
	开户银行	大连银行甘井子支行		开户银行	中国建设银行武昌支行										

金额	人民币（大写）	⊗壹佰伍拾贰万伍仟伍佰元整	千	百	十	万	千	百	十	元	角	分
			¥	1	5	2	5	5	0	0	0	0

票据种类	转账	票据张数	1张
票据号码	15289635		

复核　　　记账

收款人开户银行盖章

（此联是开户银行交给收款人的回单或收账通知）

21.25 日，销售乙产品 10 箱，增值税专用发票注明单价 9 000 元，价款 90 000 元，增值税 11 700 元。对方签发一张 3 个月的商业承兑汇票抵付货款。

湖北增值税专用发票

1420164361　　　　　　　　　　　　　　　　　　　　№ 10000015

此联不作报销、扣税凭证使用　开票日期：202×年 12 月 25 日

购买方	名　　称：武汉电子批发公司 纳税人识别号：210202111115535564 地址、电话：武汉市武昌区中山路3号　027-88216767 开户行及账号：汉口银行江岸支行　210202100987654333	密码区	（略）

货物或应税劳务、服务名称	规格型号	单位	数量	单价	金额	税率	税额
※电子工业设备※乙产品		箱	10	9 000.00	90 000.00	13%	11 700.00
合　计					¥90 000.00		¥11 700.00

价税合计（大写）	⊗壹拾万零壹仟柒佰元整	（小写）¥101 700.00

销售方	名　　称：祥龙电子有限公司 纳税人识别号：240112013101016440 地址、电话：武汉市武昌区白沙洲大道888号　027-88166666 开户行及账号：中国建设银行武昌支行　21020200202123123	备注	

收款人：李红　　复核：刘景明　　　　开票人：刘大科　　　　销售方（章）：

第一联：记账联　销售方记账凭证

商业承兑汇票（卡片）

出票日期（大写）贰零贰×年壹拾贰月贰拾伍日　　00800386

付款人	全　称	武汉电子批发公司	收款人	全　称	祥龙电子有限公司										
	账　号	210202100987654333		账　号	21020200202123123										
	开户银行	汉口银行江岸支行		开户银行	中国建设银行武昌支行										

汇票金额	人民币（大写）⊗壹拾万零壹仟柒佰元整	千	百	十	万	千	百	十	元	角	分
		¥	1	0	1	7	0	0	0	0	0

汇票到期日		付款人账号	21020200202123156
交易合同号码		开户行地址	武昌区建设大道180号

出票人签章　　　　备注：

高格印

22.26日，报销差旅费，结清原预借款。①

祥龙电子有限公司　差旅费报销单

报销日期：202×年12月26日　　　　　　　　　　附单据4张

姓名		鲍巩英	出差事由		开拓市场					
启程日期及地点			到达日期及地点			交通工具	车船费	出差补助		住宿费		金额合计
月	日	地点	月	日	地点			天	金额	价款	税额	
12	10	武昌	12	10	上海	飞机	900	11	500	5 000	300	6 700
12	20	上海	12	20	武昌	飞机	920					920
			合计				1 820		500	5 000	300	7 620
实报金额	（大写）柒仟陆佰贰拾元整　￥7 620					预借金额		应补金额		应退金额		
						5 000		2 620				

会计主管人员 刘景明　　　　记账 陈晨　　审核 高格

上海增值税专用发票

2970641122　　　　　　　　　　抵　扣　联　　　　　　　　№ 10006721

开票日期：202×年12月20日

购买方	名　　　称：祥龙电子有限公司 纳税人识别号：24011201310101 6440 地址、电话：武汉市武昌区白沙洲大道888号　027-88166666 开户行及账号：中国建设银行武昌支行　21020200020 2123123	密码区	（略）
货物或应税劳务、服务名称	规格型号	单位	数量	单价	金额	税率	税额
※住宿服务※住宿费 合　计		天	10	500.00	5 000.00 ￥5 000.00	6%	300.00 ￥300.00
价税合计（大写）　⊗伍仟叁佰元整						（小写）￥5 300.00	
销售方	名　　　称：上海格林豪泰大酒店 纳税人识别号：21254363404561 1423 地址、电话：上海市中山路12号　021-88316666 开户行及账号：中国工商银行中山路支行　21045212345 6784005	备注	

收款人：黄易　　　复核：刘红　　　开票人：刘思思　　　销售方（章）：

上海增值税专用发票

2970641122　　　　　　　　　　发　票　联　　　　　　　　№ 10006721

开票日期：202×年12月20日

购买方	名　　　称：祥龙电子有限公司 纳税人识别号：24011201310101 6440 地址、电话：武汉市武昌区白沙洲大道888号　027-88166666 开户行及账号：中国建设银行武昌支行　21020200020 2123123	密码区	（略）
货物或应税劳务、服务名称	规格型号	单位	数量	单价	金额	税率	税额
※住宿服务※住宿费 合　计		天	10	500.00	5 000.00 ￥5 000.00	6%	300.00 ￥300.00
价税合计（大写）　⊗伍仟叁佰元整						（小写）￥5 300.00	
销售方	名　　　称：上海格林豪泰大酒店 纳税人识别号：21254363404561 1423 地址、电话：上海市中山路12号　021-88316666 开户行及账号：中国工商银行中山路支行　21045212345 6784005	备注	

收款人：黄易　　　复核：刘红　　　开票人：刘思思　　　销售方（章）：

---

①　此处应有鲍巩英身份信息的航空运输电子客票行程单。

23.27日，收到每年年末分期付息、到期还本的国债利息20 000元存入银行。

中国建设银行 进账单（回单或收账通知）
202×年12月27日

付款人	全称	中国建设银行武昌支行	收款人	全称	祥龙电子有限公司
	账号	86600021212225555		账号	210202000202123123
	开户银行	中国建设银行武昌支行		开户银行	中国建设银行武昌支行

金额	人民币（大写）	⊗贰万元整	千	百	十	万	千	百	十	元	角	分
					¥	2	0	0	0	0	0	0

票据种类	转账	票据张数	1张
票据号码	16205786		

复核　　记账

此联是开户银行交给收款人的回单或收账通知

（中国建设银行武昌支行 202×年12月27日 转讫 收款人开户银行盖章）

24.28日，从子公司分回现金股利90 000元，款项已存入银行。

中国建设银行 进账单（回单或收账通知）
202×年12月28日

付款人	全称	格致工贸公司	收款人	全称	祥龙电子有限公司
	账号	86600021212333666		账号	210202000202123123
	开户银行	中国工商银行武昌支行		开户银行	中国建设银行武昌支行

金额	人民币（大写）	⊗玖万元整	千	百	十	万	千	百	十	元	角	分
					¥	9	0	0	0	0	0	0

票据种类	转账	票据张数	1张
票据号码	16582479		

复核　　记账

此联是开户银行交给收款人的回单或收账通知

25.28日，开出转账支票，与武汉市宏明大酒店结算餐饮费63 812元。

中国建设银行 转账支票存根

支票号码 000000012

附加信息
_____

_____

出票日期 202×年12月28日

收 款 人：武汉市宏明大酒店

金　　额：￥63 812.00

用　　途：餐饮费

单位主管 刘志远　会　计 刘景明

祥龙电子有限公司 报账（付款）审批单

部门：办公室　　　　　　　202×年12月28日

经手人	焦华	事由	支付餐饮费
项目名称	金额（元）	付款（结算）方式	备注
业务招待费	63 812.00	转账支票	
合计	￥63 812.00		
单位负责人审批	财务主管	部门领导	出纳员
同意 刘志远	同意 刘景明	同意 陈晨	李红

湖北增值税普通发票

1420129322　　　　　　发票联　　　　　　№ 10560001

开票日期：202×年12月15日

	名　　称：祥龙电子有限公司						密	（略）	第
购买方	纳税人识别号：2401120131010 16440						码区		三联
	地址、电话：武汉市武昌区白沙洲大道888号 027-88166666								：发票联
	开户行及账号：中国建设银行武昌支行 21020 2000202123123								购
货物或应税劳务、服务名称	规格型号	单位	数量	单价	金额	税率	税额		买方记账凭证
※餐饮服务※餐饮费					60 200.00	6%	3 612.00		
合计					￥60 200.00		￥3 612.00		
价税合计（大写）　　⊗陆万叁仟捌佰壹拾贰元整							￥63 812.00		
销售方	名　　称：武汉市宏明大酒店								
	纳税人识别号：212543634016786567								
	地址、电话：武汉市武路路25号 027-67867788								
	开户行及账号：兴业银行武昌支行 210202123456789005								

收款人：王大勇　　复核：孙志　　　　开票人：宋思民　　　销售方（章）：

26.29日，将面值104 400元3，个月期商业汇票办理贴现，年贴现率为6%。

贴现凭证（收账通知）

申请日期：202×年12月29日　　　　　　　　　　　No.24587

<table>
<tr><td rowspan="3">持票人</td><td>名　称</td><td colspan="2">祥龙电子有限公司</td><td rowspan="6">贴现汇票</td><td>种　类</td><td colspan="2">商业承兑汇票</td><td>号　码</td><td></td></tr>
<tr><td>账　号</td><td colspan="2">21020200020123123</td><td>发票日</td><td colspan="3">202×年12月25日</td></tr>
<tr><td>开户银行</td><td colspan="2">中国建设银行武昌支行</td><td>到期日</td><td colspan="3">202×+1年3月24日</td></tr>
<tr><td colspan="2">汇票承兑人
（或银行）</td><td>名称</td><td></td><td>账号</td><td></td><td colspan="2">开户银行</td><td></td></tr>
<tr><td colspan="2">汇票金额
（即贴现金额）</td><td colspan="2">人民币（大写）⊗壹拾万零壹仟柒佰元整</td><td colspan="6">千百十万千百十元角分
￥1 0 1 7 0 0 0 0</td></tr>
<tr><td colspan="2">贴现率
每月 0.5%</td><td colspan="2">贴现利息 1 457.7</td><td>实付贴现金额</td><td colspan="5">千百十万千百十元角分
￥1 0 0 2 4 2 3 0</td></tr>
<tr><td colspan="5">上述款项已入你单位账户。
此致
银行盖章
202×年12月29日</td><td colspan="6">备注</td></tr>
</table>

27.31日，期末A材料盘亏了2千克，保管员负担300元，其余转入营业外支出。

存货溢缺报告单

202×年12月31日　　　　　　　　　　　金额单位：元

<table>
<tr><td rowspan="2">商品名称</td><td rowspan="2">单位</td><td rowspan="2">账存数</td><td rowspan="2">实存数</td><td colspan="2">短缺</td><td colspan="2">溢余</td><td rowspan="2">原因</td><td rowspan="2">进项税额转出</td></tr>
<tr><td>数量</td><td>单价</td><td>数量</td><td>单价</td></tr>
<tr><td>A材料</td><td>千克</td><td>80</td><td>78</td><td>2</td><td>500</td><td></td><td></td><td>管理员特真
保管不善</td><td>130</td></tr>
<tr><td></td><td></td><td></td><td></td><td></td><td></td><td></td><td></td><td></td><td></td></tr>
<tr><td colspan="8">合计</td><td></td><td>￥1 130</td></tr>
</table>

会计主管：刘景明　　　　制单：艾丹　　　　复核：高格

材料盘亏（盈）处理通知单

202×年12月31日

经审查确认，202×年12月31日盘亏2千克A材料属于非正常损失，盘亏处理如下：
保管员特真负责赔偿300元，其余转作营业外支出处理。

单位主管 刘志远　　　会计主管 刘景明　　　会计 高格
202×年12月31日　　　202×年12月31日　　　202×年12月31日

28.31日，提取分期付息、到期一次还本的长期借款利息。

金融机构借款利息计算表

202×年12月31日　　　　　　　　　　　　　　　　　　　　金额单位：元

借款证号	借款类型	计息起止期	本期计息期	借款金额	利率	本期应计利息	已提利息	合计
005	短期	202×年10月1日至202×年12月31日	202×年12月1日至202×年12月31日	300 000	5%	1 250	2 500	3 750
013	长期	202×年1月1日至202×年12月31日	202×年12月1日至202×年12月31日	1 000 000	9%	7 500	82 500	90 000

会计主管：刘景明　　　　　　制单：艾丹　　　　　　复核：高格

非金融机构借款利息计算表

202×年12月31日　　　　　　　　　　　　　　　　　　　　金额单位：元

借款证号	借款类型	计息起止期	本期计息期	借款金额	利率	本期应计利息	已提利息	合计
014	长期	202×年1月1日至202×年12月31日	202×年12月1日至202×年12月31日	1 000 000	12%	10 000	110 000	120 000
006	短期	202×年12月1日至202×年12月31日	202×年12月1日至202×年12月31日	100 000	6%	500	0	500

会计主管：刘景明　　　　　　制单：艾丹　　　　　　复核：高格

29.31日，根据固定资产原值和确定的折旧方法、残值，计算并编制"固定资产折旧计算汇总表"，计提并结转固定资产折旧费用。

固定资产折旧计算汇总表

202×年12月31日　　　　　　　　　　　　　　　　　　　　金额单位：元

固定资产名称	固定资产原值	残值（5%）	使用年限（年）	本期折旧期间	本期应计提折旧金额
厂房	90 000 000	4 500 000	50	202×年12月1日至202×年12月31日	
食堂	2 000 000	100 000	50	202×年12月1日至202×年12月31日	
仓库	3 000 000	150 000	50	202×年12月1日至202×年12月31日	
轿车	220 000	11 000	5	202×年12月1日至202×年12月31日	
大型客车（4辆）	800 000	40 000	5	202×年12月1日至202×年12月31日	
中型客车（1辆）	100 000	5 000	5	202×年12月1日至202×年12月31日	
载货汽车（3辆）	420 000	21 000	5	202×年12月1日至202×年12月31日	

会计主管：刘景明　　　　　　制单：艾丹　　　　　　复核：高格

30.31 日，根据员工考勤记录（略），分车间、部门和用途，编制"应付工资费用分配汇总表"，分配并结转工资费用。

应付工资费用分配汇总表

202×年 12 月 31 日
单位：元

部门	工资总额	公积金	医疗保险	养老保险	个人所得税	实发工资
管理部门	23 000	1 840	460	1 840	145.8	18 714.2
销售部门	27 000	2 160	540	2 160	0	22 140
车间管理部门	12 000	960	240	960	0	9 840
生产工人	64 000	5 120	1 280	5 120	0	52 480
福利部门	8 000	640	160	640	0	6 560
合计	134 000	10 720	2 680	10 720	145.8	109 734.2

会计主管：刘景明　　　　制单：艾丹　　　　复核：高格

代缴个人所得税计算表

202×年 12 月 31 日
金额单位：元

项目	工资数	人数	公积金	医疗保险	养老保险	应纳税所得额	适用税率	速算扣除数	应纳税额
工资薪金	23 000	4	1 840	460	1 840	4 860	3%	0	145.80
工资薪金	30 000	10	2 400	600	2 400	0	—	—	0
工资薪金	22 000	10	1 760	440	1 760	0	—	—	0
工资薪金	59 000	36	4 720	1 180	4 720	0	—	—	0
合计	134 000	60	10 720	2 680	10 720	4 860	—	—	145.80

会计主管：刘景明　　　　制单：艾丹　　　　复核：高格

31.31 日，按工资总额的 2% 计提工会经费，按工资总额的 8% 计提职工教育经费。

经费计算表

202×年 12 月 31 日
单位：元

部门	工资总额	工会经费	职工教育经费	合计
管理部门	23 000			
销售部门	27 000			
车间管理	12 000			
生产工人	64 000			
福利部门	8 000			
合计	134 000			

会计主管：刘景明　　　　制单：艾丹　　　　复核：高格

32.31 日，根据"制造费用明细账"所归集的费用总额（借方发生额），按照既定方法，计算并编制"制造费用分配表"，进行制造费用的分配与结转。

制造费用分配表

202×年12月31日　　　　　　　　　　　金额单位：元

产品	分配率	费用分配额
甲产品		
乙产品		
合计		

会计主管：刘景明　　　　制单：艾丹　　　　复核：高格

33.31日，企业捐赠自产乙产品10箱给利达公司（非关联方）。

乙产品出库单

202×年12月31日　　　　　　　　　　　金额单位：元

产品编号	产品名称及规格	单位	数量	单位成本	总成本	备注
	乙产品	箱	10	6 000	60 000	无偿捐赠给利达公司

会计主管：刘景明　　　　制单：艾丹　　　　复核：高格

乙产品接收单

202×年12月31日　　　　　　　　　　　金额单位：元

产品编号	产品名称及规格	单位	数量	单位公允价值	总价值	备注
	乙产品	箱	10	9 000	90 000	接受祥龙电子有限公司无偿捐赠

会计主管：刘项　　　　制单：张皓　　　　复核：刘财

34.31日，计算并结转已销产品成本。

汇总产品出库单

202×年12月31日　　　　　　　　　　　金额单位：元

产品编号	产品名称规格	单位	数量	单位成本	总成本	备注
	甲产品	件	20	29 000	580 000	9日，大连机电供应公司，款已收
	甲产品	件	30	30 000	900 000	24日，大连机电供应公司，款已收
	乙产品	箱	30	5 950	178 500	11日，武汉电子批发公司，款未收
	乙产品	箱	10	6 000	60 000	25日，武汉电子批发公司，3个月期商业承兑汇票

会计主管：刘景明　　　　制单：艾丹　　　　复核：高格

35.31日，对应收账款和其他应收款按0.5‰计提坏账准备。

坏账准备计提表

202×年 12 月 31 日　　　　　　　　　　　　　　　金额单位：元

应收账户	期末余额	计提比例	应提准备数 ①	账面已提数（贷方为负） ②	应补提（或冲减）数 ③=①+②
应收账款		0.5‰			
其他应收款		0.5‰			
合计					

会计主管：刘景明　　　　制单：艾丹　　　　　复核：高格

36.31 日，根据"应交税费——应交增值税"明细账的有关专栏，计算并填制"应纳增值税及转出未交增值税计算表"，结转转出未交增值税。

应纳增值税及转出未交增值税计算表

202×年 12 月　　　　　　　　　　　　　　　　　单位：元

项目	当期销项税额 ①	当期进项税额 ②	当期应纳增值税额 ③=①-②	已交增值税 ④	转出未交增值税 ⑤=④-③
金额					

会计主管：刘景明　　　　制单：艾丹　　　　　复核：高格

37.31 日，根据本月应纳增值税税额，按法定税费率计算本月应缴纳的城市维护建设税、教育费附加和地方教育附加，编制"税金及附加计算表"，结转税金及附加。

税金及附加计算表

202×年 12 月　　　　　　　　　　　　　　　　金额单位：元

项目	计税金额	税率	应缴税费
城市维护建设税		7%	
教育费附加		3%	
地方教育附加		2%	

会计主管：刘景明　　　　制单：艾丹　　　　　复核：高格

38.31 日，计提本月房产税、城镇土地使用税和车船税。

房产税计算表

202×年 12 月 31 日　　　　　　　　　　　　　　金额单位：元

房产原值	减除比例	租金收入	适用税率	全年应提税额	本月应提税额	备注
						9—11 月已计提
						199 500 元
合计						

会计主管：刘景明　　　　制单：艾丹　　　　　复核：高格

城镇土地使用税计算表

202×年12月31日　　　　　　　　　　　　　金额单位：元

面积（平方米）	土地等级	适用税率	全年应提税额	本月应提税额	备注
					10—11月已计提6 000元
合计					

会计主管：刘景明　　　　制单：艾丹　　　　复核：高格

车船税计算表

202×年12月31日　　　　　　　　　　　　　金额单位：元

车船类型	数量（辆或吨）	适用税率	全年应提税额	本月应提税额	备注
					1—11月已计提6 215元
合计					

会计主管：刘景明　　　　制单：艾丹　　　　复核：高格

39.31日，将本月已实际发生的职工福利费金额汇总，然后分配并结转职工福利费。

职工福利费分摊表

202×年12月31日　　　　　　　　　　　　　单位：元

车间或部门（人员类别）		福利费分配额
管理部门人员		
销售部门人员		
生产人员	甲产品	
	乙产品	
合计		

会计主管：刘景明　　　　制单：艾丹　　　　复核：高格

40.31 日，根据本月各收入类账户的贷方发生额和费用类账户的借方发生额，填制"本月损益类账户发生额汇总表"，结转损益类账户发生额至"本年利润"账户。

本月损益类账户发生额汇总表

202×年 12 月 31 日　　　　　　　　　　　　　　　　　单位：元

收入类账户		结转前贷方余额	费用类账户	结转前借方余额	
主营业务收入	A产品		主营业务成本	A产品	
	B产品			B产品	
其他业务收入			税金及附加		
营业外收入			销售费用		
投资收益			财务费用		
			管理费用		
			其他业务成本		
			信用减值损失		
			营业外支出		
合计			合计		
利润总额					

会计主管：刘景明　　　　制单：艾丹　　　　复核：高格

41.31 日，根据企业 12 月份预缴企业所得税的情况，计算并计提所得税费用。

预计应交所得税及所得税费用计算表

202×年 12 月 31 日

收入总额	成本费用总额	利润总额	所得税税率	预计应交所得税
			25%	

会计主管：刘景明　　　　制单：艾丹　　　　复核：高格

42.31 日，将企业 12 月"所得税费用计算表"计算出的所得税费用金额结转至"本年利润"账户。

43.31 日，根据企业有关会计制度进行利润分配，包括提取法定盈余公积和向投资者分配利润。该公司目前暂不向投资者分配利润。计算并结转企业未分配利润。

可供分配利润的计算及利润分配表

202×年 12 月 31 日　　　　　　　　　　　　　　　　　单位：元

项目	金额	项目	金额
1—11 月预计净利润		加：年初未分配利润	
本月利润总额		可供分配的净利润	
本月预计应交所得税		应付利润（董事会决议批准分配）	
加：本月税后利润（净利润）			
本年净利润			
本年应提取盈余公积（10%）			
扣除盈余公积后的本年净利润		本年年末累计未分配利润	

会计主管：刘景明　　　　制单：艾丹　　　　复核：高格

第三部分
纳税申报实务实训具体操作

　　根据第二部分资料，完成相关账务处理和财务报表填制，并进行增值税、城市维护建设税、教育费附加、地方教育附加和企业所得税、房产税、城镇土地使用税、个人所得税等的纳税申报。

>> 3.1　初始建账

本操作提示：

1.填制库存现金日记账和银行存款日记账的期初余额

库存现金日记账

年		凭证		摘要	对方科目	借方											贷方											借或贷	余额										
月	日	字	号			亿	千	百	十	万	千	百	十	元	角	分	亿	千	百	十	万	千	百	十	元	角	分		亿	千	百	十	万	千	百	十	元	角	分

库 存 现 金 日 记 账

年		凭证		摘要	对方科目	借方											贷方											借或贷	余额										
月	日	字	号			亿	千	百	十	万	千	百	十	元	角	分	亿	千	百	十	万	千	百	十	元	角	分		亿	千	百	十	万	千	百	十	元	角	分

库存现金日记账

年		凭证		摘要	对方科目	借方											贷方											借或贷	余额										
月	日	字	号			亿	千	百	十	万	千	百	十	元	角	分	亿	千	百	十	万	千	百	十	元	角	分		亿	千	百	十	万	千	百	十	元	角	分

库 存 现 金 日 记 账

年		凭证		摘要	对方科目	借方											贷方											借或贷	余额										
月	日	字	号			亿	千	百	十	万	千	百	十	元	角	分	亿	千	百	十	万	千	百	十	元	角	分		亿	千	百	十	万	千	百	十	元	角	分

银 行 存 款 日 记 账

年		凭证		摘要	对方科目	借方											贷方											借或贷	余额										
月	日	字	号			十	亿	千	百	十	万	千	百	十	元	角	分	十	亿	千	百	十	万	千	百	十	元	角	分		十	亿	千	百	十	万	千	百	十	元	角	分

银 行 存 款 日 记 账

年		凭证		摘要	对方科目	借方											贷方											借或贷	余额										
月	日	字	号			十	亿	千	百	十	万	千	百	十	元	角	分	十	亿	千	百	十	万	千	百	十	元	角	分		十	亿	千	百	十	万	千	百	十	元	角	分

银 行 存 款 日 记 账

年		凭证	摘要	对方科目	借方											贷方											借或贷	余额										
月	日	字号			十	亿	千	百	十	万	千	百	十	元	角	分	十	亿	千	百	十	万	千	百	十	元	角	分		十	亿	千	百	十	万	千	百	十	元	角	分

银行存款日记账

年		凭证		摘要	对方科目	借方										贷方										借或贷	余额									
月	日	字	号			十	亿	千	百	十	万	千	百	十	元	角	分	十	亿	千	百	十	万	千	百	十	元	角	分		十	亿	千	百	十	万	千

2. 填制总分类账的期初余额

总账

第　　页

年		凭证		摘要	对方科目	借方金额											贷方金额											借或贷	余额										
月	日	种类	号数			亿	千	百	十	万	千	百	十	元	角	分	亿	千	百	十	万	千	百	十	元	角	分		亿	千	百	十	万	千	百	十	元	角	分
	日 页																																						

总账

第　　页

年		凭证		摘要	对方科目	借方金额											贷方金额											借或贷	余额										
月	日	种类	号数			亿	千	百	十	万	千	百	十	元	角	分	亿	千	百	十	万	千	百	十	元	角	分		亿	千	百	十	万	千	百	十	元	角	分
	日 页																																						

总账

第　页

年		凭证		摘要	对方科目	借方金额										贷方金额										借或贷	余额									
月	日	种类	号数			亿	千	百	十	万	千	百	十	元	角	分	亿	千	百	十	万	千	百	十	元	角	分		亿	千	百	十	万	千	百	十	元	角	分

总账

第　页

年		凭证		摘要	对方科目	借方金额										贷方金额										借或贷	余额									
月	日	种类	号数			亿	千	百	十	万	千	百	十	元	角	分	亿	千	百	十	万	千	百	十	元	角	分		亿	千	百	十	万	千	百	十	元	角	分

总账

第　　页

年		凭证		摘要	对方科目	借方金额 亿千百十万千百十元角分	贷方金额 亿千百十万千百十元角分	借或贷	余额 亿千百十万千百十元角分
月	日	种类	号数						

总账

第　　页

年		凭证		摘要	对方科目	借方金额 亿千百十万千百十元角分	贷方金额 亿千百十万千百十元角分	借或贷	余额 亿千百十万千百十元角分
月	日	种类	号数						

总账

第　页

年		凭证		摘要	对方科目	借方金额											贷方金额											借或贷	余额										
月	日	种类	号数			亿	千	百	十	万	千	百	十	元	角	分	亿	千	百	十	万	千	百	十	元	角	分		亿	千	百	十	万	千	百	十	元	角	分

总账

第　页

年		凭证		摘要	对方科目	借方金额											贷方金额											借或贷	余额										
月	日	种类	号数			亿	千	百	十	万	千	百	十	元	角	分	亿	千	百	十	万	千	百	十	元	角	分		亿	千	百	十	万	千	百	十	元	角	分

总账

年		凭证		摘要	对方科目	借方金额										贷方金额										借或贷	余额										第 页
月	日	种类	号数			页	亿	千	百	十	万	千	百	十	元	角	分	亿	千	百	十	万	千	百	十	元	角	分	亿	千	百	十	万	千	百	十	元	角	分

总账

年		凭证		摘要	对方科目	借方金额										贷方金额										借或贷	余额										第 页
月	日	种类	号数			页	亿	千	百	十	万	千	百	十	元	角	分	亿	千	百	十	万	千	百	十	元	角	分	亿	千	百	十	万	千	百	十	元	角	分

总账

第 页

年		凭证		摘要	对方科目	借方金额										贷方金额										借或贷	余额									
月	日	种类	号数			亿	千	百	十	万	千	百	十	元	角	分	亿	千	百	十	万	千	百	十	元	角	分		亿	千	百	十	万	千	百	十	元	角	分

总账

第 页

年		凭证		摘要	对方科目	借方金额										贷方金额										借或贷	余额									
月	日	种类	号数			亿	千	百	十	万	千	百	十	元	角	分	亿	千	百	十	万	千	百	十	元	角	分		亿	千	百	十	万	千	百	十	元	角	分

总账

年		凭证		对方科目	摘 要	借方金额											贷方金额											借或贷	余 额 第 页									
月	日	种类	号数			亿	千	百	十	万	千	百	十	元	角	分	亿	千	百	十	万	千	百	十	元	角	分		亿	千	百	十	万	千	百	十	元	角	分

总账

年		凭证		对方科目	摘 要	借方金额											贷方金额											借或贷	余 额 第 页									
月	日	种类	号数			亿	千	百	十	万	千	百	十	元	角	分	亿	千	百	十	万	千	百	十	元	角	分		亿	千	百	十	万	千	百	十	元	角	分

总账

年		凭证		摘要	对方科目	日页	借方金额										贷方金额										借或贷	余　额										第　页
月	日	种类	号数				亿	千	百	十	万	千	百	十	元	角	分	亿	千	百	十	万	千	百	十	元	角	分		亿	千	百	十	万	千	百	十	元	角	分

总账

年		凭证		摘要	对方科目	日页	借方金额										贷方金额										借或贷	余　额										第　页
月	日	种类	号数				亿	千	百	十	万	千	百	十	元	角	分	亿	千	百	十	万	千	百	十	元	角	分		亿	千	百	十	万	千	百	十	元	角	分

总账

第 页

年		凭证		摘要	对方科目	借方金额											贷方金额											借或贷	余额										
月	日	种类	号数			亿	千	百	十	万	千	百	十	元	角	分	亿	千	百	十	万	千	百	十	元	角	分		亿	千	百	十	万	千	百	十	元	角	分

总账

第 页

年		凭证		摘要	对方科目	借方金额											贷方金额											借或贷	余额										
月	日	种类	号数			亿	千	百	十	万	千	百	十	元	角	分	亿	千	百	十	万	千	百	十	元	角	分		亿	千	百	十	万	千	百	十	元	角	分

总账

年		凭证		摘要	对方科目	日页	借方金额										贷方金额										借或贷	余额									
月	日	种类	号数				亿	千	百	十	万	千	百	十	元	角	分	亿	千	百	十	万	千	百	十	元	角	分		亿	千	百	十	万	千	百	十	元	角	分

第　页

总账

年		凭证		摘要	对方科目	日页	借方金额										贷方金额										借或贷	余额									
月	日	种类	号数				亿	千	百	十	万	千	百	十	元	角	分	亿	千	百	十	万	千	百	十	元	角	分		亿	千	百	十	万	千	百	十	元	角	分

第　页

总账

第　　页

年		凭证		摘　要	对方科目	借方金额										贷方金额										借或贷	余　额									
月	日	种类	号数			亿	千	百	十	万	千	百	十	元	角	分	亿	千	百	十	万	千	百	十	元	角	分	亿	千	百	十	万	千	百	十	元	角	分

总账

第　　页

年		凭证		摘　要	对方科目	借方金额										贷方金额										借或贷	余　额									
月	日	种类	号数			亿	千	百	十	万	千	百	十	元	角	分	亿	千	百	十	万	千	百	十	元	角	分	亿	千	百	十	万	千	百	十	元	角	分

总账

年		凭证		摘要	对方科目			借方金额												贷方金额										借或贷	余额										第 页
月	日	种类	号数			页	亿	千	百	十	万	千	百	十	元	角	分		亿	千	百	十	万	千	百	十	元	角	分		亿	千	百	十	万	千	百	十	元	角	分

总账

年		凭证		摘要	对方科目			借方金额												贷方金额										借或贷	余额										第 页
月	日	种类	号数			页	亿	千	百	十	万	千	百	十	元	角	分		亿	千	百	十	万	千	百	十	元	角	分		亿	千	百	十	万	千	百	十	元	角	分

总账

第 页

年		凭证		摘要	对方科目	借方金额	贷方金额	借或贷	余额
月	日	种类	号数			亿千百十万千百十元角分	亿千百十万千百十元角分		亿千百十万千百十元角分

总账

第 页

年		凭证		摘要	对方科目	借方金额	贷方金额	借或贷	余额
月	日	种类	号数			亿千百十万千百十元角分	亿千百十万千百十元角分		亿千百十万千百十元角分

总账

第　　页

年		凭证		摘要	对方科目	借方金额											贷方金额											借或贷	余额										
月	日	种类	号数			亿	千	百	十	万	千	百	十	元	角	分	亿	千	百	十	万	千	百	十	元	角	分		亿	千	百	十	万	千	百	十	元	角	分

总账

第　　页

年		凭证		摘要	对方科目	借方金额											贷方金额											借或贷	余额										
月	日	种类	号数			亿	千	百	十	万	千	百	十	元	角	分	亿	千	百	十	万	千	百	十	元	角	分		亿	千	百	十	万	千	百	十	元	角	分

总账

第　页

年		凭证		摘要	对方科目	借方金额											贷方金额											借或贷	余额										
月	日	种类	号数			亿	千	百	十	万	千	百	十	元	角	分	亿	千	百	十	万	千	百	十	元	角	分		亿	千	百	十	万	千	百	十	元	角	分

总账

第　页

年		凭证		摘要	对方科目	借方金额											贷方金额											借或贷	余额										
月	日	种类	号数			亿	千	百	十	万	千	百	十	元	角	分	亿	千	百	十	万	千	百	十	元	角	分		亿	千	百	十	万	千	百	十	元	角	分

总账

年		凭证		摘要	对方科目	借方金额											贷方金额											借或贷	余额										
月	日	种类	号数			亿	千	百	十	万	千	百	十	元	角	分	亿	千	百	十	万	千	百	十	元	角	分		亿	千	百	十	万	千	百	十	元	角	分

第　　页

总账

年		凭证		摘要	对方科目	借方金额											贷方金额											借或贷	余额										
月	日	种类	号数			亿	千	百	十	万	千	百	十	元	角	分	亿	千	百	十	万	千	百	十	元	角	分		亿	千	百	十	万	千	百	十	元	角	分

第　　页

总账

第　页

年		凭证		摘要	对方科目	借方金额											贷方金额											借或贷	余额										
月	日	种类	号数			亿	千	百	十	万	千	百	十	元	角	分	亿	千	百	十	万	千	百	十	元	角	分		亿	千	百	十	万	千	百	十	元	角	分

总账

第　页

年		凭证		摘要	对方科目	借方金额											贷方金额											借或贷	余额										
月	日	种类	号数			亿	千	百	十	万	千	百	十	元	角	分	亿	千	百	十	万	千	百	十	元	角	分		亿	千	百	十	万	千	百	十	元	角	分

总账

年		凭证		摘要	对方科目		借方金额										贷方金额									借或贷	余额									第 页
月	日	种类	号数			页	亿	千	百	十	万	千	百	十	元	角	分	亿	千	百	十	万	千	百	十	元	角	分		亿	千	百	十	万	千	百	十	元	角	分

总账

年		凭证		摘要	对方科目		借方金额										贷方金额									借或贷	余额									第 页
月	日	种类	号数			页	亿	千	百	十	万	千	百	十	元	角	分	亿	千	百	十	万	千	百	十	元	角	分		亿	千	百	十	万	千	百	十	元	角	分

总账

年		凭证		摘要	对方科目	页	借方金额											贷方金额											借或贷	余额										
月	日	种类	号数			日	亿	千	百	十	万	千	百	十	元	角	分	亿	千	百	十	万	千	百	十	元	角	分		亿	千	百	十	万	千	百	十	元	角	分

总账

年		凭证		摘要	对方科目	页	借方金额											贷方金额											借或贷	余额										
月	日	种类	号数			日	亿	千	百	十	万	千	百	十	元	角	分	亿	千	百	十	万	千	百	十	元	角	分		亿	千	百	十	万	千	百	十	元	角	分

总账

第　页

年		凭证		摘要	对方科目	日页	借方金额										贷方金额										借或贷	余额									
月	日	种类	号数				亿	千	百	十	万	千	百	十	元	角	分	亿	千	百	十	万	千	百	十	元	角	分		亿	千	百	十	万	千	百	十	元	角	分

总账

第　页

年		凭证		摘要	对方科目	日页	借方金额										贷方金额										借或贷	余额									
月	日	种类	号数				亿	千	百	十	万	千	百	十	元	角	分	亿	千	百	十	万	千	百	十	元	角	分		亿	千	百	十	万	千	百	十	元	角	分

总账

第　　页

年		凭证		摘要	对方科目	借方金额										贷方金额										借或贷	余额									
月	日	种类	号数			亿	千	百	十	万	千	百	十	元	角	分	亿	千	百	十	万	千	百	十	元	角	分		亿	千	百	十	万	千	百	十	元	角	分

总账

第　　页

年		凭证		摘要	对方科目	借方金额										贷方金额										借或贷	余额									
月	日	种类	号数			亿	千	百	十	万	千	百	十	元	角	分	亿	千	百	十	万	千	百	十	元	角	分		亿	千	百	十	万	千	百	十	元	角	分

总账

年		凭证		摘要	对方科目	借方金额										贷方金额										借或贷	余额									
月	日	种类	号数			亿	千	百	十	万	千	百	十	元	角	分	亿	千	百	十	万	千	百	十	元	角	分		亿	千	百	十	万	千	百	十	元	角

第　页

总账

年		凭证		摘要	对方科目	借方金额										贷方金额										借或贷	余额									
月	日	种类	号数			亿	千	百	十	万	千	百	十	元	角	分	亿	千	百	十	万	千	百	十	元	角	分		亿	千	百	十	万	千	百	十	元	角

第　页

总账

第　页

年		凭证		摘要	对方科目	借方金额											贷方金额											借或贷	余额										
月	日	种类	号数			亿	千	百	十	万	千	百	十	元	角	分	亿	千	百	十	万	千	百	十	元	角	分		亿	千	百	十	万	千	百	十	元	角	分

总账

第　页

年		凭证		摘要	对方科目	借方金额											贷方金额											借或贷	余额										
月	日	种类	号数			亿	千	百	十	万	千	百	十	元	角	分	亿	千	百	十	万	千	百	十	元	角	分		亿	千	百	十	万	千	百	十	元	角	分

总账

第　页

年		凭证		摘　要	对方科目	借方金额										贷方金额										借或贷	余　额									
月	日	种类	号数			亿	千	百	十	万	千	百	十	元	角	分	亿	千	百	十	万	千	百	十	元	角	分		亿	千	百	十	万	千	百	十	元	角	分

总账

第　页

年		凭证		摘　要	对方科目	借方金额										贷方金额										借或贷	余　额									
月	日	种类	号数			亿	千	百	十	万	千	百	十	元	角	分	亿	千	百	十	万	千	百	十	元	角	分		亿	千	百	十	万	千	百	十	元	角	分

明细账

级科目编号及名称

年		凭证		摘要	对方科目	借方金额											√	贷方金额											√	借或贷	余额											√
月	日	种类	号数			亿	千	百	十	万	千	百	十	元	角	分		亿	千	百	十	万	千	百	十	元	角	分			亿	千	百	十	万	千	百	十	元	角	分	

明细账

级科目编号及名称

年		凭证		摘要	对方科目	借方金额											√	贷方金额											√	借或贷	余额											√
月	日	种类	号数			亿	千	百	十	万	千	百	十	元	角	分		亿	千	百	十	万	千	百	十	元	角	分			亿	千	百	十	万	千	百	十	元	角	分	

明细账

......级科目编号及名称......

年		凭证		摘要	对方科目	借方金额									√	贷方金额									√	借或贷	余额										√
月	日	种类	号数			亿	千	百	十	万	千	百	十	元	角	分	亿	千	百	十	万	千	百	十	元	角	分	亿	千	百	十	万	千	百	十	元	角	分

明细账

......级科目编号及名称......

年		凭证		摘要	对方科目	借方金额									√	贷方金额									√	借或贷	余额										√
月	日	种类	号数			亿	千	百	十	万	千	百	十	元	角	分	亿	千	百	十	万	千	百	十	元	角	分	亿	千	百	十	万	千	百	十	元	角	分

明细账

____级科目编号及名称____

年		凭证		摘要	对方科目	借方金额											借或贷	贷方金额											借或贷	余额										
月	日	种类	号数			亿	千	百	十	万	千	百	十	元	角	分		亿	千	百	十	万	千	百	十	元	角	分		亿	千	百	十	万	千	百	十	元	角	分

明细账

____级科目编号及名称____

年		凭证		摘要	对方科目	借方金额											借或贷	贷方金额											借或贷	余额										
月	日	种类	号数			亿	千	百	十	万	千	百	十	元	角	分		亿	千	百	十	万	千	百	十	元	角	分		亿	千	百	十	万	千	百	十	元	角	分

明 细 账

级科目编号及名称：

年		凭证		摘 要	对方科目	借方金额										√	贷方金额										√	借或贷	余 额										√
月	日	种类	号数			亿	千	百	十	万	千	百	十	元	角	分		亿	千	百	十	万	千	百	十	元	角	分			亿	千	百	十	万	千	百	十	元	角	分

明 细 账

级科目编号及名称：

年		凭证		摘 要	对方科目	借方金额										√	贷方金额										√	借或贷	余 额										√
月	日	种类	号数			亿	千	百	十	万	千	百	十	元	角	分		亿	千	百	十	万	千	百	十	元	角	分			亿	千	百	十	万	千	百	十	元	角	分

明 细 账

年		凭证		摘　要	对方科目	日页	借方金额 亿千百十万千百十元角分	√	贷方金额 亿千百十万千百十元角分	√	借或贷	余　额 亿千百十万千百十元角分	√
月	日	种类	号数										

……级科目编号及名称……

明 细 账

年		凭证		摘　要	对方科目	日页	借方金额 亿千百十万千百十元角分	√	贷方金额 亿千百十万千百十元角分	√	借或贷	余　额 亿千百十万千百十元角分	√
月	日	种类	号数										

……级科目编号及名称……

明 细 账

……级科目编号及名称……

年		凭证		摘　要	对方科目	借方金额		贷方金额		借或贷	余　额	
月	日	种类	号数			√ 亿千百十万千百十元角分	√	亿千百十万千百十元角分	√		√	亿千百十万千百十元角分

明 细 账

……级科目编号及名称……

年		凭证		摘　要	对方科目	借方金额		贷方金额		借或贷	余　额	
月	日	种类	号数			√ 亿千百十万千百十元角分	√	亿千百十万千百十元角分	√		√	亿千百十万千百十元角分

应 交 税 费（应 交 增 值 税）　明 细 账

年		凭证编号	摘要	借方		贷方			借或贷	余额
月	日			进项税额（十万千百十元角分）	转出未交增值税（十万千百十元角分）	销项税额（十万千百十元角分）	进项税额转出（十万千百十元角分）	转出多交增值税（十万千百十元角分）		余额（十万千百十元角分）

应交税费（应交增值税）明细账

年		凭证编号	摘要	借方		贷方			借或贷	余额
月	日			进项税额（十万千百十元角分）	转出未交增值税（十万千百十元角分）	销项税额（十万千百十元角分）	进项税额转出（十万千百十元角分）	转出多交增值税（十万千百十元角分）	借 或 贷	（十万千百十元角分）

应 交 税 费（应 交 增 值 税） 明 细 账

月	日	凭证编号	摘要	借方		贷方			借或贷	余额
				进项税额	转出未交增值税	销项税额	进项税额转出	转出多交增值税		

应交税费（应交增值税）明细账

年 月 日	凭证编号	摘要	借方 进项税额 十万千百十元角分	借方 转出未交增值税 十万千百十元角分	贷方 销项税额 十万千百十元角分	贷方 进项税额转出 十万千百十元角分	贷方 转出多交增值税 十万千百十元角分	借或贷	余额 十万千百十元角分

>> 3.2　填制记账凭证

通 用 记 账 凭 证

年 月 日　　　　　　　　　　　　　　　　　字第　号

摘　要	科　目		借方金额	贷方金额	√
	一级科目	明细科目			
合计					

主管会计：　　　　　记账：　　　　　复核：　　　　　制单：

本操作提示：

1.根据本月经济业务，填制并审核相关经济业务的原始凭证，根据原始凭证内容选择合适的会计科目，编制记账凭证。

2.按照原始凭证粘贴方法，将审核后的原始凭证粘贴在填制好的记账凭证后。

>> 3.3　登记库存现金日记账和银行存款日记账

本操作提示：

1.根据本月有关经济业务中，库存现金和银行存款的记账凭证内容，逐笔序时登记。

2.账页见3.1。

>> 3.4　登记各种明细分类账

本操作提示：

1.根据本月相关经济业务的原始凭证和记账凭证内容，须填制应收账款、应付账款、应交税费的明细账。其他明细账，学生可自行选择。

2.账页见3.1。

>> 3.5　编制试算平衡表、科目汇总表

本操作提示：

1.在编制每笔经济业务记账凭证的同时，编制所有账户的"T"形账（可另外准备A3纸张），便于试算平衡，方便对账。

2.根据"T"形账，编制试算平衡表。

3.根据试算平衡表中各账户的本期发生额，编制科目汇总表。

总分类账户本期发生额及期末余额试算平衡表

年　月　日至　日

账户名称	期初余额		本期发生额		期末余额	
	借方	贷方	借方	贷方	借方	贷方
合计						

总分类账户本期发生额及期末余额试算平衡表

年　月　日至　日

账户名称	期初余额		本期发生额		期末余额	
	借方	贷方	借方	贷方	借方	贷方
合计						

总分类账户本期发生额及期末余额试算平衡表

年 月 日至 月 日

账户名称	期初余额		本期发生额		期末余额	
	借方	贷方	借方	贷方	借方	贷方
合 计						

总分类账户本期发生额及期末余额试算平衡表

年　月　日至　　年　月　日

账户名称	期初余额		本期发生额		期末余额	
	借方	贷方	借方	贷方	借方	贷方
合　计						

总分类账户本期发生额及期末余额试算平衡表

年 月 日至 日

账户名称	期初余额		本期发生额		期末余额	
	借方	贷方	借方	贷方	借方	贷方
合 计						

总分类账户本期发生额及期末余额试算平衡表

年 月 日至 日

账户名称	期初余额		本期发生额		期末余额	
	借方	贷方	借方	贷方	借方	贷方
合计						

科目汇总表

年　月　日至　日　　　　　　　　　　　　　　　　第　号

账户名称	总账页数	本期发生额		凭证起止号数
		借方	贷方	
合　计				

科目汇总表

　年　月　日至　日　　　　　　　　　　　　　　　　　　　第　号

账户名称	总账页数	本期发生额		凭证起止号数
		借方	贷方	
合　计				

科目汇总表

年　月　日至　日　　　　　　　　　　　　　　　　　　　第　号

账户名称	总账页数	本期发生额		凭证起止号数
		借方	贷方	
合　计				

科目汇总表

年　月　日至　日 　　　　　　　　　　　　　　　　　第　号

账户名称	总账页数	本期发生额		凭证起止号数
		借方	贷方	
合　计				

>> 3.6 登记总分类账

本操作提示：

1. 每月月末根据科目汇总表登记一次总账。
2. 账页见 3.1。

>> 3.7 编制纳税申报表

3.7.1 增值税纳税申报表（一般纳税人）

根据国家税收法律法规及增值税相关规定制定本表。纳税人不论有无销售额，均应按税务机关核定的纳税期限填写本表，并向当地税务机关申报。

税款所属时间：自 年 月 日至 年 月 日　　填表日期：年 月 日　　金额单位：元至角分

增 值 税 纳 税 申 报 表

（一般纳税人适用）

纳税人识别号						
纳税人名称	（公章）				所属行业	
开户银行及账号						
	法定代表人姓名	登记注册类型	注册地址	生产经营地址	电话号码	
项目	栏次	一般项目		即征即退项目		
		本月数	本年累计	本月数	本年累计	
销售额	（一）按适用税率计税销售额	1				
	其中：应税货物销售额	2				
	应税劳务销售额	3				
	纳税检查调整的销售额	4				
	（二）按简易办法计税销售额	5				
	其中：纳税检查调整的销售额	6				
	（三）免、抵、退办法出口销售额	7		—		—
	（四）免税销售额	8		—		—
	其中：免税货物销售额	9		—		—
	免税劳务销售额	10		—		—

续表

税款计算	项目	栏次				
	销项税额	11			—	—
	进项税额	12			—	—
	上期留抵税额	13			—	—
	进项税额转出	14			—	—
	免、抵、退应退税额	15			—	—
	按适用税率计算的纳税检查应补缴税额	16			—	—
	应抵扣税额合计	17=12+13-14-15+16			—	—
	实际抵扣税额	18（如17<11，则为17，否则为11）			—	—
	应纳税额	19=11-18			—	—
	期末留抵税额	20=17-18			—	—
	简易计税办法计算的纳税额	21			—	—
	按简易计税办法计算的纳税检查应补缴税额	22			—	—
	应纳税额减征额	23			—	—
	应纳税额合计	24=19+21-23			—	—
税款缴纳	期初未缴税额（多缴为负数）	25			—	—
	实收出口开具专用缴款书退税额	26			—	—
	本期已缴税额	27=28+29+30+31			—	—
	①分次预缴税额	28			—	—
	②出口开具专用缴款书预缴税额	29			—	—
	③本期缴纳上期应纳税额	30			—	—
	④本期缴纳欠缴税额	31			—	—
	期末未缴税额（多缴为负数）	32=24+25+26-27			—	—
	其中：欠缴税额（≥0）	33=25+26-27			—	—
	本期应补（退）税额	34=24-28-29			—	—
	即征即退实际退税额	35			—	—
	期初未缴查补税额	36			—	—
	本期入库查补税额	37			—	—
	期末未缴查补税额	38=16+22+36-37			—	—

授权声明：如果你已委托代理人申报，请填写下列资料：
为代理一切税务事宜，现授权____（地址）____为本纳税人的代理申报人，任何与本申报表有关的往来文件，都可寄予此人。
授权人签字：

申报人声明：本纳税申报表是根据国家税收法律法规及相关规定填报的，我确定它是真实的、可靠的、完整的。
声明人签字：

主管税务机关：　　接收人：　　接收日期：

《增值税纳税申报表（一般纳税人适用）》（以下简称"主表"）填报说明：

本纳税申报表及其附列资料填报说明（以下简称本表及填报说明）适用于增值税一般纳税人（以下简称纳税人）。

一、名词解释

（一）本表及填报说明所称"货物"，是指增值税的应税货物。

（二）本表及填报说明所称"劳务"，是指增值税的应税加工、修理、修配劳务。

（三）本表及填报说明所称"服务、不动产和无形资产"，是指销售服务、不动产和无形资产。

（四）本表及填报说明所称"按适用税率计税"、"按适用税率计算"和"一般计税方法"，均指按"应纳税额＝当期销项税额−当期进项税额"公式计算增值税应纳税额的计税方法。

（五）本表及填报说明所称"按简易办法计税"、"按简易征收办法计算"和"简易计税方法"，均指按"应纳税额＝销售额×征收率"公式计算增值税应纳税额的计税方法。

（六）本表及填报说明所称"扣除项目"，是指纳税人销售服务、不动产和无形资产，在确定销售额时，按照有关规定允许其从取得的全部价款和价外费用中扣除价款的项目。

二、《增值税纳税申报表（一般纳税人适用）》填报说明

（一）"税款所属时间"：指纳税人申报的增值税应纳税额的所属时间，应填写具体的起止年、月、日。

（二）"填表日期"：指纳税人填写本表的具体日期。

（三）"纳税人识别号"：填写纳税人的税务登记证件号码[①]。

（四）"所属行业"：按照国民经济行业分类与代码中的小类行业填写。

（五）"纳税人名称"：填写纳税人单位名称全称。

（六）"法定代表人姓名"：填写纳税人法定代表人的姓名。

（七）"注册地址"：填写纳税人税务登记证件所注明的详细地址。

（八）"生产经营地址"：填写纳税人实际生产经营地的详细地址。

（九）"开户银行及账号"：填写纳税人开户银行的名称和纳税人在该银行的结算账户号码。

（十）"登记注册类型"：按纳税人税务登记证件的栏目内容填写。

（十一）"电话号码"：填写可联系到纳税人的常用电话号码。

（十二）"即征即退项目"列：填写纳税人按规定享受增值税即征即退政策的货物、劳务和服务、不动产、无形资产的征（退）税数据。

（十三）"一般项目"列：填写除享受增值税即征即退政策以外的货物、劳务和服务、不动产、无形资产的征（免）税数据。

（十四）"本年累计"列：一般填写本年度内各月"本月数"之和。其中，第13、20、25、32、36、38栏及第18栏"实际抵扣税额""一般项目"列的"本年累计"分别按本填报说明第（二十七）（三十四）（三十九）（四十六）（五十）（五十二）（三十二）条要求填写。

（十五）第1栏"（一）按适用税率计税销售额"：填写纳税人本期按一般计税方法计算缴纳增值税的销售额，包含：在财务上不作销售但按税法规定应缴纳增值税的视同销售

[①] "五证合一"纳税人填报营业执照中的统一社会信用代码，下同。

货物的销售额和价外费用；外贸企业作价销售进料加工复出口货物的销售额；税务、财政、审计部门检查后按一般计税方法计算调整的销售额。

营业税改征增值税的纳税人，服务、不动产和无形资产有扣除项目的，本栏应填写扣除之前的不含税销售额。

本栏"一般项目"列"本月数"＝《附列资料（一）》第9列第1至5行之和-第9列第6、7行之和；本栏"即征即退项目"列"本月数"＝《附列资料（一）》第9列第6、7行之和。

（十六）第2栏"其中：应税货物销售额"：填写纳税人本期按适用税率计算增值税的应税货物的销售额，包含：在财务上不作销售但按税法规定应缴纳增值税的视同销售货物的销售额和价外费用；外贸企业作价销售进料加工复出口货物的销售额。

（十七）第3栏"应税劳务销售额"：填写纳税人本期按适用税率计算增值税的应税劳务的销售额。

（十八）第4栏"纳税检查调整的销售额"：填写纳税人因税务、财政、审计部门检查，并按一般计税方法在本期计算调整的销售额。但享受增值税即征即退政策的货物、劳务和服务、不动产、无形资产，经纳税检查属于偷税的，不填入"即征即退项目"列，而应填入"一般项目"列。

营业税改征增值税的纳税人，服务、不动产和无形资产有扣除项目的，本栏应填写扣除之前的不含税销售额。

本栏"一般项目"列"本月数"＝《附列资料（一）》第7列第1至5行之和。

（十九）第5栏"（二）按简易办法计税销售额"：填写纳税人本期按简易计税方法计算增值税的销售额，包含纳税检查调整按简易计税方法计算增值税的销售额。

营业税改征增值税的纳税人，服务、不动产和无形资产有扣除项目的，本栏应填写扣除之前的不含税销售额；服务、不动产和无形资产按规定汇总计算缴纳增值税的分支机构，其当期按预征率计算缴纳增值税的销售额也填入本栏。

本栏"一般项目"列"本月数"≥《附列资料（一）》第9列第8至13b行之和-第9列第14、15行之和；本栏"即征即退项目"列"本月数"≥《附列资料（一）》第9列第14、15行之和。

（二十）第6栏"其中：纳税检查调整的销售额"：填写纳税人因税务、财政、审计部门检查，并按简易计税方法在本期计算调整的销售额。但享受增值税即征即退政策的货物、劳务和服务、不动产、无形资产，经纳税检查属于偷税的，不填入"即征即退项目"列，而应填入"一般项目"列。

营业税改征增值税的纳税人，服务、不动产和无形资产有扣除项目的，本栏应填写扣除之前的不含税销售额。

（二十一）第7栏"（三）免、抵、退办法出口销售额"：填写纳税人本期适用免、抵、退税办法的出口货物、劳务和服务、无形资产的销售额。

营业税改征增值税的纳税人，服务、无形资产有扣除项目的，本栏应填写扣除之前的销售额。

本栏"一般项目"列"本月数"＝《附列资料（一）》第9列第16、17行之和。

（二十二）第8栏"（四）免税销售额"：填写纳税人本期按照税法规定免征增值税的

销售额和适用零税率的销售额，但零税率的销售额中不包括适用免、抵、退税办法的销售额。

营业税改征增值税的纳税人，服务、不动产和无形资产有扣除项目的，本栏应填写扣除之前的免税销售额。

本栏"一般项目"列"本月数"=《附列资料（一）》第9列第18、19行之和。

（二十三）第9栏"其中：免税货物销售额"：填写纳税人本期按照税法规定免征增值税的货物销售额及适用零税率的货物销售额，但零税率的销售额中不包括适用免、抵、退税办法出口货物的销售额。

（二十四）第10栏"免税劳务销售额"：填写纳税人本期按照税法规定免征增值税的劳务销售额及适用零税率的劳务销售额，但零税率的销售额中不包括适用免、抵、退税办法的劳务的销售额。

（二十五）第11栏"销项税额"：填写纳税人本期按一般计税方法计税的货物、劳务和服务、不动产、无形资产的销项税额。

营业税改征增值税的纳税人，服务、不动产和无形资产有扣除项目的，本栏应填写扣除之后的销项税额。

本栏"一般项目"列"本月数"=《附列资料（一）》（第10列第1、3行之和-第10列第6行）+（第14列第2、4、5行之和-第14列第7行）；

本栏"即征即退项目"列"本月数"=《附列资料（一）》第10列第6行+第14列第7行。

（二十六）第12栏"进项税额"：填写纳税人本期申报抵扣的进项税额。

本栏"一般项目"列"本月数"+"即征即退项目"列"本月数"=《附列资料（二）》第12栏"税额"。

（二十七）第13栏"上期留抵税额"：

1.上期留抵税额按规定须挂账的纳税人，按以下要求填写本栏的"本月数"和"本年累计"：上期留抵税额按规定须挂账的纳税人是指试点实施之日前一个税款所属期的申报表第20栏"期末留抵税额""一般货物、劳务和应税服务"列"本月数"大于零，且兼有营业税改征增值税服务、不动产和无形资产的纳税人（下同）。其试点实施之日前一个税款所属期的申报表第20栏"期末留抵税额""一般货物、劳务和应税服务"列"本月数"，以下称为货物和劳务挂账留抵税额。

（1）本栏"一般项目"列"本月数"：试点实施之日的税款所属期填写"0"；以后各期按上期申报表第20栏"期末留抵税额""一般项目"列"本月数"填写。

（2）本栏"一般项目"列"本年累计"：反映货物和劳务挂账留抵税额本期期初余额。试点实施之日的税款所属期按试点实施之日前一个税款所属期的申报表第20栏"期末留抵税额""一般货物、劳务和应税服务"列"本月数"填写；以后各期按上期申报表第20栏"期末留抵税额""一般项目"列"本年累计"填写。

（3）本栏"即征即退项目"列"本月数"：按上期申报表第20栏"期末留抵税额""即征即退项目"列"本月数"填写。

2.其他纳税人，按以下要求填写本栏"本月数"和"本年累计"：

其他纳税人是指除上期留抵税额按规定须挂账的纳税人之外的纳税人（下同）。

（1）本栏"一般项目"列"本月数"：按上期申报表第20栏"期末留抵税额""一般

项目"列"本月数"填写。

（2）本栏"一般项目"列"本年累计"：填写"0"。

（3）本栏"即征即退项目"列"本月数"：按上期申报表第20栏"期末留抵税额""即征即退项目"列"本月数"填写。

（二十八）第14栏"进项税额转出"：填写纳税人已经抵扣，但按税法规定本期应转出的进项税额。

本栏"一般项目"列"本月数"＋"即征即退项目"列"本月数"＝《附列资料（二）》第13栏"税额"。

（二十九）第15栏"免、抵、退应退税额"：反映税务机关退税部门按照出口货物、劳务和服务、无形资产免、抵、退办法审批的增值税应退税额。

（三十）第16栏"按适用税率计算的纳税检查应补缴税额"：填写税务、财政、审计部门检查，按一般计税方法计算的纳税检查应补缴的增值税税额。

本栏"一般项目"列"本月数"≤《附列资料（一）》第8列第1至5行之和＋《附列资料（二）》第19栏。

（三十一）第17栏"应抵扣税额合计"：填写纳税人本期应抵扣进项税额的合计数。按表中所列公式计算填写。

（三十二）第18栏"实际抵扣税额"的填写：

1.上期留抵税额按规定须挂账的纳税人，按以下要求填写本栏的"本月数"和"本年累计"：

（1）本栏"一般项目"列"本月数"：按表中所列公式计算填写。

（2）本栏"一般项目"列"本年累计"：填写货物和劳务挂账留抵税额本期实际抵减一般货物和劳务应纳税额的数额。将"货物和劳务挂账留抵税额本期期初余额"与"一般计税方法的一般货物及劳务应纳税额"两个数据相比较，取二者中小的数据。

其中：货物和劳务挂账留抵税额本期期初余额＝第13栏"上期留抵税额""一般项目"列"本年累计"。

一般计税方法的一般货物及劳务应纳税额＝（第11栏"销项税额""一般项目"列"本月数"－第18栏"实际抵扣税额""一般项目"列"本月数"）×一般货物及劳务销项税额比例。

一般货物及劳务销项税额比例＝（《附列资料（一）》第10列第1、3行之和－第10列第6行）÷第11栏"销项税额""一般项目"列"本月数"×100%。

（3）本栏"即征即退项目"列"本月数"：按表中所列公式计算填写。

2.其他纳税人，按以下要求填写本栏的"本月数"和"本年累计"：

（1）本栏"一般项目"列"本月数"：按表中所列公式计算填写。

（2）本栏"一般项目"列"本年累计"：填写"0"。

（3）本栏"即征即退项目"列"本月数"：按表中所列公式计算填写。

（三十三）第19栏"应纳税额"：反映纳税人本期按一般计税方法计算并应缴纳的增值税额。按以下公式计算填写：

1.本栏"一般项目"列"本月数"＝第11栏"销项税额""一般项目"列"本月数"－第18栏"实际抵扣税额""一般项目"列"本月数"－第18栏"实际抵扣税额""一

般项目"列"本年累计"。

2.本栏"即征即退项目"列"本月数"＝第11栏"销项税额""即征即退项目"列"本月数"－第18栏"实际抵扣税额""即征即退项目"列"本月数"。

（三十四）第20栏"期末留抵税额"的填写：

1.上期留抵税额按规定须挂账的纳税人，按以下要求填写本栏的"本月数"和"本年累计"：

（1）本栏"一般项目"列"本月数"：反映试点实施以后，货物、劳务和服务、不动产、无形资产共同形成的留抵税额。按表中所列公式计算填写。

（2）本栏"一般项目"列"本年累计"：反映货物和劳务挂账留抵税额，在试点实施以后抵减一般货物和劳务应纳税额后的余额。按以下公式计算填写：

本栏"一般项目"列"本年累计"＝第13栏"上期留抵税额""一般项目"列"本年累计"－第18栏"实际抵扣税额""一般项目"列"本年累计"。

（3）本栏"即征即退项目"列"本月数"：按表中所列公式计算填写。

2.其他纳税人，按以下要求填写本栏"本月数"和"本年累计"：

（1）本栏"一般项目"列"本月数"：按表中所列公式计算填写。

（2）本栏"一般项目"列"本年累计"：填写"0"。

（3）本栏"即征即退项目"列"本月数"：按表中所列公式计算填写。

（三十五）第21栏"简易计税办法计算的应纳税额"：反映纳税人本期按简易计税方法计算并应缴纳的增值税额，但不包括按简易计税方法计算的纳税检查应补缴税额。按以下公式计算填写：

本栏"一般项目"列"本月数"＝《附列资料（一）》（第10列第8、9a、10、11行之和－第10列第14行）＋（第14列第9b、12、13a、13b行之和－第14列第15行）。

本栏"即征即退项目"列"本月数"＝《附列资料（一）》第10列第14行＋第14列第15行。

营业税改征增值税的纳税人，服务、不动产和无形资产按规定汇总计算缴纳增值税的分支机构，应将预征增值税额填入本栏。预征增值税额＝应预征增值税的销售额×预征率。

（三十六）第22栏"按简易计税办法计算的纳税检查应补缴税额"：填写纳税人本期因税务、财政、审计部门检查并按简易计税方法计算的纳税检查应补缴税额。

（三十七）第23栏"应纳税额减征额"：填写纳税人本期按照税法规定减征的增值税应纳税额，包含按照规定可在增值税应纳税额中全额抵减的增值税税控系统专用设备费用以及技术维护费。

当本期减征额小于或等于第19栏"应纳税额"与第21栏"简易计税办法计算的应纳税额"之和时，按本期减征额实际填写；当本期减征额大于第19栏"应纳税额"与第21栏"简易计税办法计算的应纳税额"之和时，按本期第19栏与第21栏之和填写。本期减征额不足抵减部分结转下期继续抵减。

（三十八）第24栏"应纳税额合计"：反映纳税人本期应缴增值税的合计数。按表中所列公式计算填写。

（三十九）第25栏"期初未缴税额（多缴为负数）"："本月数"按上一税款所属期申报表第32栏"期末未缴税额（多缴为负数）""本月数"填写。"本年累计"按上年度最后一个税款所属期申报表第32栏"期末未缴税额（多缴为负数）""本年累计"填写。

（四十）第26栏"实收出口开具专用缴款书退税额"：本栏不填写。

（四十一）第27栏"本期已缴税额"：反映纳税人本期实际缴纳的增值税额，但不包括本期入库的查补税款。按表中所列公式计算填写。

（四十二）第28栏"①分次预缴税额"：填写纳税人本期已缴纳的准予在本期增值税应纳税额中抵减的税额。

营业税改征增值税的纳税人，分以下几种情况填写：

1.服务、不动产和无形资产按规定汇总计算缴纳增值税的总机构，其可以从本期增值税应纳税额中抵减的分支机构已缴纳的税款，按当期实际可抵减数填入本栏，不足抵减部分结转下期继续抵减。

2.销售建筑服务并按规定预缴增值税的纳税人，其可以从本期增值税应纳税额中抵减的已缴纳的税款，按当期实际可抵减数填入本栏，不足抵减部分结转下期继续抵减。

3.销售不动产并按规定预缴增值税的纳税人，其可以从本期增值税应纳税额中抵减的已缴纳的税款，按当期实际可抵减数填入本栏，不足抵减部分结转下期继续抵减。

4.出租不动产并按规定预缴增值税的纳税人，其可以从本期增值税应纳税额中抵减的已缴纳的税款，按当期实际可抵减数填入本栏，不足抵减部分结转下期继续抵减。

（四十三）第29栏"②出口开具专用缴款书预缴税额"：本栏不填写。

（四十四）第30栏"③本期缴纳上期应纳税额"：填写纳税人本期缴纳上一税款所属期应缴未缴的增值税额。

（四十五）第31栏"④本期缴纳欠缴税额"：反映纳税人本期实际缴纳和留抵税额抵减的增值税欠税额，但不包括缴纳入库的查补增值税额。

（四十六）第32栏"期末未缴税额（多缴为负数）"："本月数"反映纳税人本期期末应缴未缴的增值税额，但不包括纳税检查应缴未缴的税额。按表中所列公式计算填写。"本年累计"与"本月数"相同。

（四十七）第33栏"其中：欠缴税额（≥0）"：反映纳税人按照税法规定已形成欠税的增值税额。按表中所列公式计算填写。

（四十八）第34栏"本期应补（退）税额"：反映纳税人本期应纳税额中应补缴或应退回的数额。按表中所列公式计算填写。

（四十九）第35栏"即征即退实际退税额"：反映纳税人本期因符合增值税即征即退政策规定，而实际收到的税务机关退回的增值税额。

（五十）第36栏"期初未缴查补税额"："本月数"按上一税款所属期申报表第38栏"期末未缴查补税额""本月数"填写。"本年累计"按上年度最后一个税款所属期申报表第38栏"期末未缴查补税额""本年累计"填写。

（五十一）第37栏"本期入库查补税额"：反映纳税人本期因税务、财政、审计部门检查而实际入库的增值税额，包括按一般计税方法计算并实际缴纳的查补增值税额和按简易计税方法计算并实际缴纳的查补增值税额。

（五十二）第38栏"期末未缴查补税额"："本月数"反映纳税人接受纳税检查后应在本期期末缴纳而未缴纳的查补增值税额。按表中所列公式计算填写，"本年累计"与"本月数"相同。

增值税纳税申报表附列资料（一）

（本期销售情况明细）

税款所属时间：　年　月　日至　年　月　日

纳税人名称：（公章）

金额单位：元至角分

项目及栏次		开具增值税专用发票		开具其他发票		未开具发票		纳税检查调整		合计			服务、不动产和无形资产扣除项目本期实际扣除金额	扣除后	
		销售额	销项（应纳）税额	销售额	销项（应纳）税额	销售额	销项（应纳）税额	销售额	销项（应纳）税额	销售额	销项（应纳）税额	价税合计		含税（免税）销售额	销项（应纳）税额
		1	2	3	4	5	6	7	8	$9=1+3+5+7$	$10=2+4+6+8$	$11=9+10$	12	$13=11-12$	$14=13\div(100\%+$税率或征收率$)\times$税率或征收率
一、一般计税方法计税	全部征税项目														
	13%税率的货物及加工修理修配劳务 1												—	—	—
	13%税率的服务、不动产和无形资产 2														—
	9%税率的货物及加工修理修配劳务 3												—	—	—
	9%税率的服务、不动产和无形资产 4														—
	6%税率 5														—
	其中：即征即退项目 即征即退货物及加工修理修配劳务 6												—	—	—
	即征即退服务、不动产和无形资产 7														—
二、简易计税方法计税	全部征税项目 6%征收率 8														—
	5%征收率的货物及加工修理修配劳务 9a												—	—	—
	5%征收率的服务、不动产和无形资产 9b														—
	4%征收率 10												—	—	—
	3%征收率的货物及加工修理修配劳务 11												—	—	—
	3%征收率的服务、不动产和无形资产 12														—
	预征率　% 13a														—
	预征率　% 13b														—
	预征率　% 13c														—
	其中：即征即退项目 即征即退货物及加工修理修配劳务 14	—	—	—	—	—	—	—	—				—	—	—
	即征即退服务、不动产和无形资产 15	—	—	—	—	—	—	—	—						—
三、免抵退税	货物及加工修理修配劳务 16	—	—	—	—	—	—	—	—				—	—	—
	服务、不动产和无形资产 17	—	—	—	—	—	—	—	—						—
四、免税	货物及加工修理修配劳务 18	—	—	—	—	—	—	—	—				—	—	—
	服务、不动产和无形资产 19	—	—	—	—	—	—	—	—						—

《增值税纳税申报表附列资料（一）》（本期销售情况明细）填报说明：

（一）"税款所属时间""纳税人名称"的填写同主表。

（二）各列说明：

1.第1至2列"开具增值税专用发票"：反映本期开具增值税专用发票（含税控机动车销售统一发票，下同）的情况。

2.第3至4列"开具其他发票"：反映除增值税专用发票以外本期开具的其他发票的情况。

3.第5至6列"未开具发票"：反映本期未开具发票的销售情况。

4.第7至8列"纳税检查调整"：反映经税务、财政、审计部门检查并在本期调整的销售情况。

5.第9至11列"合计"：按照表中所列公式填写。

营业税改征增值税的纳税人，服务、不动产和无形资产有扣除项目的，第1至11列应填写扣除之前的征（免）税销售额、销项（应纳）税额和价税合计额。

6.第12列"服务、不动产和无形资产扣除项目本期实际扣除金额"：营业税改征增值税的纳税人，服务、不动产和无形资产有扣除项目的，按《附列资料（三）》第5列对应各行次数据填写，其中本列第5栏等于《附列资料（三）》第5列第3行与第4行之和；服务、不动产和无形资产无扣除项目的，本列填写"0"。其他纳税人不填写。

营业税改征增值税的纳税人，服务、不动产和无形资产按规定汇总计算缴纳增值税的分支机构，当期服务、不动产和无形资产有扣除项目的，填入本列第13行。

7.第13列"扣除后""含税（免税）销售额"：营业税改征增值税的纳税人，服务、不动产和无形资产有扣除项目的，本列各行次＝第11列对应各行次－第12列对应各行次。其他纳税人不填写。

8.第14列"扣除后""销项（应纳）税额"：营业税改征增值税的纳税人，服务、不动产和无形资产有扣除项目的，按以下要求填写本列，其他纳税人不填写：

（1）服务、不动产和无形资产按照一般计税方法计税：

本列第2行、第4行：若本行第12列为0，则该行次第14列等于第10列。若本行第12列不为0，则仍按照第14列所列公式计算。计算后的结果与纳税人实际计提销项税额有差异的，按实际填写。

本列第5行＝第13列÷（100%+对应行次税率）×对应行次税率。

本列第7行"按一般计税方法计税的即征即退服务、不动产和无形资产"具体填写要求见"各行说明"第2条第（2）项第③点的说明。

（2）服务、不动产和无形资产按照简易计税方法计税：

本列各行次＝第13列÷（100%+对应行次征收率）×对应行次征收率

本列第13行"预征率 %"不按本列的说明填写。具体填写要求见"各行说明"第4条第（2）项。

（3）服务、不动产和无形资产实行免抵退税或免税的，本列不填写。

（三）各行说明：

1.第1至5行"一、一般计税方法计税""全部征税项目"各行：按不同税率和项目分别填写按一般计税方法计算增值税的全部征税项目。有即征即退征税项目的纳税人，本部分数据中既包括即征即退征税项目，又包括不享受即征即退政策的一般征税项目。

2.第6至7行"一、一般计税方法计税""其中：即征即退项目"各行：只反映按一般计税方法计算增值税的即征即退项目。按照税法规定不享受即征即退政策的纳税人，不填写本行。即征即退项目是全部征税项目的其中数。

（1）第6行"即征即退货物及加工修理修配劳务"：反映按一般计税方法计算增值税且享受即征即退政策的货物和加工修理修配劳务。本行不包括服务、不动产和无形资产的内容。

①本行第9列"合计""销售额"栏：反映按一般计税方法计算增值税且享受即征即退政策的货物及加工修理修配劳务的不含税销售额。该栏不按第9列所列公式计算，应按照税法规定据实填写。

②本行第10列"合计""销项（应纳）税额"栏：反映按一般计税方法计算增值税且享受即征即退政策的货物及加工修理修配劳务的销项税额。该栏不按第10列所列公式计算，应按照税法规定据实填写。

（2）第7行"即征即退服务、不动产和无形资产"：反映按一般计税方法计算增值税且享受即征即退政策的服务、不动产和无形资产。本行不包括货物及加工修理修配劳务的内容。

①本行第9列"合计""销售额"栏：反映按一般计税方法计算增值税且享受即征即退政策的服务、不动产和无形资产的不含税销售额。服务、不动产和无形资产有扣除项目的，按扣除之前的不含税销售额填写。该栏不按第9列所列公式计算，应按照税法规定据实填写。

②本行第10列"合计""销项（应纳）税额"栏：反映按一般计税方法计算增值税且享受即征即退政策的服务、不动产和无形资产的销项税额。服务、不动产和无形资产有扣除项目的，按扣除之前的销项税额填写。该栏不按第10列所列公式计算，应按照税法规定据实填写。

③本行第14列"扣除后""销项（应纳）税额"栏：反映按一般计税方法征收增值税且享受即征即退政策的服务、不动产和无形资产实际应计提的销项税额。服务、不动产和无形资产有扣除项目的，按扣除之后的销项税额填写；服务、不动产和无形资产无扣除项目的，按本行第10列填写。该栏不按第14列所列公式计算，应按照税法规定据实填写。

3.第8至12行"二、简易计税方法计税""全部征税项目"各行：按不同征收率和项目分别填写按简易计税方法计算增值税的全部征税项目。有即征即退征税项目的纳税人，本部分数据中既包括即征即退项目，也包括不享受即征即退政策的一般征税项目。

4.第13a至13c行"二、简易计税方法计税""预征率 %"：反映营业税改征增值税的纳税人，服务、不动产和无形资产按规定汇总计算缴纳增值税的分支机构，预征增值税销售额、预征增值税应纳税额。其中，第13a行"预征率 %"适用于所有实行汇总计算缴纳增值税的分支机构试点纳税人；第13b、13c行"预征率 %"适用于部分实行汇总计算缴纳增值税的铁路运输试点纳税人。

（1）第13a至13c行第1至6列按照销售额和销项税额的实际发生数填写。

（2）第13a至13c行第14列，纳税人按"应预征缴纳的增值税=应预征增值税销售额×预征率"公式计算后据实填写。

5.第14至15行"二、简易计税方法计税""其中：即征即退项目"各行：只反映按简易计税方法计算增值税的即征即退项目。按照税法规定不享受即征即退政策的纳税人，不填写本行。即征即退项目是全部征税项目的其中数。

（1）第14行"即征即退货物及加工修理修配劳务"：反映按简易计税方法计算增值税且享受即征即退政策的货物及加工修理修配劳务。本行不包括服务、不动产和无形资产的内容。

①本行第9列"合计""销售额"栏：反映按简易计税方法计算增值税且享受即征即退政策的货物及加工修理修配劳务的不含税销售额。该栏不按第9列所列公式计算，应按照税法规定据实填写。

②本行第10列"合计""销项（应纳）税额"栏：反映按简易计税方法计算增值税且享受即征即退政策的货物及加工修理修配劳务的应纳税额。该栏不按第10列所列公式计算，应按照税法规定据实填写。

（2）第15行"即征即退服务、不动产和无形资产"：反映按简易计税方法计算增值税且享受即征即退政策的服务、不动产和无形资产。本行不包括货物及加工修理修配劳务的内容。

①本行第9列"合计""销售额"栏：反映按简易计税方法计算增值税且享受即征即退政策的服务、不动产和无形资产的不含税销售额。服务、不动产和无形资产有扣除项目的，按扣除之前的不含税销售额填写。该栏不按第9列所列公式计算，应按照税法规定据实填写。

②本行第10列"合计""销项（应纳）税额"栏：反映按简易计税方法计算增值税且享受即征即退政策的服务、不动产和无形资产的应纳税额。服务、不动产和无形资产有扣除项目的，按扣除之前的应纳税额填写。该栏不按第10列所列公式计算，应按照税法规定据实填写。

③本行第14列"扣除后""销项（应纳）税额"栏：反映按简易计税方法计算增值税且享受即征即退政策的服务、不动产和无形资产实际应计提的应纳税额。服务、不动产和无形资产有扣除项目的，按扣除之后的应纳税额填写；服务、不动产和无形资产无扣除项目的，按本行第10列填写。

6.第16行"三、免抵退税""货物及加工修理修配劳务"：反映适用免、抵、退税政策的出口货物、加工修理修配劳务。

7.第17行"三、免抵退税""服务、不动产和无形资产"：反映适用免、抵、退税政策的服务、不动产和无形资产。

8.第18行"四、免税""货物及加工修理修配劳务"：反映按照税法规定免征增值税的货物及劳务和适用零税率的出口货物及劳务，但零税率的销售额中不包括适用免、抵、退税办法的出口货物及劳务。

9.第19行"四、免税""服务、不动产和无形资产"：反映按照税法规定免征增值税的服务、不动产、无形资产和适用零税率的服务、不动产、无形资产，但零税率的销售额中不包括适用免、抵、退税办法的服务、不动产和无形资产。

增值税纳税申报表附列资料（二）

（本期进项税额明细）

税款所属时间： 年 月 日至 年 月 日

纳税人名称：（公章） 金额单位：元至角分

一、申报抵扣的进项税额				
项目	栏次	份数	金额	税额
（一）认证相符的增值税专用发票	1=2+3			
其中：本期认证相符且本期申报抵扣	2			
前期认证相符且本期申报抵扣	3			
（二）其他扣税凭证	4=5+6+7+8			
其中：海关进口增值税专用缴款书	5			
农产品收购发票或者销售发票	6			
代扣代缴税收缴款凭证	7		—	
加计扣除农产品进项税额	8a			
其他	8b			
（三）本期用于购建不动产的扣税凭证	9			
（四）本期用于抵扣的旅客运输服务扣税凭证	10	—	—	
（五）外贸企业进项税额抵扣证明	11	—	—	
当期申报抵扣进项税额合计	12=1+4-9+10+11			

二、进项税额转出额		
项目	栏次	税额
本期进项税额转出额	13=14至23之和	
其中：免税项目用	14	
集体福利、个人消费	15	
非正常损失	16	
简易计税方法征税项目用	17	
免抵退税办法不得抵扣的进项税额	18	
纳税检查调减进项税额	19	
红字专用发票信息表注明的进项税额	20	
上期留抵税额抵减欠税	21	
上期留抵税额退税	22	
其他应作进项税额转出的情形	23	

三、待抵扣进项税额				
项目	栏次	份数	金额	税额
（一）认证相符的增值税专用发票	24	—	—	—
期初已认证相符但未申报抵扣	25			
本期认证相符且本期未申报抵扣	26			
期末已认证相符但未申报抵扣	27			
其中：按照税法规定不允许抵扣	28			
（二）其他扣税凭证	29=30至33之和			
其中：海关进口增值税专用缴款书	30			
农产品收购发票或者销售发票	31			
代扣代缴税收缴款凭证	32		—	
其他	33			
	34			

四、其他				
项目	栏次	份数	金额	税额
本期认证相符的增值税专用发票	35			
代扣代缴税额	36	—	—	

《增值税纳税申报表附列资料（二）》（本期进项税额明细）填报说明：

（一）"税款所属时间""纳税人名称"的填写同主表。

（二）第1至12栏"一、申报抵扣的进项税额"：分别反映纳税人按税法规定符合抵扣条件，在本期申报抵扣的进项税额。

1.第1栏"（一）认证相符的增值税专用发票"：反映纳税人取得的认证相符的本期申报抵扣的增值税专用发票情况。该栏应等于第2栏"本期认证相符且本期申报抵扣"与第3栏"前期认证相符且本期申报抵扣"数据之和。

2.第2栏"其中：本期认证相符且本期申报抵扣"：反映本期认证相符且本期申报抵扣的增值税专用发票情况。本栏是第1栏的其中数，本栏只填写本期认证相符且本期申报抵扣的部分。

适用取消增值税发票认证规定的纳税人，当期申报抵扣的增值税发票数据，也填报在本栏中。

3.第3栏"前期认证相符且本期申报抵扣"：反映前期认证相符且本期申报抵扣的增值税专用发票情况。

辅导期纳税人依据税务机关告知的稽核比对结果通知书及明细清单注明的稽核相符的增值税专用发票填写本栏。本栏是第1栏的其中数，只填写前期认证相符且本期申报抵扣的部分。

4.第4栏"（二）其他扣税凭证"：反映本期申报抵扣的除增值税专用发票之外的其他扣税凭证的情况。具体包括：海关进口增值税专用缴款书、农产品收购发票或者销售发票（含农产品核定扣除的进项税额）、代扣代缴税收缴款凭证和其他符合政策规定的抵扣凭证。该栏应等于第5至8栏之和。

5.第5栏"海关进口增值税专用缴款书"：反映本期申报抵扣的海关进口增值税专用缴款书的情况。按规定执行海关进口增值税专用缴款书先比对后抵扣的，纳税人需依据税务机关告知的稽核比对结果通知书及明细清单注明的稽核相符的海关进口增值税专用缴款书填写本栏。

6.第6栏"农产品收购发票或者销售发票"：反映纳税人本期购进农业生产者自产农产品取得（开具）的农产品收购发票或者销售发票情况。从小规模纳税人处购进农产品时取得增值税专用发票情况填写在本栏，但购进农产品未分别核算用于生产销售13%税率货物和其他货物服务的农产品进项税额情况除外。

"税额"栏＝农产品销售发票或者收购发票上注明的农产品买价×9%+增值税专用发票上注明的金额×9%。

上述公式中的"增值税专用发票"是指纳税人从小规模纳税人处购进农产品时取得的专用发票。

执行农产品增值税进项税额核定扣除办法的，填写当期允许抵扣的农产品增值税进项税额，不填写"份数""金额"。

7.第7栏"代扣代缴税收缴款凭证"：填写本期按规定准予抵扣的完税凭证上注明的增值税额。

8.第8a栏"加计扣除农产品进项税额"：填写纳税人将购进的农产品用于生产销售或

委托受托加工13%税率货物时加计扣除的农产品进项税额。该栏不填写"份数""金额"。

9.第8b栏"其他"：反映按规定本期可以申报抵扣的其他扣税凭证情况。

纳税人按照规定不得抵扣且未抵扣进项税额的固定资产、无形资产、不动产，发生用途改变，用于允许抵扣进项税额的应税项目，可在用途改变的次月将按公式计算出的可以抵扣的进项税额，填入本栏"税额"中。

10.第9栏"（三）本期用于购建不动产的扣税凭证"：反映按规定本期用于购建不动产的扣税凭证上注明的金额和税额。

购建不动产是指纳税人2016年5月1日后取得并在会计制度上按固定资产核算的不动产或者2016年5月1日后取得的不动产在建工程。取得不动产，包括以直接购买、接受捐赠、接受投资入股、自建以及抵债等各种形式取得不动产，不包括房地产开发企业自行开发的房地产项目。

本栏次包括第1栏中本期用于购建不动产的增值税专用发票和第4栏中本期用于购建不动产的其他扣税凭证。

本栏"金额""税额"≥0。

11.第10栏"（四）本期用于抵扣的旅客运输服务扣税凭证"：反映按规定本期购进旅客运输服务，所取得的扣税凭证上注明或按规定计算的金额和税额。

本栏次包括第1栏中按规定本期允许抵扣的购进旅客运输服务取得的增值税专用发票和第4栏中按规定本期允许抵扣的购进旅客运输服务取得的其他扣税凭证。

本栏"金额""税额"≥0。

第9栏"（三）本期用于购建不动产的扣税凭证"+第10栏"（四）本期用于抵扣的旅客运输服务扣税凭证"税额≤第1栏"认证相符的增值税专用发票"+第4栏"其他扣税凭证"税额。

12.第11栏"（五）外贸企业进项税额抵扣证明"：填写本期申报抵扣的税务机关出口退税部门开具的《出口货物转内销证明》列明允许抵扣的进项税额。

13.第12栏"当期申报抵扣进项税额合计"：反映本期申报抵扣进项税额的合计数。按表中所列公式计算填写。

（三）第13至23栏"二、进项税额转出额"各栏：分别反映纳税人已经抵扣但按规定应在本期转出的进项税额明细情况。

1.第13栏"本期进项税额转出额"：反映已经抵扣但按规定应在本期转出的进项税额合计数。按表中所列公式计算填写。

2.第14栏"免税项目用"：反映用于免征增值税项目，按规定应在本期转出的进项税额。

3.第15栏"集体福利、个人消费"：反映用于集体福利或者个人消费，按规定应在本期转出的进项税额。

4.第16栏"非正常损失"：反映纳税人发生非正常损失，按规定应在本期转出的进项税额。

5.第17栏"简易计税方法征税项目用"：反映用于按简易计税方法征税项目，按规定应在本期转出的进项税额。

营业税改征增值税的纳税人，服务、不动产和无形资产按规定汇总计算缴纳增值税的分支机构，当期应由总机构汇总的进项税额也填入本栏。

6.第18栏"免抵退税办法不得抵扣的进项税额"：反映按照免、抵、退税办法的规定，由于征税税率与退税税率存在税率差，在本期应转出的进项税额。

7.第19栏"纳税检查调减进项税额"：反映税务、财政、审计部门检查后而调减的进项税额。

8.第20栏"红字专用发票信息表注明的进项税额"：填写主管税务机关开具的《开具红字增值税专用发票信息表》注明的在本期应转出的进项税额。

9.第21栏"上期留抵税额抵减欠税"：填写本期经税务机关同意，使用上期留抵税额抵减欠税的数额。

10.第22栏"上期留抵税额退税"：填写本期经税务机关批准的上期留抵税额退税额。

11.第23栏"其他应作进项税额转出的情形"：反映除上述进项税额转出情形外，其他应在本期转出的进项税额。

（四）第24至34栏"三、待抵扣进项税额"各栏：分别反映纳税人已经取得，但按税法规定不符合抵扣条件，暂不予在本期申报抵扣的进项税额情况及按税法规定不允许抵扣的进项税额情况。

1.第24至28栏涉及的增值税专用发票均不包括从小规模纳税人处购进农产品时取得的专用发票，但购进农产品未分别核算用于生产销售13%税率货物和其他货物服务的农产品进项税额情况除外。

2.第25栏"期初已认证相符但未申报抵扣"：反映前期认证相符，但按照税法规定暂不予抵扣及不允许抵扣，结存至本期的增值税专用发票情况。辅导期纳税人填写认证相符但未收到稽核比对结果的增值税专用发票期初情况。

3.第26栏"本期认证相符且本期未申报抵扣"：反映本期认证相符，但按税法规定暂不予抵扣及不允许抵扣，而未申报抵扣的增值税专用发票情况。辅导期纳税人填写本期认证相符但未收到稽核比对结果的增值税专用发票情况。

4.第27栏"期末已认证相符但未申报抵扣"：反映截至本期期末，按照税法规定仍暂不予抵扣及不允许抵扣且已认证相符的增值税专用发票情况。辅导期纳税人填写截至本期期末已认证相符但未收到稽核比对结果的增值税专用发票期末情况。

5.第28栏"其中：按照税法规定不允许抵扣"：反映截至本期期末已认证相符但未申报抵扣的增值税专用发票中，按照税法规定不允许抵扣的增值税专用发票情况。纳税人本期期末已认证相符待抵扣的通行费电子发票应当填写在第24至28栏对应栏次中。

6.第29栏"（二）其他扣税凭证"：反映截至本期期末仍未申报抵扣的除增值税专用发票之外的其他扣税凭证情况，具体包括：海关进口增值税专用缴款书、农产品收购发票或者销售发票、代扣代缴税收缴款凭证和其他符合政策规定的抵扣凭证。该栏应等于第30至33栏之和。

7.第30栏"海关进口增值税专用缴款书"：反映已取得但截至本期期末仍未申报抵扣的海关进口增值税专用缴款书情况，包括纳税人未收到稽核比对结果的海关进口增值税专用缴款书情况。

8.第31栏"农产品收购发票或者销售发票":反映已取得但截至本期期末仍未申报抵扣的农产品收购发票和农产品销售普通发票情况。从小规模纳税人处购进农产品时取得增值税专用发票情况填写在本栏,但购进农产品未分别核算用于生产销售13%税率货物和其他货物服务的农产品进项税额情况除外。

9.第32栏"代扣代缴税收缴款凭证":反映已取得但截至本期期末仍未申报抵扣的代扣代缴税收缴款凭证情况。

10.第33栏"其他":反映已取得但截至本期期末仍未申报抵扣的其他扣税凭证的情况。

(五)第35至36栏"四、其他"各栏。

1.第35栏"本期认证相符的增值税专用发票":反映本期认证相符的增值税专用发票的情况。

2.第36栏"代扣代缴税额":填写纳税人根据《中华人民共和国增值税暂行条例》第十八条扣缴的应税劳务增值税额与根据营业税改征增值税有关政策规定扣缴的服务、不动产和无形资产增值税额之和。

增值税纳税申报表附列资料(三)

(服务、不动产和无形资产扣除项目明细)

税款所属时间: 年 月 日至 年 月 日

纳税人名称:(公章)　　　　　　　　　　　　　　　　金额单位:元至角分

项目及栏次		本期服务、不动产和无形资产价税合计额(免税销售额)	服务、不动产和无形资产扣除项目				
			期初余额	本期发生额	本期应扣除金额	本期实际扣除金额	期末余额
		1	2	3	4=2+3	5(5≤1且5≤4)	6=4-5
13%税率的项目	1						
9%税率的项目	2						
6%税率的项目(不含金融商品转让)	3						
6%税率的金融商品转让项目	4						
5%征收率的项目	5						
3%征收率的项目	6						
免抵退税的项目	7						
免税的项目	8						

《增值税纳税申报表附列资料（三）》（服务、不动产和无形资产扣除项目明细）填报说明：

（一）本表由服务、不动产和无形资产有扣除项目的营业税改征增值税纳税人填写。其他纳税人不填写。

（二）"税款所属时间""纳税人名称"的填写同主表。

（三）第1列"本期服务、不动产和无形资产价税合计额（免税销售额）"：营业税改征增值税的服务、不动产和无形资产属于征税项目的，填写扣除之前的本期服务、不动产和无形资产价税合计额；营业税改征增值税的服务、不动产和无形资产属于免抵退税或免税项目的，填写扣除之前的本期服务、不动产和无形资产免税销售额。本列各行次等于《附列资料（一）》第11列对应行次，其中本列第3行和第4行之和等于《附列资料（一）》第11列第5栏。

营业税改征增值税的纳税人，服务、不动产和无形资产按规定汇总计算缴纳增值税的分支机构，本列各行次之和等于《附列资料（一）》第11列第13a、13b行之和。

（四）第2列"服务、不动产和无形资产扣除项目""期初余额"：填写服务、不动产和无形资产扣除项目上期期末结存的金额，试点实施之日的税款所属期填写"0"。本列各行次等于上期《附列资料（三）》第6列对应行次。

本列第4行"6%税率的金融商品转让项目""期初余额"年初首期填报时应填"0"。

（五）第3列"服务、不动产和无形资产扣除项目""本期发生额"：填写本期取得的按税法规定准予扣除的服务、不动产和无形资产扣除项目金额。

（六）第4列"服务、不动产和无形资产扣除项目""本期应扣除金额"：填写服务、不动产和无形资产扣除项目本期应扣除的金额。

本列各行次 = 第2列对应各行次+第3列对应各行次。

（七）第5列"服务、不动产和无形资产扣除项目""本期实际扣除金额"：填写服务、不动产和无形资产扣除项目本期实际扣除的金额。

本列各行次≤第4列对应各行次且本列各行次≤第1列对应各行次。

（八）第6列"服务、不动产和无形资产扣除项目""期末余额"：填写服务、不动产和无形资产扣除项目本期期末结存的金额。

本列各行次 = 第4列对应各行次−第5列对应各行次。

增值税纳税申报表附列资料（四）

（税额抵减情况表）

纳税人名称：（公章）　　税款所属时间：　年　月　日至　年　月　日　金额单位：元至角分

一、税额抵减情况					
序号	抵减项目	期初余额	本期发生额	本期应抵减税额	本期实际抵减税额	期末余额
		1	2	3=1+2	4≤3	5=3-4
1	增值税税控系统专用设备费及技术维护费					

续表

					本期可 抵减额	本期实际 抵减额	
2	分支机构预征缴 纳税款						
3	建筑服务预征缴 纳税款						
4	销售不动产预征 缴纳税款						
5	出租不动产预征 缴纳税款						
二、加计抵减情况							
序号	加计抵减项目	期初余额	本期发生额	本期调减额	本期可 抵减额	本期实际 抵减额	期末余额
		1	2	3	4=1+2-3	5	6=4-5
6	一般项目加计抵 减额计算						
7	即征即退项目加 计抵减额计算						
8	合计						

《增值税纳税申报表附列资料（四）》（税额抵减情况表）填报说明：

（一）税额抵减情况

1.本表第1行由发生增值税税控系统专用设备费用和技术维护费的纳税人填写，反映纳税人增值税税控系统专用设备费用和技术维护费按规定抵减增值税应纳税额的情况。

2.本表第2行由营业税改征增值税纳税人，服务、不动产和无形资产按规定汇总计算缴纳增值税的总机构填写，反映其分支机构预征缴纳税款抵减总机构应纳增值税税额的情况。

3.本表第3行由销售建筑服务并按规定预缴增值税的纳税人填写，反映其销售建筑服务预征缴纳税款抵减应纳增值税税额的情况。

4.本表第4行由销售不动产并按规定预缴增值税的纳税人填写，反映其销售不动产预征缴纳税款抵减应纳增值税税额的情况。

5.本表第5行由出租不动产并按规定预缴增值税的纳税人填写，反映其出租不动产预征缴纳税款抵减应纳增值税税额的情况。

（二）加计抵减情况

本表第6至8行仅限适用加计抵减政策的纳税人填写，反映其加计抵减情况。其他纳税人不需填写。第8行"合计"等于第6行、第7行之和。各列说明如下：

1.第1列"期初余额"：填写上期期末结余的加计抵减额。

2.第2列"本期发生额"：填写按照规定本期计提的加计抵减额。

3.第3列"本期调减额"：填写按照规定本期应调减的加计抵减额。

4.第4列"本期可抵减额"：按表中所列公式填写。

5.第5列"本期实际抵减额"：反映按照规定本期实际加计抵减额，按以下要求填写。

若第4列≥0，且第4列<主表第11栏–主表第18栏，则第5列＝第4列；

若第4列≥主表第11栏–主表第18栏，则第5列＝主表第11栏–主表第18栏；

若第4列<0，则第5列等于0。

计算本列"一般项目加计抵减额计算"行和"即征即退项目加计抵减额计算"行时，公式中主表各栏次数据分别取主表"一般项目""本月数"列、"即征即退项目""本月数"列对应数据。

6.第6列"期末余额"：填写本期结余的加计抵减额，按表中所列公式填写。

增值税减免税申报明细表

税款所属时间：自　年　月　日至　年　月　日

纳税人名称（公章）：　　　　　　　　　　　　　　　　　　　　　金额单位：元至角分

一、减税项目						
减税性质代码及名称	栏次	期初余额	本期发生额	本期应抵减税额	本期实际抵减税额	期末余额
		1	2	3=1+2	4≤3	5=3-4
合计	1					
	2					
	3					
	4					
	5					
	6					
二、免税项目						
免税性质代码及名称	栏次	免征增值税项目销售额	免税销售额扣除项目本期实际扣除金额	扣除后免税销售额	免税销售额对应的进项税额	免税额
		1	2	3=1-2	4	5
合计	7					
出口免税	8		—	—	—	—
其中：跨境服务	9		—	—	—	—
	10					
	11					
	12					
	13					
	14					
	15					
	16					

《增值税减免税申报明细表》填报说明：

（一）本表由享受增值税减免税优惠政策的增值税一般纳税人和小规模纳税人填写。仅享受月销售额不超过3万元（按季纳税9万元）免征增值税政策或未达起征点的增值税小规模纳税人不需填报本表，即小规模纳税人当期增值税纳税申报表主表第12行"其他免税销售额""本期数"和第16行"本期应纳税额减征额""本期数"均无数据时，不需填报本表。

（二）"税款所属时间""纳税人名称"的填写同主表。

（三）"一、减税项目"由本期按照税收法律、法规及国家有关税收规定享受减征（包含税额式减征、税率式减征）增值税优惠的纳税人填写。

1."减税性质代码及名称"：根据国家税务总局最新发布的《减免性质及分类表》所列减免性质代码、项目名称填写。同时有多个减征项目的，应分别填写。

2.第1列"期初余额"：填写应纳税额减征项目上期"期末余额"，为对应项目上期应抵减而不足抵减的余额。

3.第2列"本期发生额"：填写本期发生的按照规定准予抵减增值税应纳税额的金额。

4.第3列"本期应抵减税额"：填写本期应抵减增值税应纳税额的金额。本列按表中所列公式填写。

5.第4列"本期实际抵减税额"：填写本期实际抵减增值税应纳税额的金额。本列各行≤第3列对应各行。

一般纳税人填写时，第1行"合计"本列数=主表第23行"一般项目"列"本月数"。

小规模纳税人填写时，第1行"合计"本列数=主表第16行"本期应纳税额减征额""本期数"。

6.第5列"期末余额"：按表中所列公式填写。

（四）"二、免税项目"由本期按照税收法律、法规及国家有关税收规定免征增值税的纳税人填写。仅享受小微企业免征增值税政策或未达起征点的小规模纳税人不需填写，即小规模纳税人申报表主表第12行"其他免税销售额""本期数"无数据时，不需填写本栏。

1."免税性质代码及名称"：根据国家税务总局最新发布的《减免性质及分类表》所列减免性质代码、项目名称填写。同时有多个免税项目的，应分别填写。

2."出口免税"填写纳税人本期按照税法规定出口免征增值税的销售额，但不包括适用免、抵、退税办法出口的销售额。小规模纳税人不填写本栏。

3.第1列"免征增值税项目销售额"：填写纳税人免税项目的销售额。免税销售额按照有关规定允许从取得的全部价款和价外费用中扣除价款的，应填写扣除之前的销售额。

一般纳税人填写时，本列"合计"等于主表第8行"一般项目"列"本月数"。

4.第2列"免税销售额扣除项目本期实际扣除金额"：免税销售额按照有关规定允许从取得的全部价款和价外费用中扣除价款的，据实填写扣除金额；无扣除项目的，本列填写"0"。

5.第3列"扣除后免税销售额"：按表中所列公式填写。

6.第4列"免税销售额对应的进项税额"：本期用于增值税免税项目的进项税额。小规模纳税人不填写本列，一般纳税人按下列情况填写：

（1）一般纳税人兼营应税和免税项目的，按当期免税销售额对应的进项税额填写。

（2）一般纳税人本期销售收入全部为免税项目，且当期取得合法扣税凭证的，按当期取得的合法扣税凭证注明或计算的进项税额填写。

（3）当期未取得合法扣税凭证的，纳税人可根据实际情况自行计算免税项目对应的进项税额；无法计算的，本栏次填写"0"。

7.第5列"免税额"：一般纳税人和小规模纳税人分别按下列公式计算填写，且本列各行数应大于或等于0。

一般纳税人公式：第5列"免税额"≤第3列"扣除后免税销售额"×适用税率-第4列"免税销售额对应的进项税额"。

小规模纳税人公式：第5列"免税额"=第3列"扣除后免税销售额"×征收率。

3.7.2　城市维护建设税 教育费附加 地方教育附加申报表

城市维护建设税 教育费附加 地方教育附加申报表

税款所属期限：自　年　月　日至　年　月　日

纳税人识别号（统一社会信用代码）：□□□□□□□□□□□□□□□□□□

纳税人名称：　　　　　　　　　　　　　　　　　金额单位：人民币元（列至角分）

本期是否适用增值税小规模纳税人减征政策（减免性质代码_城市维护建设税：07049901，减免性质代码_教育费附加：61049901，减免性质代码_地方教育附加：99049901）						□是 □否	减征比例_城市维护建设税（%）				
							减征比例_教育费附加（%）				
							减征比例_地方教育附加（%）				

税（费）种	计税（费）依据					税率（征收率）	本期应纳税（费）额	本期减免税（费）额		本期增值税小规模纳税人减征额	本期已缴税（费）额	本期应补（退）税（费）额
	增值税		消费税	营业税	合计			减免性质代码	减免税（费）额			
	一般增值税	免抵税额										
	1	2	3	4	5=1+2+3+4	6	7=5×6	8	9	10	11	12=7-9-10-11
城建税												
教育费附加												
地方教育附加												
合计			—		—							

谨声明：本纳税申报表是根据国家税收法律法规及相关规定填报的，是真实的、可靠的、完整的。

纳税人（签章）：　　　　　年 月 日

经办人： 经办人身份证号： 代理机构签章： 代理机构统一社会信用代码：	受理人： 受理税务机关（章）： 受理日期：　年 月 日

填表说明：

1."纳税人识别号（统一社会信用代码）"，填报税务机关核发的纳税人识别号或有关部门核发的统一社会信用代码。"纳税人名称"，填报营业执照、税务登记证等证件载明的纳税人名称。

2."本期是否适用增值税小规模纳税人减征政策（减免性质代码_城市维护建设税：07049901，减免性质代码_教育费附加：61049901，减免性质代码_地方教育附加：99049901）"：纳税人自增值税一般纳税人按规定转登记为小规模纳税人的，自成为小规模纳税人的当月起适用减征优惠。增值税小规模纳税人按规定登记为一般纳税人的，自一般纳税人生效之日起不再适用减征优惠；增值税年应税销售额超过小规模纳税人标准应当登记为一般纳税人而未登记，经税务机关通知，逾期仍不办理登记的，自逾期次月起不再适用减征优惠。纳税人本期适用增值税小规模纳税人减征政策的，勾选"是"；否则，勾选"否"。

3."减征比例（%）"，当地省级政府根据财税〔2019〕13号文件确定的减征比例，系统自动带出。

4.第1栏"一般增值税"，填写本期缴纳的一般增值税税额。

5.第2栏"免抵税额"，填写增值税免抵税额。

6.第3栏"消费税"，填写本期缴纳的消费税税额。

7.第4栏"营业税"，填写本期补缴以前年度的营业税税额，其附加不适用减征规定。

8.第5栏"合计"，反映本期缴纳的增值税、消费税、营业税税额合计。

9.第6栏"税率（征收率）"，填写城市维护建设税、教育费附加、地方教育附加的税率或征收率。

10.第7栏"本期应纳税（费）额"，反映本期按适用税率（征收率）计算缴纳的应纳税额。计算公式为：7=5×6。

11.第8栏"减免性质代码"，该项按照国家税务总局制定下发的最新《减免税政策代码目录》中的最细项减免性质代码填写。有减免税情况的必填。

12.第9栏"减免税（费）额"，反映本期减免的税额。

13.第10栏"本期增值税小规模纳税人减征额"，反映符合条件的增值税小规模纳税人减征的税额。计算公式为：10＝（7-9）×减征比例。

14.第11栏"本期已缴税（费）额"，填写本期应纳税（费）额中已经缴纳的部分。

15.第12栏"本期应补（退）税额"，计算公式为：12=7-9-10-11。

16.本表一式两份，一份纳税人留存，一份税务机关留存。

3.7.3　企业所得税月（季）度预缴纳税申报表（A类）

A200000　　　　中华人民共和国企业所得税月（季）度预缴纳税申报表（A类）

税款所属期间：　　　年　月　日至　　　年　月　日

纳税人识别号（统一社会信用代码）：□□□□□□□□□□□□□□□□□□

纳税人名称：　　　　　　　　　　　　　　　　　金额单位：人民币元（列至角分）

预缴方式	□ 按照实际利润额预缴	□ 按照上一纳税年度应纳税所得额平均额预缴	□ 按照税务机关确定的其他方法预缴
企业类型	□ 一般企业	□ 跨地区经营汇总纳税企业总机构	□ 跨地区经营汇总纳税企业分支机构

预缴税款计算		
行次	项　目	本年累计金额
1	营业收入	
2	营业成本	
3	利润总额	
4	加：特定业务计算的应纳税所得额	
5	减：不征税收入	
6	减：免税收入、减计收入、所得减免等优惠金额（填写A201010）	
7	减：固定资产加速折旧（扣除）调减额（填写A201020）	
8	减：弥补以前年度亏损	
9	实际利润额（3+4-5-6-7-8）\按照上一纳税年度应纳税所得额平均额确定的应纳税所得额	
10	税率（25%）	
11	应纳所得税额（9×10）	
12	减：减免所得税额（填写A201030）	
13	减：实际已缴纳所得税额	
14	减：特定业务预缴（征）所得税额	
15	本期应补（退）所得税额（11-12-13-14）\税务机关确定的本期应纳所得税额	

汇总纳税企业总分机构税款计算			
16	总机构填报	总机构本期分摊应补（退）所得税额（17+18+19）	
17		其中：总机构分摊应补（退）所得税额（15×总机构分摊比例__%）	
18		财政集中分配应补（退）所得税额（15×财政集中分配比例__%）	
19		总机构具有主体生产经营职能的部门分摊所得税额（15×全部分支机构分摊比例__%×总机构具有主体生产经营职能部门分摊比例__%）	
20	分支机构填报	分支机构本期分摊比例	
21		分支机构本期分摊应补（退）所得税额	

续表

附报信息				
高新技术企业	□ 是 □ 否	科技型中小企业		□ 是 □ 否
技术入股递延纳税事项	□ 是 □ 否			
按季度填报信息				
季初从业人数		季末从业人数		
季初资产总额（万元）		季末资产总额（万元）		
国家限制或禁止行业	□ 是 □ 否	小型微利企业		□ 是 □ 否
谨声明：本纳税申报表是根据国家税收法律法规及相关规定填报的，是真实的、可靠的、完整的。 纳税人（签章）： 年 月 日				
经办人： 经办人身份证号： 代理机构签章： 代理机构统一社会信用代码：		受理人： 受理税务机关（章）： 受理日期： 年 月 日		
国家税务总局监制				

A200000《中华人民共和国企业所得税月（季）度预缴纳税申报表（A类）》填报说明：

一、适用范围

本表适用于实行查账征收企业所得税的居民企业纳税人（以下简称"纳税人"）在月（季）度预缴纳税申报时填报。执行《跨地区经营汇总纳税企业所得税征收管理办法》（国家税务总局公告2012年第57号发布）的跨地区经营汇总纳税企业的分支机构，在年度纳税申报时填报本表。省（自治区、直辖市和计划单列市）税务机关对仅在本省（自治区、直辖市和计划单列市）内设立不具有法人资格分支机构的企业，参照《跨地区经营汇总纳税企业所得税征收管理办法》征收管理的，企业的分支机构在年度纳税申报时填报本表。

二、表头项目

（一）税款所属期间

1.月（季）度预缴纳税申报

正常情况填报税款所属期月（季）度第一日至税款所属期月（季）度最后一日；年度中间开业的纳税人，在首次月（季）度预缴纳税申报时，填报开始经营之日至税款所属月（季）度最后一日，以后月（季）度预缴纳税申报时按照正常情况填报；年度中间终止经营活动的纳税人，在终止经营活动当期纳税申报时，填报税款所属期月（季）度第一日至终止经营活动之日，以后月（季）度预缴纳税申报表不再填报。

2.年度纳税申报

填报税款所属年度1月1日至12月31日。

（二）纳税人识别号（统一社会信用代码）

填报税务机关核发的纳税人识别号或有关部门核发的统一社会信用代码。

（三）纳税人名称

填报营业执照、税务登记证等证件载明的纳税人名称。

三、有关项目填报说明

（一）预缴方式

纳税人根据情况选择。

"按照上一纳税年度应纳税所得额平均额预缴"和"按照税务机关确定的其他方法预缴"两种预缴方式属于税务行政许可事项，纳税人需要履行行政许可相关程序。

（二）企业类型

纳税人根据情况选择。

纳税人为《跨地区经营汇总纳税企业所得税征收管理办法》规定的跨省、自治区、直辖市和计划单列市设立不具有法人资格分支机构的跨地区经营汇总纳税企业，总机构选择"跨地区经营汇总纳税企业总机构"；仅在同一省（自治区、直辖市、计划单列市）内设立不具有法人资格分支机构的跨地区经营汇总纳税企业，并且总机构、分支机构参照《跨地区经营汇总纳税企业所得税征收管理办法》规定征收管理的，总机构选择"跨地区经营汇总纳税企业总机构"。

纳税人为《跨地区经营汇总纳税企业所得税征收管理办法》规定的跨省、自治区、直辖市和计划单列市设立不具有法人资格分支机构的跨地区经营汇总纳税企业，分支机构选择"跨地区经营汇总纳税企业分支机构"；仅在同一省（自治区、直辖市、计划单列市）内设立不具有法人资格分支机构的跨地区经营汇总纳税企业，并且总机构、分支机构参照《跨地区经营汇总纳税企业所得税征收管理办法》规定征收管理的，分支机构选择"跨地区经营汇总纳税企业分支机构"。

上述企业以外的其他企业选择"一般企业"。

（三）预缴税款计算

预缴方式选择"按照实际利润额预缴"的纳税人填报第1行至第15行，预缴方式选择"按照上一纳税年度应纳税所得额平均额预缴"的纳税人填报第9、10、11、12、13、15行，预缴方式选择"按照税务机关确定的其他方法预缴"的纳税人填报第15行。

1.第1行"营业收入"：填报纳税人截至本税款所属期末，按照国家统一会计制度规定核算的本年累计营业收入。例如：以前年度已经开始经营且按季度预缴纳税申报的纳税人，第二季度预缴纳税申报时本行填报本年1月1日至6月30日期间的累计营业收入。

2.第2行"营业成本"：填报纳税人截至本税款所属期末，按照国家统一会计制度规定核算的本年累计营业成本。

3.第3行"利润总额"：填报纳税人截至本税款所属期末，按照国家统一会计制度规定核算的本年累计利润总额。

4.第4行"特定业务计算的应纳税所得额"：从事房地产开发等特定业务的纳税人，填报按照税收规定计算的特定业务的应纳税所得额。房地产开发企业销售未完工开发产品取得的预售收入，按照税收规定的预计计税毛利率计算出预计毛利额填入此行。

5.第5行"不征税收入"：填报纳税人已经计入本表"利润总额"行次但属于税收规定的不征税收入的本年累计金额。

6.第6行"免税收入、减计收入、所得减免等优惠金额"：填报属于税收规定的免税收入、减计收入、所得减免等优惠的本年累计金额。

本行根据《免税收入、减计收入、所得减免等优惠明细表》（A201010）填报。

7.第7行"固定资产加速折旧（扣除）调减额"：填报固定资产税收上享受加速折旧优惠计算的折旧额大于同期会计折旧额期间，发生纳税调减的本年累计金额。

本行根据《固定资产加速折旧（扣除）优惠明细表》（A201020）填报。

8.第8行"弥补以前年度亏损"：填报纳税人截至税款所属期末，按照税收规定在企业所得税税前弥补的以前年度尚未弥补亏损的本年累计金额。根据《财政部 税务总局关于延长高新技术企业和科技型中小企业亏损结转年限的通知》（财税〔2018〕76号）的规定，自2018年1月1日起，当年具备高新技术企业或科技型中小企业资格的企业，其具备资格年度之前的5个年度发生的尚未弥补完的亏损，准予结转以后年度弥补，最长结转年限由5年延长至10年。

当本表第3+4-5-6-7行≤0时，本行 = 0。

9.第9行"实际利润额＼按照上一纳税年度应纳税所得额平均额确定的应纳税所得额"：预缴方式选择"按照实际利润额预缴"的纳税人，根据本表相关行次计算结果填报，第9行 = 第3+4-5-6-7-8行；预缴方式选择"按照上一纳税年度应纳税所得额平均额预缴"的纳税人，填报按照上一纳税年度应纳税所得额平均额计算的本年累计金额。

10.第10行"税率（25%）"：填报25%。

11.第11行"应纳所得税额"：根据相关行次计算结果填报。第11行 = 第9×10行，且第11行≥0。

12.第12行"减免所得税额"：填报纳税人截至税款所属期末，按照税收规定享受的减免企业所得税的本年累计金额。

本行根据《减免所得税优惠明细表》（A201030）填报。

13.第13行"实际已缴纳所得税额"：填报纳税人按照税收规定已在此前月（季）度申报预缴企业所得税的本年累计金额。

建筑企业总机构直接管理的跨地区设立的项目部，按照税收规定已经向项目所在地主管税务机关预缴企业所得税的金额不填本行，而是填入本表第14行。

14.第14行"特定业务预缴（征）所得税额"：填报建筑企业总机构直接管理的跨地区设立的项目部，按照税收规定已经向项目所在地主管税务机关预缴企业所得税的本年累计金额。

本行本期填报金额不得小于本年上期申报的金额。

15.第15行"本期应补（退）所得税额＼税务机关确定的本期应纳所得税额"：按照不同预缴方式，分情况填报：①预缴方式选择"按照实际利润额预缴"以及"按照上一纳税年度应纳税所得额平均额预缴"的纳税人根据本表相关行次计算填报。第15行 = 第11-12-13-14行，当第11-12-13-14行＜0时，本行填0。其中，企业所得税收入全额归属中央且按比例就地预缴企业的分支机构，以及在同一省（自治区、直辖市、计划单列市）内的按比例就地预缴企业的分支机构，第15行 = 第11行×就地预缴比例-第12行×就地预缴比例-第13行-第14行，当第11行×就地预缴比例-第12行×就地预缴比例-第13行-第14行＜0时，本行填0。②预缴方式选择"按照税务机关确定的其他方法预缴"的纳税人填报本期应纳企业所得税的金额。

（四）汇总纳税企业总分机构税款计算

企业类型选择"跨地区经营汇总纳税企业总机构"的纳税人填报第16、17、18、19行；企业类型选择"跨地区经营汇总纳税企业分支机构"的纳税人填报第20、21行。

1.第16行"总机构本期分摊应补（退）所得税额"：跨地区经营汇总纳税企业的总机构根据相关行次计算结果填报，第16行＝第17+18+19行。

2.第17行"总机构分摊应补（退）所得税额（15×总机构分摊比例＿%）"：根据相关行次计算结果填报，第17行＝第15行×总机构分摊比例。其中：跨省、自治区、直辖市和计划单列市经营的汇总纳税企业"总机构分摊比例"填报25%，同一省（自治区、直辖市、计划单列市）内跨地区经营汇总纳税企业"总机构分摊比例"按照各省（自治区、直辖市、计划单列市）确定的总机构分摊比例填报。

3.第18行"财政集中分配应补（退）所得税额（15×财政集中分配比例＿%）"：根据相关行次计算结果填报，第18行＝第15行×财政集中分配比例。其中：跨省、自治区、直辖市和计划单列市经营的汇总纳税企业"财政集中分配比例"填报25%，同一省（自治区、直辖市、计划单列市）内跨地区经营汇总纳税企业"财政集中分配比例"按照各省（自治区、直辖市、计划单列市）确定的财政集中分配比例填报。

4.第19行"总机构具有主体生产经营职能的部门分摊所得税额（15×全部分支机构分摊比例＿%×总机构具有主体生产经营职能部门分摊比例＿%）"：根据相关行次计算结果填报，第19行＝第15行×全部分支机构分摊比例×总机构具有主体生产经营职能部门分摊比例。其中：跨省、自治区、直辖市和计划单列市经营的汇总纳税企业"全部分支机构分摊比例"填报50%，同一省（自治区、直辖市、计划单列市）内跨地区经营汇总纳税企业"分支机构分摊比例"按照各省（自治区、直辖市、计划单列市）确定的分支机构分摊比例填报；"总机构具有主体生产经营职能部门分摊比例"按照设立的具有主体生产经营职能的部门在参与税款分摊的全部分支机构中的分摊比例填报。

5.第20行"分支机构本期分摊比例"：跨地区经营汇总纳税企业分支机构填报其总机构出具的本期《企业所得税汇总纳税分支机构所得税分配表》"分配比例"列次中列示的本分支机构的分配比例。

6.第21行"分支机构本期分摊应补（退）所得税额"：跨地区经营汇总纳税企业分支机构填报其总机构出具的本期《企业所得税汇总纳税分支机构所得税分配表》"分配所得税额"列次中列示的本分支机构应分摊的所得税额。

四、附报信息

企业类型选择"跨地区经营汇总纳税企业分支机构"的，不填报"附报信息"所有项目。

（一）高新技术企业

必报项目。

根据《高新技术企业认定管理办法》《高新技术企业认定管理工作指引》等文件规定，符合条件的纳税人履行相关认定程序后取得"高新技术企业证书"。凡是取得"高新技术企业证书"且在有效期内的纳税人，选择"是"；未取得"高新技术企业证书"或者"高新技术企业证书"不在有效期内的纳税人，选择"否"。

（二）科技型中小企业

必报项目。

符合条件的纳税人可以按照《科技型中小企业评价办法》进行自主评价，并按照自愿原则到"全国科技型中小企业信息服务平台"填报企业信息，经公示无异议后纳入"全国科技型中小企业信息库"。凡是取得本年"科技型中小企业入库登记编号"且编号有效的纳税人，选择"是"；未取得本年"科技型中小企业入库登记编号"或者已取得本年"科技型中小企业入库登记编号"但被科技管理部门撤销登记编号的纳税人，选择"否"。

（三）技术入股递延纳税事项

必报项目。

根据《财政部 国家税务总局关于完善股权激励和技术入股有关所得税政策的通知》（财税〔2016〕101号）文件规定，企业以技术成果投资入股到境内居民企业，被投资企业支付的对价全部为股票（权）的，企业可以选择适用递延纳税优惠政策。本年内发生以技术成果投资入股且选择适用递延纳税优惠政策的纳税人，选择"是"；本年内未发生以技术成果投资入股或者以技术成果投资入股但选择继续按现行有关税收政策执行的纳税人，选择"否"。

五、按季度填报信息

企业类型选择"跨地区经营汇总纳税企业分支机构"的，不填报"按季度填报信息"所有项目。本项下所有项目按季度填报。按月申报的纳税人，在季度最后一个属期的月份填报。

（一）季初从业人数、季末从业人数

必报项目。

纳税人填报税款所属季度的季初和季末从业人员的数量。季度中间开业的纳税人，"季初从业人数"填报开业时从业人数。季度中间停止经营的纳税人，"季末从业人数"填报停止经营时从业人数。从业人数是指与企业建立劳动关系的职工人数和企业接受的劳务派遣用工人数之和。汇总纳税企业总机构填报包括分支机构在内的所有从业人数。

（二）季初资产总额（万元）、季末资产总额（万元）

必报项目。

纳税人填报税款所属季度的季初和季末资产总额。季度中间开业的纳税人，"季初资产总额"填报开业时资产总额。季度中间停止经营的纳税人，"季末资产总额"填报停止经营时资产总额。填报单位为人民币万元，保留小数点后2位。

（三）国家限制或禁止行业

必报项目。

纳税人从事行业为国家限制和禁止行业的，选择"是"；其他选择"否"。

（四）小型微利企业

必报项目。

本纳税年度截至本期末的从业人数季度平均值不超过300人、资产总额季度平均值不超过5 000万元、本表"国家限制或禁止行业"选择"否"且本期本表第9行"实际利润额\按照上一纳税年度应纳税所得额平均额确定的应纳税所得额"不超过300万元的纳税人，选择"是"；否则选择"否"。计算方法如下：

季度平均值 =（季初值+季末值）÷2

截至本期末季度平均值 = 截至本期末各季度平均值之和÷相应季度数

年度中间开业或者终止经营活动的，以其实际经营期计算上述指标。

六、表内表间关系

（一）表内关系

1.预缴方式选择"按照实际利润额预缴"的纳税人，第9行 = 第3+4-5-6-7-8行。

2.第11行 = 第9×10行。

3.预缴方式选择"按照实际利润额预缴""按照上一纳税年度应纳税所得额平均额预缴"的纳税人，第15行 = 第11-12-13-14行。当第11-12-13-14行 < 0时，第15行 = 0。

其中，企业所得税收入全额归属中央且按比例就地预缴企业的分支机构，以及在同一省（自治区、直辖市、计划单列市）内的按比例就地预缴企业的分支机构，第15行 = 第11行×就地预缴比例-第12行×就地预缴比例-第13行-第14行。当第11行×就地预缴比例-第12行×就地预缴比例-第13行-第14行 < 0时，第15行 = 0。

4.第16行 = 第17+18+19行。

5.第17行 = 第15行×总机构分摊比例。

6.第18行 = 第15行×财政集中分配比例。

7.第19行 = 第15行×全部分支机构分摊比例×总机构具有主体生产经营职能部门分摊比例。

（二）表间关系

1.第6行 = 表A201010第41行。

2.第7行 = 表A201020第5行第5列。

3.第12行 = 表A201030第30行。

4.第15行 = 表A202000"应纳所得税额"栏次填报的金额。

5.第17行 = 表A202000"总机构分摊所得税额"栏次填报的金额。

6.第18行 = 表A202000"总机构财政集中分配所得税额"栏次填报的金额。

7.第19行 = 表A202000"分支机构情况"中对应总机构独立生产经营部门行次的"分配所得税额"列次填报的金额。

A201010　　　　　　　　免税收入、减计收入、所得减免等优惠明细表

行次	项　目	本年累计金额
1	一、免税收入（2+3+8+9+…+15）	
2	（一）国债利息收入免征企业所得税	
3	（二）符合条件的居民企业之间的股息、红利等权益性投资收益免征企业所得税	
4	其中：内地居民企业通过沪港通投资且连续持有H股满12个月取得的股息红利所得免征企业所得税	
5	内地居民企业通过深港通投资且连续持有H股满12个月取得的股息红利所得免征企业所得税	
6	居民企业持有创新企业CDR取得的股息红利所得免征企业所得税	
7	符合条件的居民企业之间属于股息、红利性质的永续债利息收入免征企业所得税	

行次	项 目	本年累计金额
8	（三）符合条件的非营利组织的收入免征企业所得税	
9	（四）中国清洁发展机制基金取得的收入免征企业所得税	
10	（五）投资者从证券投资基金分配中取得的收入免征企业所得税	
11	（六）取得的地方政府债券利息收入免征企业所得税	
12	（七）中国保险保障基金有限责任公司取得的保险保障基金等收入免征企业所得税	
13	（八）中国奥委会取得北京冬奥组委支付的收入免征企业所得税	
14	（九）中国残奥委会取得北京冬奥组委分期支付的收入免征企业所得税	
15	（十）其他	
16	二、减计收入（17+18+22+23）	
17	（一）综合利用资源生产产品取得的收入在计算应纳税所得额时减计收入	
18	（二）金融、保险等机构取得的涉农利息、保费减计收入（19+20+21）	
19	1.金融机构取得的涉农贷款利息收入在计算应纳税所得额时减计收入	
20	2.保险机构取得的涉农保费收入在计算应纳税所得额时减计收入	
21	3.小额贷款公司取得的农户小额贷款利息收入在计算应纳税所得额时减计收入	
22	（三）取得铁路债券利息收入减半征收企业所得税	
23	（四）其他（23.1+23.2）	
23.1	1.取得的社区家庭服务收入在计算应纳税所得额时减计收入	
23.2	2.其他	
24	三、加计扣除（25+26+27+28）	*
25	（一）开发新技术、新产品、新工艺发生的研究开发费用加计扣除	*
26	（二）科技型中小企业开发新技术、新产品、新工艺发生的研究开发费用加计扣除	*
27	（三）企业为获得创新性、创意性、突破性的产品进行创意设计活动而发生的相关费用加计扣除	*
28	（四）安置残疾人员所支付的工资加计扣除	*
29	四、所得减免（30+33+34+35+36+37+38+39+40）	
30	（一）从事农、林、牧、渔业项目的所得减免征收企业所得税（31+32）	
31	1.免税项目	
32	2.减半征收项目	
33	（二）从事国家重点扶持的公共基础设施项目投资经营的所得定期减免企业所得税	
33.1	其中：从事农村饮水安全工程新建项目投资经营的所得定期减免企业所得税	
34	（三）从事符合条件的环境保护、节能节水项目的所得定期减免企业所得税	
35	（四）符合条件的技术转让所得减免征收企业所得税	
36	（五）实施清洁发展机制项目的所得定期减免企业所得税	
37	（六）符合条件的节能服务公司实施合同能源管理项目的所得定期减免企业所得税	
38	（七）线宽小于130纳米的集成电路生产项目的所得减免企业所得税	
39	（八）线宽小于65纳米或投资额超过150亿元的集成电路生产项目的所得减免企业所得税	
40	（九）其他	
41	合计（1+16+24+29）	

A201010《免税收入、减计收入、所得减免等优惠明细表》填报说明：

本表为《中华人民共和国企业所得税月（季）度预缴纳税申报表（A类）》（A200000）附表，适用于享受免税收入、减计收入、所得减免等税收优惠政策的实行查账征收企业所得税的居民企业纳税人填报。纳税人根据税收规定，填报本年发生的累计优惠情况。

一、有关项目填报说明

（一）总体说明

本表各行次填报的金额均为本年累计金额，即纳税人截至本税款所属期末，按照税收规定计算的免税收入、减计收入、所得减免等税收优惠政策的本年累计减免金额。

按照目前税收规定，加计扣除优惠政策汇算清缴时享受，第24、25、26、27、28行月（季）度预缴纳税申报时不填报。

当《中华人民共和国企业所得税月（季）度预缴纳税申报表（A类）》（A200000）第3+4-5行减本表第1+16+24行大于零时，可以填报本表第29至40行。

（二）行次说明

1.第1行"一、免税收入"：根据相关行次计算结果填报。本行＝第2+3+8+9+…+15行。

2.第2行"（一）国债利息收入免征企业所得税"：填报纳税人根据《国家税务总局关于企业国债投资业务企业所得税处理问题的公告》（国家税务总局公告2011年第36号）等相关税收政策规定的，持有国务院财政部门发行的国债取得的利息收入。

3.第3行"（二）符合条件的居民企业之间的股息、红利等权益性投资收益免征企业所得税"：填报发生的符合条件的居民企业之间的股息、红利等权益性投资收益情况，不包括连续持有居民企业公开发行并上市流通的股票不足12个月取得的投资收益。

本行包括内地居民企业通过沪港通投资且连续持有H股满12个月取得的股息红利所得、内地居民企业通过深港通投资且连续持有H股满12个月取得的股息红利所得、居民企业持有创新企业CDR取得的股息红利所得、符合条件的居民企业之间属于股息、红利性质的永续债利息收入等情况。

4.第4行"内地居民企业通过沪港通投资且连续持有H股满12个月取得的股息红利所得免征企业所得税"：填报根据《财政部 国家税务总局 证监会关于沪港股票市场交易互联互通机制试点有关税收政策的通知》（财税〔2014〕81号）等相关税收政策规定的，内地居民企业通过沪港通投资且连续持有H股满12个月取得的股息红利所得。

5.第5行"内地居民企业通过深港通投资且连续持有H股满12个月取得的股息红利所得免征企业所得税"：填报根据《财政部 国家税务总局 证监会关于深港股票市场交易互联互通机制试点有关税收政策的通知》（财税〔2016〕127号）等相关税收政策规定，内地居民企业通过深港通投资且连续持有H股满12个月取得的股息红利所得。

6.第6行"居民企业持有创新企业CDR取得的股息红利所得免征企业所得税"：填报根据《财政部 税务总局 证监会关于创新企业境内发行存托凭证试点阶段有关税收政策的公告》（财政部 税务总局 证监会公告2019年第52号）等相关税收政策规定，居民企业持有创新企业CDR取得的股息红利所得。

7.第7行"符合条件的居民企业之间属于股息、红利性质的永续债利息收入免征企业所得税"：填报根据《财政部 税务总局关于永续债企业所得税政策问题的公告》（财政部税务总局公告 2019 年第 64 号）等相关税收政策规定，居民企业取得的可以适用企业所得税法规定的居民企业之间的股息、红利等权益性投资收益免征企业所得税规定的永续债利息收入。

8.第 8 行"（三）符合条件的非营利组织的收入免征企业所得税"：填报根据《财政部 国家税务总局关于非营利组织企业所得税免税收入问题的通知》（财税〔2009〕122号）、《财政部 税务总局关于非营利组织免税资格认定管理有关问题的通知》（财税〔2018〕13 号）等相关税收政策规定，认定的符合条件的非营利组织，取得的捐赠收入等免税收入，但不包括从事营利性活动所取得的收入。

9.第 9 行"（四）中国清洁发展机制基金取得的收入免征企业所得税"：填报根据《财政部 国家税务总局关于中国清洁发展机制基金及清洁发展机制项目实施企业有关企业所得税政策问题的通知》（财税〔2009〕30 号）等相关税收政策规定，中国清洁发展机制基金取得的 CDM 项目温室气体减排量转让收入上缴国家的部分，国际金融组织赠款收入，基金资金的存款利息收入、购买国债的利息收入，国内外机构、组织和个人的捐赠收入。

10.第 10 行"（五）投资者从证券投资基金分配中取得的收入免征企业所得税"：填报根据《财政部 国家税务总局关于企业所得税若干优惠政策的通知》（财税〔2008〕1 号）第二条第（二）项等相关税收政策规定，投资者从证券投资基金分配中取得的收入。

11.第 11 行"（六）取得的地方政府债券利息收入免征企业所得税"：填报根据《财政部 国家税务总局关于地方政府债券利息所得免征所得税问题的通知》（财税〔2011〕76号）、《财政部 国家税务总局关于地方政府债券利息免征所得税问题的通知》（财税〔2013〕5 号）等相关税收政策规定，取得的 2009 年、2010 年和 2011 年发行的地方政府债券利息所得，2012 年及以后年度发行的地方政府债券利息收入。

12.第 12 行"（七）中国保险保障基金有限责任公司取得的保险保障基金等收入免征企业所得税"：填报中国保险保障基金有限责任公司按照《财政部 税务总局关于保险保障基金有关税收政策问题的通知》（财税〔2018〕41 号）等税收政策规定，根据《保险保障基金管理办法》取得的境内保险公司依法缴纳的保险保障基金；依法从撤销或破产保险公司清算财产中获得的受偿收入和向有关责任方追偿所得，以及依法从保险公司风险处置中获得的财产转让所得，接受捐赠所得，银行存款利息收入，购买政府债券、中央银行、中央企业和中央级金融机构发行债券的利息收入，国务院批准的其他资金运用取得的收入。

13.第 13 行"（八）中国奥委会取得北京冬奥组委支付的收入免征企业所得税"：填报根据《财政部 税务总局 海关总署关于北京 2022 年冬奥会和冬残奥会税收政策的通知》（财税〔2017〕60 号）等相关税收政策规定，对按中国奥委会、主办城市签订的《联合市场开发计划协议》和中国奥委会、主办城市、国际奥委会签订的《主办城市合同》规定，中国奥委会取得的由北京冬奥组委分期支付的收入、按比例支付的盈余分成收入。

14.第 14 行"（九）中国残奥委会取得北京冬奥组委分期支付的收入免征企业所得税"：填报根据《财政部 税务总局 海关总署关于北京 2022 年冬奥会和冬残奥会税收政策的通知》（财税〔2017〕60 号）等相关税收政策规定，中国残奥委会根据《联合市场开发计划协议》取得的由北京冬奥组委分期支付的收入。

15.第15行"（十）其他"：填报纳税人享受的本表未列明的其他免税收入的税收优惠事项名称、减免税代码及免税收入金额。

16.第16行"二、减计收入"：根据相关行次计算结果填报。本行 = 第17+18+22+23行。

17.第17行"（一）综合利用资源生产产品取得的收入在计算应纳税所得额时减计收入"：填报纳税人综合利用资源生产产品取得的收入乘以10%的金额。

18.第18行"（二）金融、保险等机构取得的涉农利息、保费减计收入"：根据相关行次计算结果填报。本行填报第19+20+21行的合计金额。

19.第19行"1.金融机构取得的涉农贷款利息收入在计算应纳税所得额时减计收入"：填报金融机构取得农户小额贷款利息收入乘以10%的金额。

20.第20行"2.保险机构取得的涉农保费收入在计算应纳税所得额时减计收入"：填报保险公司为种植业、养殖业提供保险业务取得的保费收入乘以10%的金额。其中保费收入 = 原保费收入+分保费收入−分出保费收入。

21.第21行"3.小额贷款公司取得的农户小额贷款利息收入在计算应纳税所得额时减计收入"：填报根据《财政部 税务总局关于小额贷款公司有关税收政策的通知》（财税〔2017〕48号）等相关税收政策规定，经省级金融管理部门（金融办、局等）批准成立的小额贷款公司取得的农户小额贷款利息收入乘以10%的金额。

22.第22行"（三）取得铁路债券利息收入减半征收企业所得税"：填报根据《财政部 国家税务总局关于铁路建设债券利息收入企业所得税政策的通知》（财税〔2011〕99号）、《财政部 国家税务总局关于2014、2015年铁路建设债券利息收入企业所得税政策的通知》（财税〔2014〕2号）、《财政部 国家税务总局关于铁路债券利息收入所得税政策问题的通知》（财税〔2016〕30号）、《财政部 税务总局关于铁路债券利息收入所得税政策的公告》（财政部 税务总局公告2019年第57号）等相关税收政策规定，企业持有铁路建设债券、铁路债券等企业债券取得的利息收入乘以50%的金额。

23.第23行"（四）其他"：根据相关行次计算结果填报。本行填报第23.1+23.2行的合计金额。

24.第23.1行"1.取得的社区家庭服务收入在计算应纳税所得额时减计收入"：填报根据税收政策规定，纳税人提供社区养老、托育、家政相关服务的收入乘以10%的金额。

25.第23.2行"2.其他"：填报纳税人享受的本表未列明的其他减计收入的税收优惠事项名称、减免税代码及减计收入金额。

26.第24行"三、加计扣除"：根据相关行次计算结果填报。本行 = 第25+26+27+28行。月（季）度预缴纳税申报时，纳税人不填报本行。

27.第25行"（一）开发新技术、新产品、新工艺发生的研究开发费用加计扣除"：填报纳税人享受研发费加计扣除政策按照规定进行税前加计扣除的金额。月（季）度预缴纳税申报时，纳税人不填报本行。

28.第26行"（二）科技型中小企业开发新技术、新产品、新工艺发生的研究开发费用加计扣除"：填报科技型中小企业享受研发费加计扣除政策按照规定进行税前加计扣除的金额。月（季）度预缴纳税申报时，纳税人不填报本行。

29.第27行"（三）企业为获得创新性、创意性、突破性的产品进行创意设计活动而发生的相关费用加计扣除"：填报纳税人根据《财政部 国家税务总局 科技部关于完善研究开发费用税前加计扣除政策的通知》（财税〔2015〕119号）第二条第四项规定，为获得创新性、创意性、突破性的产品进行创意设计活动而发生的相关费用按照规定进行税前加计扣除的金额。月（季）度预缴纳税申报时，纳税人不填报本行。

30.第28行"（四）安置残疾人员所支付的工资加计扣除"：填报根据《财政部 国家税务总局关于安置残疾人员就业有关企业所得税优惠政策问题的通知》（财税〔2009〕70号）等相关税收政策规定安置残疾人员的，在支付给残疾职工工资据实扣除的基础上，按照支付给残疾职工工资的100%加计扣除的金额。月（季）度预缴纳税申报时，纳税人不填报本行。

31.第29行"四、所得减免"：根据相关行次计算结果填报。

本行＝第30+33+34+35+36+37+38+39+40行，同时本行≤表A200000第3+4-5行-本表第1+16+24行且本行≥0。

32.第30行"（一）从事农、林、牧、渔业项目的所得减免征收企业所得税"：填报根据税收规定，从事农、林、牧、渔业项目发生的减征、免征企业所得税项目的所得额。本行＝第31+32行。

33.第31行"1.免税项目"：填报根据税收规定，从事农、林、牧、渔业项目发生的免征企业所得税项目的所得额。免征企业所得税项目主要有：蔬菜、谷物、薯类、油料、豆类、棉花、麻类、糖料、水果、坚果的种植；农作物新品种的选育；中药材的种植；林木的培育和种植；牲畜、家禽的饲养；林产品的采集；灌溉、农产品初加工、兽医、农技推广、农机作业和维修等农、林、牧、渔服务业项目；远洋捕捞等。

当项目所得≤0时，本行不填报。纳税人有多个项目的，按前述规则分别确定各项目的金额后，将合计金额填入本行。

34.第32行"2.减半征收项目"：填报根据税收规定，从事农、林、牧、渔业项目发生的减半征收企业所得税项目所得额的减半额。减半征收企业所得税项目主要有：花卉、茶以及其他饮料作物和香料作物的种植；海水养殖、内陆养殖等。

本行＝减半征收企业所得税项目的所得额×50%。当项目所得≤0时，本行不填报。纳税人有多个项目的，按前述规则分别确定各项目的金额后，将合计金额填入本行。

35.第33行"（二）从事国家重点扶持的公共基础设施项目投资经营的所得定期减免企业所得税"：根据《财政部 国家税务总局关于执行公共基础设施项目企业所得税优惠目录有关问题的通知》（财税〔2008〕46号）、《财政部 国家税务总局 国家发展改革委关于公布公共基础设施项目企业所得税优惠目录（2008年版）的通知》（财税〔2008〕116号）、《国家税务总局关于实施国家重点扶持的公共基础设施项目企业所得税优惠问题的通知》（国税发〔2009〕80号）、《财政部 国家税务总局关于公共基础设施项目和环境保护节能节水项目企业所得税优惠政策问题的通知》（财税〔2012〕10号）、《财政部 国家税务总局关于继续实行农村饮水安全工程建设运营税收优惠政策的通知》（财税〔2016〕19号）、《国家税务总局关于电网企业电网新建项目享受所得税优惠政策问题的公告》（国家税务总局公告 2013 年第 26 号)、《财政部 国家税务总局关于公共基础设施项目享受企业所得税优惠政策问题的补充通知》(财税〔2014〕55 号)、《财政部 税务总局关于继续实行农村饮水安全工程税收优惠政策的公告》(财政部 税务总局公告 2019 年第 67 号)等相关税收政策的规定,从事《公共基础设施项目企业所得税优惠目录》规定的港口码头、机场、铁路、公路、城市公共交通、电力、水利等项目的投资经营的所得,自项目取得第一笔生产经营收入所属纳税年度起,第一年至第三年免征企业所得税,第四年至第六年减半征收企业所得税。不包括企业承包经营、承包建设和内部自建自用该项目的所得。

免税期间,本行填报从事基础设施项目的所得额;减半征税期间,本行填报从事基础设施项目的所得额×50% 的金额。当项目所得≤0 时,本行不填报。纳税人有多个项目的,按前述规则分别确定各项目的金额后,将合计金额填入本行。

本行包括享受农村饮水安全工程新建项目投资经营的所得定期减免企业所得税的优惠金额。

36. 第 33.1 行"其中:从事农村饮水安全工程新建项目投资经营的所得定期减免企业所得税":根据《财政部 国家税务总局关于继续实行农村饮水安全工程建设运营税收优惠政策的通知》(财税〔2016〕19 号)、《财政部 税务总局关于继续实行农村饮水安全工程税收优惠政策的公告》(财政部 税务总局公告 2019 年第 67 号)等相关税收政策规定,对农村饮水安全工程运营管理单位从事《公共基础设施项目企业所得税优惠目录》规定的饮水工程新建项目投资经营的所得,自项目取得第一笔生产经营收入所属纳税年度起,第一年至第三年免征企业所得税,第四年至第六年减半征收企业所得税。

免税期间,本行填报项目所得额;减半征税期间,本行填报项目所得额×50% 的金额。当项目所得≤0 时,本行不填报。纳税人有多个项目的,按前述规则分别确定各项目的金额后,将合计金额填入本行。

37. 第 34 行"(三)从事符合条件的环境保护、节能节水项目的所得定期减免企业所得税":根据《财政部 国家税务总局 国家发展改革委关于公布环境保护节能节水项目企业所得税优惠目录(试行)的通知》(财税〔2009〕166 号)、《财政部 国家税务总局关于公共基础设施项目和环境保护 节能节水项目企业所得税优惠政策问题的通知》(财税〔2012〕10 号)、《财政部 国家税务总局 国家发展改革委关于垃圾填埋沼气发电列入〈环境保护、节能节水项目企业所得税优惠目录(试行)〉的通知》(财税〔2016〕131 号)等相关税收政策的规定,从事符合条件的公共污水处理、公共垃圾处理、沼气综合开发利用、节能减排技术改造、海水淡化等环境保护、节能节水项目的所得,自项目取得第一笔生产经营收入所属纳税年度起,第一年至第三年免征企业所得税,第四年至第六年减半征收企业所得税。

免税期间,本行填报项目所得额;减半征税期间,填报项目所得额×50% 的金额。当项目所得≤0 时,本行不填报。纳税人有多个项目的,按前述规则分别确定各项目的金额后,将合计金额填入本行。

38. 第 35 行"(四)符合条件的技术转让所得减免征收企业所得税":根据《国家税务总局关于技术转让所得减免企业所得税有关问题的通知》(国税函〔2009〕212 号)、《财政部 国家税务总局关于居民企业技术转让有关企业所得税政策问题的通知》(财税

〔2010〕111号）、《国家税务总局关于技术转让所得减免企业所得税有关问题的公告》（国家税务总局公告2013年第62号）、《财政部 国家税务总局关于将国家自主创新示范区有关税收试点政策推广到全国范围实施的通知》（财税〔2015〕116号）、《国家税务总局关于许可使用权技术转让所得企业所得税有关问题的公告》（国家税务总局公告2015年第82号）等相关税收政策的规定，一个纳税年度内，居民企业将其拥有的专利技术、计算机软件著作权、集成电路布图设计权、植物新品种、生物医药新品种，以及财政部和国家税务总局确定的其他技术的所有权或5年以上（含5年）全球独占许可使用权、5年以上（含5年）非独占许可使用权转让取得的所得，不超过500万元的部分，免征企业所得税；超过500万元的部分，减半征收企业所得税。居民企业从直接或间接持有股权之和达到100%的关联方取得的技术转让所得，不享受技术转让减免企业所得税优惠政策。

转让所得不超过500万元且大于0的，本行＝转让所得；转让所得超过500万元的，本行＝500万元+（转让所得－500万元）×50%。

39.第36行"（五）实施清洁发展机制项目的所得定期减免企业所得税"：根据《财政部 国家税务总局关于中国清洁发展机制基金及清洁发展机制项目实施企业有关企业所得税政策问题的通知》（财税〔2009〕30号）等相关税收政策的规定，对企业实施的将温室气体减排量转让收入的65%上缴给国家的HFC和PFC类CDM项目，以及将温室气体减排量转让收入的30%上缴给国家的N2O类CDM项目，其实施该类CDM项目的所得，自项目取得第一笔减排量转让收入所属纳税年度起，第一年至第三年免征企业所得税，第四年至第六年减半征收企业所得税。

免税期间，本行填报项目所得额；减半征税期间，本行填报项目所得额×50%的金额。当项目所得≤0时，本行不填报。纳税人有多个项目的，按照前述规则分别确定各项目的金额后，将合计金额填入本行。

40.第37行"（六）符合条件的节能服务公司实施合同能源管理项目的所得定期减免企业所得税"：根据《财政部 国家税务总局关于促进节能服务产业发展增值税 营业税和企业所得税政策问题的通知》（财税〔2010〕110号）、《国家税务总局 国家发展改革委关于落实节能服务企业合同能源管理项目企业所得税优惠政策有关征收管理问题的公告》（国家税务总局 国家发展改革委公告2013年第77号）等相关税收政策的规定，对符合条件的节能服务公司实施合同能源管理项目，符合企业所得税法有关规定的，自项目取得第一笔生产经营收入所属纳税年度起，第一年至第三年免征企业所得税，第四年至第六年按照25%的法定税率减半征收企业所得税。

免税期间，本行填报项目所得额；减半征税期间，本行填报项目所得额×50%的金额。当项目所得≤0时，本行不填报。纳税人有多个项目的，按照前述规则分别确定各项目的金额后，将合计金额填入本行。

41.第38行"（七）线宽小于130纳米的集成电路生产项目的所得减免企业所得税"：根据《财政部 国家税务总局 发展改革委 工业和信息化部关于软件和集成电路产业企业所得税优惠政策有关问题的通知》（财税〔2016〕49号）、《财政部 税务总局 国家发展改革委 工业和信息化部关于集成电路生产企业有关企业所得税政策问题的通知》（财税〔2018〕27号）等相关税收政策的规定，2018年1月1日后投资新设的集成电路线宽小于

130纳米，且经营期在10年以上的集成电路生产项目，自项目取得第一笔生产经营收入所属纳税年度起第一年至第二年免征企业所得税，第三年至第五年按照25%的法定税率减半征收企业所得税。

免税期间，本行填报项目所得额；减半征税期间，本行填报项目所得额×50%的金额。当项目所得≤0时，本行不填报。纳税人有多个项目的，按照前述规则分别确定各项目的金额后，将合计金额填入本行。

42.第39行"（八）线宽小于65纳米或投资额超过150亿元的集成电路生产项目的所得减免企业所得税"：根据《财政部 国家税务总局 发展改革委 工业和信息化部关于软件和集成电路产业企业所得税优惠政策有关问题的通知》（财税〔2016〕49号）、《财政部 税务总局 国家发展改革委 工业和信息化部关于集成电路生产企业有关企业所得税政策问题的通知》（财税〔2018〕27号）等相关税收政策的规定，2018年1月1日后投资新设的集成电路线宽小于65纳米或投资额超过150亿元，且经营期在15年以上的集成电路生产项目，自项目取得第一笔生产经营收入所属纳税年度起第一年至第五年免征企业所得税，第六年至第十年按照25%的法定税率减半征收企业所得税。

免税期间，本行填报项目所得额；减半征税期间，本行填报项目所得额×50%的金额。当项目所得≤0时，本行不填报。纳税人有多个项目的，按照前述规则分别确定各项目的金额后，将合计金额填入本行。

43.第40行"（九）其他"：填报纳税人享受的本表未列明的其他所得减免的税收优惠事项名称、减免税代码及项目减免的所得额。

当项目所得≤0时，本行不填报。纳税人有多个项目的，分别确定各项目减免的所得额后，将合计金额填入本行。

44.第41行"合计"：根据相关行次计算结果填报。本行＝第1+16+24+29行。

二、表内、表间关系

（一）表内关系

1.第1行＝第2+3+8+9+…+15行。

2.第16行＝第17+18+22+23行。

3.第18行＝第19+20+21行。

4.第23行＝第23.1+23.2行。

5.第24行＝第25+26+27+28行。

6.第29行＝第30+33+34+35+36+37+38+39+40行。

（1）当表A200000第3+4-5行－本表第1+16+24行＞0时，本行≤表A200000第3+4-5行－本表第1+16+24行。

（2）当表A200000第3+4-5行－本表第1+16+24行≤0时，本行＝0。

7.第30行＝第31+32行。

8.第41行＝第1+16+24+29行。

（二）表间关系

第41行＝表A200000第6行。

A201020　　　　　　　固定资产加速折旧（扣除）优惠明细表

行次	项　目	资产原值	本年累计折旧（扣除）金额				
			账载折旧金额	按照税收一般规定计算的折旧金额	享受加速折旧优惠计算的折旧金额	纳税调减金额	享受加速折旧优惠金额
		1	2	3	4	5	6（4-3）
1	一、固定资产加速折旧（不含一次性扣除，2+3）						
2	（一）重要行业固定资产加速折旧						
3	（二）其他行业研发设备加速折旧						
4	二、固定资产一次性扣除						
5	合计（1+4）						

A201020《固定资产加速折旧（扣除）优惠明细表》填报说明：

一、适用范围及总体说明

（一）适用范围

本表为《中华人民共和国企业所得税月（季）度预缴纳税申报表（A类）》（A200000）附表，适用于按照《财政部 国家税务总局关于完善固定资产加速折旧企业所得税政策的通知》（财税〔2014〕75号）、《财政部 国家税务总局关于进一步完善固定资产加速折旧企业所得税政策的通知》（财税〔2015〕106号）、《财政部 税务总局关于设备 器具扣除有关企业所得税政策的通知》（财税〔2018〕54号）、《财政部 税务总局关于扩大固定资产加速折旧优惠政策适用范围的公告》（财政部 税务总局公告2019年第66号）等相关文件规定，享受固定资产加速折旧和一次性扣除优惠政策的纳税人填报。

按照目前税收规定，《国家税务总局关于企业固定资产加速折旧所得税处理有关问题的通知》（国税发〔2009〕81号）、《财政部 国家税务总局关于进一步鼓励软件产业和集成电路产业发展企业所得税政策的通知》（财税〔2012〕27号）文件规定的固定资产加速折旧优惠政策月（季）度预缴纳税申报时不填报本表。

（二）总体说明

1.本表主要目的

（1）落实税收优惠政策。本年度内享受财税〔2014〕75号、财税〔2015〕106号、财税〔2018〕54号、财政部 税务总局公告2019年第66号等相关文件规定的固定资产加速折旧和一次性扣除优惠政策的纳税人，在月（季）度预缴纳税申报时对其相应固定资产的折旧金额进行单向纳税调整，以调减其应纳税所得额。

（2）实施减免税核算。对本年度内享受财税〔2014〕75号、财税〔2015〕106号、财税〔2018〕54号、财政部 税务总局公告2019年第66号等相关文件规定的固定资产加速折旧和一次性扣除优惠政策的纳税人，核算其减免税情况。

2.填报原则

纳税人享受财税〔2014〕75号、财税〔2015〕106号、财税〔2018〕54号、财政部税务总局公告2019年第66号等相关文件规定固定资产优惠政策的，应按以下原则填报：

（1）自该固定资产开始计提折旧起，在"税收折旧"大于"一般折旧"的折旧期间内，必须填报本表。

税收折旧是指纳税人享受财税〔2014〕75号、财税〔2015〕106号、财税〔2018〕54号、财政部 税务总局公告2019年第66号等相关文件规定优惠政策的固定资产，采取税收加速折旧或一次性扣除方式计算的税收折旧额；一般折旧是指该资产按照税收一般规定计算的折旧金额，即该资产在不享受加速折旧情况下，按照税收规定的最低折旧年限以直线法计算的折旧金额。

固定资产税收折旧与会计折旧一致的，纳税人不涉及纳税调整事项，但是涉及减免税核算事项，在月（季）度预缴纳税申报时，需计算享受加速折旧优惠金额并将有关情况填报本表。

固定资产税收折旧与会计折旧不一致的，当固定资产会计折旧金额大于税收折旧金额时，在月（季）度预缴纳税申报时不进行纳税调增（相关事项在汇算清缴时一并调整），但需计算享受加速折旧优惠金额并将有关情况填报本表；当固定资产会计折旧金额小于税收折旧金额时，在月（季）度预缴纳税申报时进行纳税调减，同时需计算享受加速折旧优惠金额并将有关情况填报本表。

（2）自固定资产开始计提折旧起，在"税收折旧"小于等于"一般折旧"的折旧期内，不填报本表。

固定资产本年先后出现"税收折旧大于一般折旧"和"税收折旧小于等于一般折旧"两种情形的，在"税收折旧小于等于一般折旧"折旧期内，仍需根据该固定资产"税收折旧大于一般折旧"的折旧期内最后一期折旧的有关情况填报本表，直至本年最后一次月（季）度预缴纳税申报。

（3）本表第5列仅填报纳税调减金额，不得填报负数。

（4）以前年度开始享受加速折旧政策的，若该固定资产本年符合第（1）条原则，应继续填报本表。

二、有关项目填报说明

（一）行次填报

1.第1行"一、固定资产加速折旧（不含一次性扣除）"：根据相关行次计算结果填报，本行 = 第2+3行。

2.第2行"（一）重要行业固定资产加速折旧"：制造业和信息传输、软件和信息技术服务业行业（以下称"重要行业"）纳税人按照财税〔2014〕75号、财税〔2015〕106号、财政部 税务总局公告2019年第66号等相关文件规定对于新购进固定资产在税收上采取加速折旧的，结合会计折旧情况，在本行填报月（季）度预缴纳税申报时的纳税调减、加速折旧优惠统计等本年累计金额。

重要行业纳税人按照财税〔2014〕75号、财税〔2015〕106号、财税〔2018〕54号等相关文件规定，享受一次性扣除政策的资产的有关情况，不在本行填报。

3.第3行"（二）其他行业研发设备加速折旧"：重要行业以外的其他纳税人按照财税〔2014〕75号、财税〔2015〕106号等相关文件规定，对于单位价值超过100万元的专用研发设备采取缩短折旧年限或加速折旧方法的，在本行填报月（季）度预缴纳税申报时相关固定资产的纳税调减、加速折旧优惠统计等情况的本年累计金额。

其他行业纳税人2019年之前按照财税〔2014〕75号、财税〔2015〕106号等相关文件规定，对于单位价值超过100万元的专用研发设备采取缩短折旧年限或加速折旧方法的，在2019年及以后年度需要继续填报的，应在本行填报。

4.第4行"二、固定资产一次性扣除"：纳税人按照财税〔2014〕75号、财税〔2015〕106号、财税〔2018〕54号等相关文件规定对符合条件的固定资产进行一次性扣除的，在本行填报月（季）度预缴纳税申报时相关固定资产的纳税调减、加速折旧优惠统计等情况的本年累计金额。

5.第5行"合计"：根据相关行次计算结果填报。本行＝第1+4行。

（二）列次填报

列次填报时间口径：纳税人享受财税〔2014〕75号、财税〔2015〕106号、财税〔2018〕54号、财政部 税务总局公告2019年第66号等相关文件规定优惠政策的固定资产，仅填报采取税收加速折旧计算的税收折旧额大于按照税法一般规定计算的折旧金额期间的金额；税收折旧小于一般折旧期间的金额，不再填报本表。同时，保留本年税收折旧大于一般折旧期间最后一个折旧期的金额继续填报，直至本年度最后一期月（季）度预缴纳税申报。

1.第1列"资产原值"

填报纳税人按照财税〔2014〕75号、财税〔2015〕106号、财税〔2018〕54号、财政部 税务总局公告2019年第66号等相关文件规定享受固定资产加速折旧和一次性扣除优惠政策的固定资产，会计处理计提折旧的资产原值（或历史成本）的金额。

2.第2列"账载折旧金额"

填报纳税人按照财税〔2014〕75号、财税〔2015〕106号、财税〔2018〕54号、财政部 税务总局公告2019年第66号等相关文件规定享受固定资产加速折旧和一次性扣除优惠政策的固定资产，会计核算的本年资产折旧额。

3.第3列"按照税收一般规定计算的折旧金额"

填报纳税人按照财税〔2014〕75号、财税〔2015〕106号、财税〔2018〕54号、财政部 税务总局公告2019年第66号等相关文件规定享受固定资产加速折旧和一次性扣除优惠政策的固定资产，按照税收一般规定计算的允许税前扣除的本年资产折旧额。

所有享受上述优惠的资产都须计算填报一般折旧额，包括税会处理不一致的资产。

4.第4列"享受加速折旧优惠计算的折旧金额"

填报纳税人按照财税〔2014〕75号、财税〔2015〕106号、财税〔2018〕54号、财政部 税务总局公告2019年第66号等相关文件规定享受固定资产加速折旧和一次性扣除优惠政策的固定资产，按照税收规定的加速折旧方法计算的本年资产折旧额。

5.第5列"纳税调减金额"

纳税人按照财税〔2014〕75号、财税〔2015〕106号、财税〔2018〕54号、财政部税务总局公告2019年第66号等相关文件规定享受固定资产加速折旧和一次性扣除优惠政策的固定资产，在列次填报时间口径规定的期间内，根据会计折旧金额与税收加速折旧金额填报：

当会计折旧金额小于等于税收折旧金额时，该项资产的"纳税调减金额"＝"享受加速折旧优惠计算的折旧金额"－"账载折旧金额"。

当会计折旧金额大于税收折旧金额时，该项资产"纳税调减金额"按0填报。

6.第6列"享受加速折旧优惠金额"：根据相关列次计算结果填报。本列＝第4-3列。

三、表内、表间关系

（一）表内关系

1.第1行＝第2+3行。

2.第5行＝第1+4行。

3.第6列＝第4-3列。

（二）表间关系

第5行第5列＝表A200000第7行。

A201030　　　　　　　　　　　减免所得税优惠明细表

行次	项　　目	本年累计金额
1	一、符合条件的小型微利企业减免企业所得税	
2	二、国家需要重点扶持的高新技术企业减按15%的税率征收企业所得税	
3	三、经济特区和上海浦东新区新设立的高新技术企业在区内取得的所得定期减免企业所得税	
4	四、受灾地区农村信用社免征企业所得税	*
5	五、动漫企业自主开发、生产动漫产品定期减免企业所得税	
6	六、线宽小于0.8微米（含）的集成电路生产企业减免企业所得税	
7	七、线宽小于0.25微米的集成电路生产企业减按15%的税率征收企业所得税	
8	八、投资额超过80亿元的集成电路生产企业减按15%的税率征收企业所得税	
9	九、线宽小于0.25微米的集成电路生产企业减免企业所得税	
10	十、投资额超过80亿元的集成电路生产企业减免企业所得税	
11	十一、线宽小于130纳米的集成电路生产企业减免企业所得税	
12	十二、线宽小于65纳米或投资额超过150亿元的集成电路生产企业减免企业所得税	
13	十三、新办集成电路设计企业减免企业所得税	
14	十四、国家规划布局内集成电路设计企业可减按10%的税率征收企业所得税	
15	十五、符合条件的软件企业减免企业所得税	
16	十六、国家规划布局内重点软件企业可减按10%的税率征收企业所得税	
17	十七、符合条件的集成电路封装、测试企业定期减免企业所得税	
18	十八、符合条件的集成电路关键专用材料生产企业、集成电路专用设备生产企业定期减免企业所得税	
19	十九、经营性文化事业单位转制为企业的免征企业所得税	
20	二十、符合条件的生产和装配伤残人员专门用品企业免征企业所得税	
21	二十一、技术先进型服务企业（服务外包类）减按15%的税率征收企业所得税	

续表

行次	项 目	本年累计金额
22	二十二、技术先进型服务企业（服务贸易类）减按15%的税率征收企业所得税	
23	二十三、设在西部地区的鼓励类产业企业减按15%的税率征收企业所得税	
24	二十四、新疆困难地区新办企业定期减免企业所得税	
25	二十五、新疆喀什、霍尔果斯特殊经济开发区新办企业定期免征企业所得税	
26	二十六、广东横琴、福建平潭、深圳前海等地区的鼓励类产业企业减按15%的税率征收企业所得税	
27	二十七、北京冬奥组委、北京冬奥会测试赛赛事组委会免征企业所得税	
28	二十八、其他（28.1+28.2）	
28.1	1.从事污染防治的第三方企业减按15%的税率征收企业所得税	
28.2	2.其他	
29	二十九、民族自治地方的自治机关对本民族自治地方的企业应缴纳的企业所得税中属于地方分享的部分减征或免征（ □免征　□减征:减征幅度＿＿＿% ）	
30	合计（1+2+3+4+5+6+…+29）	

A201030《减免所得税优惠明细表》填报说明：

本表为《中华人民共和国企业所得税月（季）度预缴纳税申报表（A类）》（A200000）附表，适用于享受减免所得税额优惠的实行查账征收企业所得税的居民企业纳税人填报。纳税人根据税收规定，填报本年发生的累计优惠情况。

一、有关项目填报说明

1.第1行"一、符合条件的小型微利企业减免企业所得税"：填报享受小型微利企业普惠性所得税减免政策减免企业所得税的金额。本行填报根据本期《中华人民共和国企业所得税月（季）度预缴纳税申报表（A类）》（A200000）第9行计算的减免企业所得税的本年累计金额。

2.第2行"二、国家需要重点扶持的高新技术企业减按15%的税率征收企业所得税"：填报享受国家重点扶持的高新技术企业优惠的本年累计减免税额。

3.第3行"三、经济特区和上海浦东新区新设立的高新技术企业在区内取得的所得定期减免企业所得税"：根据《国务院关于经济特区和上海浦东新区新设立高新技术企业实行过渡性税收优惠的通知》（国发〔2007〕40号）、《财政部 国家税务总局关于贯彻落实国务院关于实施企业所得税过渡优惠政策有关问题的通知》（财税〔2008〕21号）等规定，经济特区和上海浦东新区内，在2008年1月1日（含）之后完成登记注册的国家需要重点扶持的高新技术企业，在经济特区和上海浦东新区内取得的所得，自取得第一笔生产经营收入所属纳税年度起，第一年至第二年免征企业所得税，第三年至第五年按照25%法定税率减半征收企业所得税。本行填报免征、减征企业所得税的本年累计金额。

对于跨经济特区和上海浦东新区的高新技术企业，其区内所得优惠填写本行，区外所得优惠填报本表第2行。经济特区和上海浦东新区新设立的高新技术企业定期减免税期满后，只享受15%税率优惠的，填报本表第2行。

4.第4行"四、受灾地区农村信用社免征企业所得税"：填报受灾地区农村信用社免征企业所得税的金额。本行填报本期《中华人民共和国企业所得税月（季）度预缴纳税申报表（A类）》（A200000）第9行×25%的金额。

5.第5行"五、动漫企业自主开发、生产动漫产品定期减免企业所得税"：根据《财政部 国家税务总局关于扶持动漫产业发展有关税收政策问题的通知》（财税〔2009〕65号）等规定，经认定的动漫企业自主开发、生产动漫产品，享受软件企业所得税优惠政策。本行填报根据本期《中华人民共和国企业所得税月（季）度预缴纳税申报表（A类）》（A200000）第9行计算的免征、减征企业所得税的本年累计金额。

6.第6行"六、线宽小于0.8微米（含）的集成电路生产企业减免企业所得税"：根据《财政部 国家税务总局关于进一步鼓励软件产业和集成电路产业发展企业所得税政策的通知》（财税〔2012〕27号）、《财政部 国家税务总局 发展改革委 工业和信息化部关于软件和集成电路产业企业所得税优惠政策有关问题的通知》（财税〔2016〕49号）、《财政部 税务总局 国家发展改革委 工业和信息化部关于集成电路生产企业有关企业所得税政策问题的通知》（财税〔2018〕27号）等规定，2017年12月31日前设立的线宽小于0.8微米（含）的集成电路生产企业，自获利年度起计算优惠期，第一年至第二年免征企业所得税，第三年至第五年按照25%的法定税率减半征收企业所得税，并享受至期满为止。本行填报根据本期《中华人民共和国企业所得税月（季）度预缴纳税申报表（A类）》（A200000）第9行计算的免征、减征企业所得税的本年累计金额。

7.第7行"七、线宽小于0.25微米的集成电路生产企业减按15%的税率征收企业所得税"：根据《财政部 国家税务总局关于进一步鼓励软件产业和集成电路产业发展企业所得税政策的通知》（财税〔2012〕27号）、《财政部 国家税务总局 发展改革委 工业和信息化部关于软件和集成电路产业企业所得税优惠政策有关问题的通知》（财税〔2016〕49号）等规定，线宽小于0.25微米的集成电路生产企业，享受15%税率。本行填报本期《中华人民共和国企业所得税月（季）度预缴纳税申报表（A类）》（A200000）第9行×10%的金额。

8.第8行"八、投资额超过80亿元的集成电路生产企业减按15%的税率征收企业所得税"：根据《财政部 国家税务总局关于进一步鼓励软件产业和集成电路产业发展企业所得税政策的通知》（财税〔2012〕27号）、《财政部 国家税务总局 发展改革委 工业和信息化部关于软件和集成电路产业企业所得税优惠政策有关问题的通知》（财税〔2016〕49号）等规定，投资额超过80亿元的集成电路生产企业，享受15%税率。本行填报本期《中华人民共和国企业所得税月（季）度预缴纳税申报表（A类）》（A200000）第9行×10%的金额。

9.第9行"九、线宽小于0.25微米的集成电路生产企业减免企业所得税"：根据《财政部 国家税务总局关于进一步鼓励软件产业和集成电路产业发展企业所得税政策的通知》（财税〔2012〕27号）、《财政部 国家税务总局 发展改革委 工业和信息化部关于软件和集成电路产业企业所得税优惠政策有关问题的通知》（财税〔2016〕49号）、《财政部 税务总局 国家发展改革委 工业和信息化部关于集成电路生产企业有关企业所得税政策问题的通知》（财税〔2018〕27号）等规定，2017年12月31日前设立的线宽小于0.25微米的集成电路生产企业，经营期在15年以上的，自获利年度起计算优惠期，第一年至第五年免征企业所得税，第六年至第十年按照25%的法定税率减半征收企业所得税，并享受至期满为止。本行填报根据本期《中华人民共和国企业所得税月（季）度预缴纳税申报表（A类）》（A200000）第9行计算的免征、减征企业所得税的本年累计金额。

10.第10行："十、投资额超过80亿元的集成电路生产企业减免企业所得税"：根据《财政部 国家税务总局关于进一步鼓励软件产业和集成电路产业发展企业所得税政策的通知》（财税〔2012〕27号）、《财政部 国家税务总局 发展改革委 工业和信息化部关于软件和集成电路产业企业所得税优惠政策有关问题的通知》（财税〔2016〕49号）、《财政部 税务总局 国家发展改革委 工业和信息化部关于集成电路生产企业有关企业所得税政策问题的通知》（财税〔2018〕27号）等规定，2017年12月31日前设立的投资额超过80亿元的集成电路生产企业，经营期在15年以上的，自获利年度起计算优惠期，第一年至第五年免征企业所得税，第六年至第十年按照25%的法定税率减半征收企业所得税，并享受至期满为止。本行填报根据本期《中华人民共和国企业所得税月（季）度预缴纳税申报表（A类）》（A200000）第9行计算的免征、减征企业所得税的本年累计金额。

11.第11行"十一、线宽小于130纳米的集成电路生产企业减免企业所得税"：根据《财政部 国家税务总局 发展改革委 工业和信息化部关于软件和集成电路产业企业所得税优惠政策有关问题的通知》（财税〔2016〕49号）、《财政部 税务总局 国家发展改革委 工业和信息化部关于集成电路生产企业有关企业所得税政策问题的通知》（财税〔2018〕27号）等规定，2018年1月1日后投资新设的集成电路线宽小于130纳米，且经营期在10年以上的集成电路生产企业，自获利年度起第一年至第二年免征企业所得税，第三年至第五年按照25%的法定税率减半征收企业所得税，并享受至期满为止。本行填报根据本期《中华人民共和国企业所得税月（季）度预缴纳税申报表（A类）》（A200000）第9行计算的免征、减征企业所得税的本年累计金额。

12.第12行"十二、线宽小于65纳米或投资额超过150亿元的集成电路生产企业减免企业所得税"：根据《财政部 国家税务总局 发展改革委 工业和信息化部关于软件和集成电路产业企业所得税优惠政策有关问题的通知》（财税〔2016〕49号）、《财政部 税务总局 国家发展改革委 工业和信息化部关于集成电路生产企业有关企业所得税政策问题的通知》（财税〔2018〕27号）等规定，2018年1月1日后投资新设的集成电路线宽小于65纳米或投资额超过150亿元，且经营期在15年以上的集成电路生产企业，自获利年度起第一年至第五年免征企业所得税，第六年至第十年按照25%的法定税率减半征收企业所得税，并享受至期满为止。本行填报根据本期《中华人民共和国企业所得税月（季）度预缴纳税申报表（A类）》（A200000）第9行计算的免征、减征企业所得税的本年累计金额。

13.第13行"十三、新办集成电路设计企业减免企业所得税"：根据《财政部 国家税务总局关于进一步鼓励软件产业和集成电路产业发展企业所得税政策的通知》（财税〔2012〕27号）、《财政部 国家税务总局 发展改革委 工业和信息化部关于软件和集成电路产业企业所得税优惠政策有关问题的通知》（财税〔2016〕49号）、《财政部 税务总局关于集成电路设计和软件产业企业所得税政策的公告》（财政部 税务总局公告2019年第68号）

等规定，我国境内新办的集成电路设计企业，自获利年度起计算优惠期，第一年至第二年免征企业所得税，第三年至第五年按照25%的法定税率减半征收企业所得税，并享受至期满为止。本行填报根据本期《中华人民共和国企业所得税月（季）度预缴纳税申报表（A类）》（A200000）第9行计算的免征、减征企业所得税的本年累计金额。

14.第14行"十四、国家规划布局内集成电路设计企业可减按10%的税率征收企业所得税"：根据《财政部 国家税务总局关于进一步鼓励软件产业和集成电路产业发展企业所得税政策的通知》（财税〔2012〕27号）、《财政部 国家税务总局 发展改革委 工业和信息化部关于软件和集成电路产业企业所得税优惠政策有关问题的通知》（财税〔2016〕49号）等规定，国家规划布局内的集成电路设计企业，如当年未享受免税优惠的，可减按10%税率征收企业所得税。本行填报本期《中华人民共和国企业所得税月（季）度预缴纳税申报表（A类）》（A200000）第9行×15%的金额。

15.第15行"十五、符合条件的软件企业减免企业所得税"：根据《财政部 国家税务总局关于进一步鼓励软件产业和集成电路产业发展企业所得税政策的通知》（财税〔2012〕27号）、《财政部 国家税务总局 发展改革委 工业和信息化部关于软件和集成电路产业企业所得税优惠政策有关问题的通知》（财税〔2016〕49号）、《财政部 税务总局关于集成电路设计和软件产业企业所得税政策的公告》（财政部 税务总局公告2019年第68号）等规定，我国境内新办的符合条件的软件企业，自获利年度起计算优惠期，第一年至第二年免征企业所得税，第三年至第五年按照25%的法定税率减半征收企业所得税，并享受至期满为止。本行填报根据本期《中华人民共和国企业所得税月（季）度预缴纳税申报表（A类）》（A200000）第9行计算的免征、减征企业所得税的本年累计金额。

16.第16行"十六、国家规划布局内重点软件企业可减按10%的税率征收企业所得税"：根据《财政部 国家税务总局关于进一步鼓励软件产业和集成电路产业发展企业所得税政策的通知》（财税〔2012〕27号）、《财政部 国家税务总局 发展改革委 工业和信息化部关于软件和集成电路产业企业所得税优惠政策有关问题的通知》（财税〔2016〕49号）等规定，国家规划布局内的重点软件企业，如当年未享受免税优惠的，可减按10%税率征收企业所得税。本行填报本期《中华人民共和国企业所得税月（季）度预缴纳税申报表（A类）》（A200000）第9行×15%的金额。

17.第17行"十七、符合条件的集成电路封装、测试企业定期减免企业所得税"：根据《财政部 国家税务总局 发展改革委 工业和信息化部关于进一步鼓励集成电路产业发展企业所得税政策的通知》（财税〔2015〕6号）规定，符合条件的集成电路封装、测试企业，在2017年（含2017年）前实现获利的，自获利年度起第一年至第二年免征企业所得税，第三年至第五年按照25%的法定税率减半征收企业所得税，并享受至期满为止；2017年前未实现获利的，自2017年起计算优惠期，享受至期满为止。本行填报根据本期《中华人民共和国企业所得税月（季）度预缴纳税申报表（A类）》（A200000）第9行计算的免征、减征企业所得税的本年累计金额。

18.第18行"十八、符合条件的集成电路关键专用材料生产企业、集成电路专用设备生产企业定期减免企业所得税"：根据《财政部 国家税务总局 发展改革委 工业和信息化部关于进一步鼓励集成电路产业发展企业所得税政策的通知》（财税〔2015〕6号）规定，符合条件的集成电路关键专用材料生产企业、集成电路专用设备生产企业，在2017年（含2017年）前实现获利的，自获利年度起第一年至第二年免征企业所得税，第三年至第五年按照25%的法定税率减半征收企业所得税，并享受至期满为止；2017年前未实现获利的，自2017年起计算优惠期，享受至期满为止。本行填报根据本期《中华人民共和国企业所得税月（季）度预缴纳税申报表（A类）》（A200000）第9行计算的免征、减征企业所得税的本年累计金额。

19.第19行"十九、经营性文化事业单位转制为企业的免征企业所得税"：根据《财政部 税务总局 中央宣传部关于继续实施文化体制改革中经营性文化事业单位转制为企业若干税收政策的通知》（财税〔2019〕16号）等规定，从事新闻出版、广播影视和文化艺术的经营性文化事业单位转制为企业的，自转制注册之日起五年内免征企业所得税。2018年12月31日之前已完成转制的企业，自2019年1月1日起可继续免征五年企业所得税。本行填报本期《中华人民共和国企业所得税月（季）度预缴纳税申报表（A类）》（A200000）第9行×25%的金额。

20.第20行"二十、符合条件的生产和装配伤残人员专门用品企业免征企业所得税"：根据《财政部 国家税务总局 民政部关于生产和装配伤残人员专门用品企业免征企业所得税的通知》（财税〔2016〕111号）等规定，符合条件的生产和装配伤残人员专门用品的企业免征企业所得税。本行填报本期《中华人民共和国企业所得税月（季）度预缴纳税申报表（A类）》（A200000）第9行×25%的金额。

21.第21行"二十一、技术先进型服务企业（服务外包类）减按15%的税率征收企业所得税"：根据《财政部 国家税务总局 商务部 科技部 国家发展改革委关于完善技术先进型服务企业有关企业所得税政策问题的通知》（财税〔2014〕59号）、《财政部 国家税务总局 商务部 科技部 国家发展改革委关于新增中国服务外包示范城市适用技术先进型服务企业所得税政策的通知》（财税〔2016〕108号）、《财政部 税务总局 商务部 科技部 国家发展改革委关于将技术先进型服务企业所得税政策推广至全国实施的通知》（财税〔2017〕79号）等规定，对经认定的技术先进型服务企业，减按15%的税率征收企业所得税。本行填报本期《中华人民共和国企业所得税月（季）度预缴纳税申报表（A类）》（A200000）第9行×10%的金额。

22.第22行"二十二、技术先进型服务企业（服务贸易类）减按15%的税率征收企业所得税"：根据《财政部 税务总局 商务部 科技部 国家发展改革委关于将服务贸易创新发展试点地区技术先进型服务企业所得税政策推广至全国实施的通知》（财税〔2018〕44号）等规定，经认定的技术先进型服务企业（服务贸易类）减按15%的税率征收企业所得税。本行填报本期《中华人民共和国企业所得税月（季）度预缴纳税申报表（A类）》（A200000）第9行×10%的金额。

23.第23行"二十三、设在西部地区的鼓励类产业企业减按15%的税率征收企业所得税"：根据《财政部 海关总署 国家税务总局关于深入实施西部大开发战略有关税收政策问题的通知》（财税〔2011〕58号）、《国家税务总局关于深入实施西部大开发战略有关企业所得税问题的公告》（国家税务总局公告2012年第12号）、《财政部 海关总署 国家税务总局关于赣州市执行西部大开发税收政策问题的通知》（财税〔2013〕4号）、《西部地区鼓励类产业目录》（中华人民共和国国家发展和改革委员会令第 15 号）、《国家税务总局关于执行〈西部地区鼓励类产业目录〉有关企业所得税问题的公告》（国家税务总局公告 2015 年第 14 号）等规定，对设在西部地区的鼓励类产业企业减按 15% 的税率征收企业所得税；对设在赣州市的鼓励类产业的内资和外商投资企业减按 15% 税率征收企业所得税。本行填报根据本期《中华人民共和国企业所得税月（季）度预缴纳税申报表（A 类）》（A200000）第 9 行计算的减征企业所得税的本年累计金额。

跨地区经营汇总纳税企业总机构和分支机构因享受该项优惠政策适用不同税率的，本行填报按照《国家税务总局关于印发〈跨地区经营汇总纳税企业所得税征收管理办法〉的公告》（国家税务总局公告 2012 年第 57 号）第十八条规定计算的减免税额。

24.第 24 行"二十四、新疆困难地区新办企业定期减免企业所得税"：根据《财政部 国家税务总局关于新疆困难地区新办企业所得税优惠政策的通知》（财税〔2011〕53 号）、《财政部 国家税务总局 国家发展改革委 工业和信息化部关于完善新疆困难地区重点鼓励发展产业企业所得税优惠目录的通知》（财税〔2016〕85 号）等规定，对在新疆困难地区新办的属于《新疆困难地区重点鼓励发展产业企业所得税优惠目录》范围内的企业，自取得第一笔生产经营收入所属纳税年度起，第一年至第二年免征企业所得税，第三年至第五年减半征收企业所得税。本行填报根据本期《中华人民共和国企业所得税月（季）度预缴纳税申报表（A 类）》（A200000）第 9 行计算的免征、减征企业所得税的本年累计金额。

25.第 25 行"二十五、新疆喀什、霍尔果斯特殊经济开发区新办企业定期免征企业所得税"：根据《财政部 国家税务总局关于新疆喀什霍尔果斯两个特殊经济开发区企业所得税优惠政策的通知》（财税〔2011〕112 号）、《财政部 国家税务总局 国家发展改革委 工业和信息化部关于完善新疆困难地区重点鼓励发展产业企业所得税优惠目录的通知》（财税〔2016〕85 号）等规定，对在新疆喀什、霍尔果斯两个特殊经济开发区内新办的属于《新疆困难地区重点鼓励发展产业企业所得税优惠目录》范围内的企业，自取得第一笔生产经营收入所属纳税年度起，五年内免征企业所得税。本行填报根据本期《中华人民共和国企业所得税月（季）度预缴纳税申报表（A 类）》（A200000）第 9 行计算的免征企业所得税的本年累计金额。

26.第 26 行"二十六、广东横琴、福建平潭、深圳前海等地区的鼓励类产业企业减按 15% 的税率征收企业所得税"：根据《财政部 国家税务总局关于广东横琴新区 福建平潭综合实验区 深圳前海深港现代化服务业合作区企业所得税优惠政策及优惠目录的通知》（财税〔2014〕26 号）、《财政部 税务总局关于平潭综合实验区企业所得税优惠目录增列有关旅游产业项目的通知》（财税〔2017〕75 号）等规定，对设在广东横琴新区、福建平潭综合实验区和深圳前海深港现代服务业合作区的鼓励类产业企业减按 15% 的税率征收企业所得税。本行填报根据本期《中华人民共和国企业所得税月（季）度预缴纳税申报表（A 类）》（A200000）第 9 行计算的减征企业所得税的本年累计金额。

27.第 27 行"二十七、北京冬奥组委、北京冬奥会测试赛赛事组委会免征企业所得税"：根据《财政部 税务总局 海关总署关于北京 2022 年冬奥会和冬残奥会税收政策的通知》（财税〔2017〕60 号）等规定，为支持发展奥林匹克运动，确保北京 2022 年冬奥会和冬残奥会顺利举办，对北京冬奥组委免征应缴纳的企业所得税，北京冬奥会测试赛赛事组委会取得的收入及发生的涉税支出比照执行北京冬奥组委的税收政策。本行填报本期《中华人民共和国企业所得税月（季）度预缴纳税申报表（A类）》（A200000）第9行×25%的金额。

28.第28行"二十八、其他"：根据相关行次计算结果填报。本行 = 第28.1+28.2行。

29.第28.1行"1.从事污染防治的第三方企业减按15%的税率征收企业所得税"：根据《财政部 税务总局 国家发展改革委 生态环境部关于从事污染防治的第三方企业所得税政策问题的公告》（财政部 税务总局 国家发展改革委 生态环境部公告2019年第60号）规定，对符合条件的从事污染防治的第三方企业减按15%的税率征收企业所得税。本行填报本期《中华人民共和国企业所得税月（季）度预缴纳税申报表（A类）》（A200000）第9行×10%的金额。

30.第28.2行"2.其他"：填报纳税人享受的本表未列明的减免企业所得税优惠的优惠事项名称、减免税代码及免征、减征企业所得税的本年累计金额。

31.第29行"二十九、民族自治地方的自治机关对本民族自治地方的企业应缴纳的企业所得税中属于地方分享的部分减征或免征（免征 减征:减征幅度＿＿%）"：根据《中华人民共和国企业所得税法》、《中华人民共和国民族区域自治法》、《财政部 国家税务总局关于贯彻落实国务院关于实施企业所得税过渡优惠政策有关问题的通知》（财税〔2008〕21号）等规定，实行民族区域自治的自治区、自治州、自治县的自治机关对本民族自治地方的企业应缴纳的企业所得税中属于地方分享的部分，可以决定免征或减征，自治州、自治县决定减征或者免征的，须报省、自治区、直辖市人民政府批准。

纳税人填报该行次时，根据享受政策的类型选择"免征"或"减征"，二者必选其一。选择"免征"是指免征企业所得税税收地方分享部分；选择"减征:减征幅度＿＿%"是指减征企业所得税税收地方分享部分。此时需填写"减征幅度"，减征幅度填写范围为1至100，表示企业所得税税收地方分享部分的减征比例。例如：地方分享部分减半征收，则选择"减征"，并在"减征幅度"后填写"50%"。

享受"免征"优惠的纳税人，本行 = ［《中华人民共和国企业所得税月（季）度预缴纳税申报表（A类）》（A200000）第11行"应纳所得税额"-本表第1行至第28行合计金额］×40%；享受"减征"优惠的纳税人，本行 = ［《中华人民共和国企业所得税月（季）度预缴纳税申报表（A类）》（A200000）第11行"应纳所得税额"-本表第1行至第28行合计金额］×40%×减征幅度。

32.第30行"合计"：根据相关行次计算结果填报。本行 = 第1+2+3+4+5+…+28+29行。

二、表内、表间关系

（一）表内关系

1.第28行 = 第28.1+28.2行。

2.第30行 = 第1+2+3+4+5+6+…+28+29行。

（二）表间关系

第30行 = 表A200000第12行。

3.7.4 企业所得税年度纳税申报表（A类）

中华人民共和国企业所得税年度纳税申报表封面

（A类，2017年版）

税款所属期间： 年 月 日至 年 月 日

       纳税人识别号

（统一社会信用代码）： □□□□□□□□□□□□□□□□□□

纳税人名称：

金额单位：人民币元（列至角分）

谨声明：本纳税申报表是根据国家税收法律法规及相关规定填报的，是真实的、可靠的、完整的。

纳税人（签章）：

年 月 日

经办人： 经办人身份证号： 代理机构签章：	受理人： 受理税务机关（章）： 受理日期： 年 月 日

国家税务总局监制

《中华人民共和国企业所得税年度纳税申报表（A类，2017年版）》封面填报说明：

    《中华人民共和国企业所得税年度纳税申报表（A类，2017年版）》（以下简称"申报表"）适用于实行查账征收企业所得税的居民企业纳税人（以下简称"纳税人"）填报。有关项目填报说明如下：

    1."税款所属期间"：正常经营的纳税人，填报公历当年1月1日至12月31日；纳税人年度中间开业的，填报实际生产经营之日至当年12月31日；纳税人年度中间发生合并、分立、破产、停业等情况的，填报公历当年1月1日至实际停业或法院裁定并宣告破产之日；纳税人年度中间开业且年度中间又发生合并、分立、破产、停业等情况的，填报实际生产经营之日至实际停业或法院裁定并宣告破产之日。

    2."纳税人识别号（统一社会信用代码）"：填报有关部门核发的统一社会信用代码。未取得统一社会信用代码的，填报税务机关核发的纳税人识别号。

    3."纳税人名称"：填报营业执照、税务登记证等证件载明的纳税人名称。

    4."填报日期"：填报纳税人申报当日日期。

    5.纳税人聘请机构代理申报的，加盖代理机构公章。

企业所得税年度纳税申报表填报表

表单编号	表单名称	是否填报
A000000	企业所得税年度纳税申报基础信息表	√
A100000	中华人民共和国企业所得税年度纳税申报表（A类）	√
A101010	一般企业收入明细表	□
A101020	金融企业收入明细表	□
A102010	一般企业成本支出明细表	□
A102020	金融企业支出明细表	□
A103000	事业单位、民间非营利组织收入、支出明细表	□
A104000	期间费用明细表	□
A105000	纳税调整项目明细表	□
A105010	视同销售和房地产开发企业特定业务纳税调整明细表	□
A105020	未按权责发生制确认收入纳税调整明细表	□
A105030	投资收益纳税调整明细表	□
A105040	专项用途财政性资金纳税调整明细表	□
A105050	职工薪酬支出及纳税调整明细表	□
A105060	广告费和业务宣传费跨年度纳税调整明细表	□
A105070	捐赠支出及纳税调整明细表	□
A105080	资产折旧、摊销及纳税调整明细表	□
A105090	资产损失税前扣除及纳税调整明细表	□
A105100	企业重组及递延纳税事项纳税调整明细表	□
A105110	政策性搬迁纳税调整明细表	□
A105120	特殊行业准备金及纳税调整明细表	□
A106000	企业所得税弥补亏损明细表	□
A107010	免税、减计收入及加计扣除优惠明细表	□
A107011	符合条件的居民企业之间的股息、红利等权益性投资收益优惠明细表	□
A107012	研发费用加计扣除优惠明细表	□
A107020	所得减免优惠明细表	□
A107030	抵扣应纳税所得额明细表	□
A107040	减免所得税优惠明细表	□
A107041	高新技术企业优惠情况及明细表	□
A107042	软件、集成电路企业优惠情况及明细表	□
A107050	税额抵免优惠明细表	□
A108000	境外所得税收抵免明细表	□
A108010	境外所得纳税调整后所得明细表	□
A108020	境外分支机构弥补亏损明细表	□
A108030	跨年度结转抵免境外所得税明细表	□
A109000	跨地区经营汇总纳税企业年度分摊企业所得税明细表	□
A109010	企业所得税汇总纳税分支机构所得税分配表	□
说明：企业应当根据实际情况选择需要填报的表单。		

《企业所得税年度纳税申报表填报表》填报说明：

本表列示申报表全部表单名称及编号。纳税人在填报申报表之前，请仔细阅读这些表单的填报信息，并根据企业的涉税业务，选择"是否填报"。选择"填报"的，在"□"内打"√"，并完成该表单内容的填报。未选择"填报"的表单，无需向税务机关报送。各表单有关情况如下：

1.《企业所得税年度纳税申报基础信息表》（A000000）

本表为必填表，填报内容包括基本经营情况、有关涉税事项情况、主要股东及分红情况三部分。纳税人填报申报表时，首先填报此表，为后续申报提供指引。

2.《中华人民共和国企业所得税年度纳税申报表（A类）》（A100000）

本表为必填表，是纳税人计算申报缴纳企业所得税的主表。

3.《一般企业收入明细表》（A101010）

本表适用于除金融企业、事业单位和民间非营利组织外的纳税人填报，反映一般企业按照国家统一会计制度规定取得收入情况。

4.《金融企业收入明细表》（A101020）

本表仅适用于金融企业（包括银行、信用社、保险公司、证券公司等金融企业）填报，反映金融企业按照企业会计准则规定取得收入情况。

5.《一般企业成本支出明细表》（A102010）

本表适用于除金融企业、事业单位和民间非营利组织外的纳税人填报，反映一般企业按照国家统一会计制度规定发生成本支出情况。

6.《金融企业支出明细表》（A102020）

本表仅适用于金融企业（包括银行、信用社、保险公司、证券公司等金融企业）填报，反映金融企业按照企业会计准则规定发生支出情况。

7.《事业单位、民间非营利组织收入、支出明细表》（A103000）

本表适用于事业单位和民间非营利组织填报，反映事业单位、社会团体、民办非企业单位、非营利组织等按照有关会计制度规定取得收入，发生支出、费用情况。

8.《期间费用明细表》（A104000）

本表适用于除事业单位和民间非营利组织外的纳税人填报，反映纳税人根据国家统一会计制度发生的期间费用明细情况。

9.《纳税调整项目明细表》（A105000）

本表反映纳税人财务、会计处理办法（以下简称"会计处理"）与税收法律、行政法规的规定（以下简称"税收规定"）不一致，需要进行纳税调整的项目和金额情况。

10.《视同销售和房地产开发企业特定业务纳税调整明细表》（A105010）

本表反映纳税人发生视同销售行为、房地产开发企业销售未完工产品、未完工产品转完工产品，会计处理与税收规定不一致，需要进行纳税调整的项目和金额情况。

11.《未按权责发生制确认收入纳税调整明细表》（A105020）

本表反映纳税人会计处理按照权责发生制确认收入，而税收规定不按照权责发生制确认收入，需要进行纳税调整的项目和金额情况。

12.《投资收益纳税调整明细表》（A105030）

本表反映纳税人发生投资收益，由于会计处理与税收规定不一致，需要进行纳税调整的项目和金额情况。

13.《专项用途财政性资金纳税调整明细表》（A105040）

本表反映纳税人取得符合不征税收入条件的专项用途财政性资金，由于会计处理与税收规定不一致，需要进行纳税调整的金额情况。

14.《职工薪酬支出及纳税调整明细表》（A105050）

本表反映纳税人发生的职工薪酬（包括工资薪金、职工福利费、职工教育经费、工会经费、各类基本社会保障性缴款、住房公积金、补充养老保险、补充医疗保险等支出）情况，以及由于会计处理与税收规定不一致，需要进行纳税调整的项目和金额情况。纳税人只要发生职工薪酬支出，均需填报本表。

15.《广告费和业务宣传费跨年度纳税调整明细表》（A105060）

本表反映纳税人发生的广告费和业务宣传费支出，会计处理与税收规定不一致，需要进行纳税调整的金额情况。纳税人发生以前年度广告费和业务宣传费未扣除完毕的，应填报以前年度累计结转情况。

16.《捐赠支出及纳税调整明细表》（A105070）

本表反映纳税人发生捐赠支出的情况，以及由于会计处理与税收规定不一致，需要进行纳税调整的项目和金额情况。纳税人发生以前年度捐赠支出未扣除完毕的，应填报以前年度累计结转情况。

17.《资产折旧、摊销及纳税调整明细表》（A105080）

本表反映纳税人资产折旧、摊销情况，以及由于会计处理与税收规定不一致，需要进行纳税调整的项目和金额情况。纳税人只要发生资产折旧、摊销，均需填报本表。

18.《资产损失税前扣除及纳税调整明细表》（A105090）

本表反映纳税人发生的资产损失的项目及金额情况，以及由于会计处理与税收规定不一致，需要进行纳税调整的项目和金额情况。

19.《企业重组及递延纳税事项纳税调整明细表》（A105100）

本表反映纳税人发生企业重组、非货币性资产对外投资、技术入股等业务所涉及的所得或损失情况，以及由于会计处理与税收规定不一致，需要进行纳税调整的项目和金额情况。

20.《政策性搬迁纳税调整明细表》（A105110）

本表反映纳税人发生政策性搬迁所涉及的所得或损失，由于会计处理与税收规定不一致，需要进行纳税调整的项目和金额情况。

21.《特殊行业准备金及纳税调整明细表》（A105120）

本表适用于保险、证券、期货、金融、担保、小额贷款公司等特殊行业纳税人填报，反映发生特殊行业准备金情况，以及由于会计处理与税收规定不一致，需要进行纳税调整的项目和金额情况。

22.《企业所得税弥补亏损明细表》（A106000）

本表反映纳税人以前年度发生的亏损需要在本年度结转弥补的金额，本年度可弥补的金额以及可继续结转以后年度弥补的亏损额情况。

23.《免税、减计收入及加计扣除优惠明细表》（A107010）

本表反映纳税人本年度所享受免税收入、减计收入、加计扣除等优惠政策的项目和金额情况。

24.《符合条件的居民企业之间的股息、红利等权益性投资收益优惠明细表》（A107011）

本表反映纳税人本年度享受居民企业之间的股息、红利等权益性投资收益免税优惠政策的项目和金额情况。

25.《研发费用加计扣除优惠明细表》（A107012）

本表反映纳税人享受研发费用加计扣除优惠政策情况。纳税人以前年度有销售研发活动直接形成产品（包括组成部分）对应材料部分未扣减完毕的，应填报以前年度未扣减情况。

26.《所得减免优惠明细表》（A107020）

本表反映纳税人本年度享受减免所得额优惠政策（包括农、林、牧、渔项目和国家重点扶持的公共基础设施项目、环境保护、节能节水项目、集成电路生产项目以及符合条件的技术转让项目等）项目和金额情况。

27.《抵扣应纳税所得额明细表》（A107030）

本表反映纳税人本年度享受创业投资企业抵扣应纳税所得额优惠政策的项目和金额情况。纳税人有以前年度结转的尚未抵扣的股权投资余额的，应填报以前年度累计结转情况。

28.《减免所得税优惠明细表》（A107040）

本表反映纳税人本年度享受减免所得税优惠政策（包括小型微利企业、高新技术企业、民族自治地方企业、其他专项优惠等）的项目和金额情况。

29.《高新技术企业优惠情况及明细表》（A107041）

本表反映高新技术企业基本情况和享受优惠政策的有关情况。高新技术企业资格证书在有效期内的纳税人需要填报本表。

30.《软件、集成电路企业优惠情况及明细表》（A107042）

本表反映纳税人本年度享受软件、集成电路企业优惠政策的有关情况。

31.《税额抵免优惠明细表》（A107050）

本表反映纳税人享受购买专用设备投资额抵免税额优惠政策的项目和金额情况。纳税人有以前年度结转的尚未抵免的专用设备投资额的，应填报以前年度已抵免情况。

32.《境外所得税收抵免明细表》（A108000）

本表反映纳税人本年度来源于或发生于其他国家、地区的境外所得，按照我国税收规定计算应缴纳和应抵免的企业所得税额情况。

33.《境外所得纳税调整后所得明细表》（A108010）

本表反映纳税人本年度来源于或发生于其他国家、地区的境外所得，按照我国税收规定计算调整后的所得情况。

34.《境外分支机构弥补亏损明细表》（A108020）

本表反映纳税人境外分支机构本年度及以前年度发生的税前尚未弥补的非实际亏损额

和实际亏损额、结转以后年度弥补的非实际亏损额和实际亏损额情况。

35.《跨年度结转抵免境外所得税明细表》（A108030）

本表反映纳税人本年度来源于或发生于其他国家或地区的境外所得按照我国税收规定可以抵免的所得税额情况。

36.《跨地区经营汇总纳税企业年度分摊企业所得税明细表》（A109000）

本表适用于跨地区经营汇总纳税企业的总机构填报，反映按照规定计算的总机构、分支机构本年度应缴的企业所得税情况，以及总机构、分支机构应分摊的企业所得税情况。

37.《企业所得税汇总纳税分支机构所得税分配表》（A109010）

本表适用于跨地区经营汇总纳税企业的总机构填报，反映总机构本年度实际应纳所得税额以及所属分支机构本年度应分摊的所得税额情况。

A000000　　　　　　　　　　**企业所得税年度纳税申报基础信息表**

基本经营情况（必填项目）			
101纳税申报企业类型（填写代码）		102分支机构就地纳税比例（%）	
103资产总额（填写平均值，单位：万元）		104从业人数（填写平均值，单位：人）	
105所属国民经济行业（填写代码）		106从事国家限制或禁止行业	□是□否
107适用会计准则或会计制度（填写代码）		108采用一般企业财务报表格式（2018年版）	□是□否
109小型微利企业	□是□否	110上市公司	是（□境内□境外）□否
有关涉税事项情况（存在或者发生下列事项时必填）			
201从事股权投资业务	□是	202存在境外关联交易	□是
203选择采用的境外所得抵免方式	□分国（地区）不分项　□不分国（地区）不分项		
204有限合伙制创业投资企业的法人合伙人	□是	205创业投资企业	□是
206技术先进型服务企业类型（填写代码）		207非营利组织	□是
208软件、集成电路企业类型（填写代码）		209集成电路生产项目类型	□130纳米 □65纳米
210科技型中小企业	210-1__年（申报所属期年度）入库编号1		210-2入库时间1
	210-3__年（所属期下一年度）入库编号2		210-4入库时间2
211高新技术企业申报所属期年度有效的高新技术企业证书	211-1证书编号1		211-2发证时间1
	211-3证书编号2		211-4发证时间2
212重组事项税务处理方式	□一般性□特殊性	213重组交易类型（填写代码）	
214重组当事方类型（填写代码）		215政策性搬迁开始时间	__年__月
216发生政策性搬迁且停止生产经营无所得年度	□是	217政策性搬迁损失分期扣除年度	□是
218发生非货币性资产对外投资递延纳税事项	□是	219非货币性资产对外投资转让所得递延纳税年度	□是

220发生技术成果投资入股递延纳税事项	□是	221技术成果投资入股递延纳税年度	□是
222发生资产（股权）划转特殊性税务处理事项	□是	223债务重组所得递延纳税年度	□是

主要股东及分红情况（必填项目）

股东名称	证件种类	证件号码	投资比例（%）	当年（决议日）分配的股息、红利等权益性投资收益金额	国籍（注册地址）
其余股东合计	—	—			—

A000000《企业所得税年度纳税申报基础信息表》填报说明：

纳税人在企业所得税年度纳税申报时应当向税务机关申报或者报告与确定应纳税额相关的信息。本表包括基本经营情况、有关涉税事项情况、主要股东及分红情况三部分内容。有关项目填报说明如下：

一、基本经营情况

本部分所列项目为纳税人必填（必选）内容。

1. "101纳税申报企业类型"：纳税人根据申报所属期年度的企业经营方式情况，从《跨地区经营企业类型代码表》中选择相应的代码填入本项。

跨地区经营企业类型代码表

代码	类型		
	大类	中类	小类
100	非跨地区经营企业		
210	跨地区经营企业总机构	总机构（跨省）——适用《跨地区经营汇总纳税企业所得税征收管理办法》	
220		总机构（跨省）——不适用《跨地区经营汇总纳税企业所得税征收管理办法》	
230		总机构（省内）	
311	跨地区经营企业分支机构	需进行完整年度纳税申报	分支机构（须进行完整年度申报并按比例纳税）
312			分支机构（须进行完整年度申报但不就地缴纳）

代码说明：

　　"非跨地区经营企业"：纳税人未跨地区设立不具有法人资格分支机构的，为非跨地区经营企业。

　　"总机构（跨省）——适用《跨地区经营汇总纳税企业所得税征收管理办法》"：纳税人为《国家税务总局关于印发〈跨地区经营汇总纳税企业所得税征收管理办法〉的公告》（国家税务总局公告 2012 年第 57 号发布、国家税务总局公告 2018 年第 31 号修改）规定的跨省、自治区、直辖市和计划单列市设立不具有法人资格分支机构的跨地区经营汇总纳税企业的总机构。

　　"总机构（跨省）——不适用《跨地区经营汇总纳税企业所得税征收管理办法》"：纳税人为《国家税务总局关于印发〈跨地区经营汇总纳税企业所得税征收管理办法〉的公告》（国家税务总局公告 2012 年第 57 号发布、国家税务总局公告 2018 年第 31 号修改）第二条规定的不适用该公告的跨地区经营汇总纳税企业的总机构。

　　"总机构（省内）"：纳税人为仅在同一省、自治区、直辖市和计划单列市内设立不具有法人资格分支机构的跨地区经营汇总纳税企业的总机构。

　　"分支机构（须进行完整年度申报并按比例纳税）"：纳税人为根据相关政策规定须进行完整年度申报并按比例就地缴纳企业所得税的跨地区经营企业的分支机构。

　　"分支机构（须进行完整年度申报但不就地缴纳）"：纳税人为根据相关政策规定须进行完整年度申报但不就地缴纳所得税的跨地区经营企业的分支机构。

　　2. "102 分支机构就地纳税比例"："101 纳税申报企业类型"为"分支机构（须进行完整年度申报并按比例纳税）"需要同时填报本项。分支机构填报年度纳税申报时应当就地缴纳企业所得税的比例。

　　3. "103 资产总额"：纳税人填报资产总额的全年季度平均值，单位为万元，保留小数点后 2 位。具体计算公式如下：

　　季度平均值=（季初值+季末值）÷2

　　全年季度平均值=全年各季度平均值之和÷4

　　年度中间开业或者终止经营活动的，以其实际经营期作为一个纳税年度确定上述相关指标。

　　4. "104 从业人数"：纳税人填报从业人数的全年季度平均值，单位为人。从业人数是指与企业建立劳动关系的职工人数和企业接受的劳务派遣用工人数之和，依据和计算方法同"103 资产总额"。

　　5. "105 所属国民经济行业"：按照《国民经济行业分类》标准，纳税人填报所属的国民经济行业明细代码。

　　6. "106 从事国家限制或禁止行业"：纳税人从事行业为国家限制和禁止行业的，选择"是"；其他选择"否"。

　　7. "107 适用会计准则或会计制度"：纳税人根据会计核算采用的会计准则或会计制度从《会计准则或会计制度类型代码表》中选择相应的代码填入本项。

会计准则或会计制度类型代码表

代码	类型	
	大类	小类
110	企业会计准则	一般企业
120		银行
130		证券
140		保险
150		担保
200	小企业会计准则	
300	企业会计制度	
410	事业单位会计准则	事业单位会计制度
420		科学事业单位会计制度
430		医院会计制度
440		高等学校会计制度
450		中小学校会计制度
460		彩票机构会计制度
500	民间非营利组织会计制度	
600	村集体经济组织会计制度	
700	农民专业合作社财务会计制度（试行）	
999	其他	

8. "108采用一般企业财务报表格式（2018年版）"：纳税人根据《财政部关于修订印发2018年度一般企业财务报表格式的通知》（财会〔2018〕15号）规定的格式编制财务报表的，选择"是"，其他选择"否"。

9. "109小型微利企业"：纳税人符合《中华人民共和国企业所得税法》及其实施条例、《财政部 税务总局关于进一步扩大小型微利企业所得税优惠政策范围的通知》（财税〔2018〕77号）等文件规定的小型微利企业条件的，选择"是"，其他选择"否"。

10. "110上市公司"：纳税人在中国境内上市的选择"境内"；在中国境外上市的选择"境外"；在境内外同时上市的可同时选择；其他选择"否"。纳税人在中国香港上市的，参照境外上市相关规定选择。

二、有关涉税事项情况

本部分所列项目为条件必填（必选）内容，当纳税人存在或发生下列事项时，必须填报。纳税人未填报的，视同不存在或未发生下列事项。

1. "201从事股权投资业务"：纳税人从事股权投资业务的（包括集团公司总部、创业投资企业等），选择"是"。

2. "202存在境外关联交易"：纳税人存在境外关联交易的，选择"是"。

3. "203选择采用的境外所得抵免方式"：纳税人适用境外所得税收抵免政策，且根据《财政部 税务总局关于完善企业境外所得税收抵免政策问题的通知》（财税〔2017〕84号）文件规定选择按国（地区）别分别计算其来源于境外的应纳税所得额，即"分国（地区）不分项"的，选择"分国（地区）不分项"；纳税人适用境外所得税收抵免政策，且根据财税〔2017〕84号文件规定选择不按国（地区）别汇总计算其来源于境外的应纳税所得额，即"不分国（地区）不分项"的，选择"不分国（地区）不分项"。境外所得抵免方式一经选择，5年内不得变更。

4. "204有限合伙制创业投资企业的法人合伙人"：纳税人投资于有限合伙制创业投资企业且为其法人合伙人的，选择"是"。本项目中的有限合伙制创业投资企业的法人合伙人是指符合《中华人民共和国合伙企业法》、《创业投资企业管理暂行办法》（国家发展和改革委员会令第39号）、《外商投资创业投资企业管理规定》（外经贸部、科技部、工商总局、税务总局、外汇管理局令2003年第2号发布，商务部令2015年第2号修改）、《私募投资基金监督管理暂行办法》（证监会令第105号）关于创业投资基金的特别规定等规定的创业投资企业法人合伙人。有限合伙制创业投资企业的法人合伙人无论是否享受企业所得税优惠政策，均应填报本项。

5. "205创业投资企业"：纳税人为创业投资企业的，选择"是"。本项目中的创业投资企业是指依照《创业投资企业管理暂行办法》（国家发展和改革委员会令第39号）和《外商投资创业投资企业管理规定》（外经贸部、科技部、工商总局、税务总局、外汇管理局令2003年第2号发布，商务部令2015年第2号修改）、《私募投资基金监督管理暂行办法》（证监会令第105号）关于创业投资基金的特别规定等规定，在中华人民共和国境内设立的专门从事创业投资活动的企业或其他经济组织。创业投资企业无论是否享受企业所得税优惠政策，均应填报本项。

6. "206技术先进型服务企业类型"：纳税人为经认定的技术先进型服务企业的，从《技术先进型服务企业类型代码表》中选择相应的代码填报本项。本项目中的经认定的技术先进型服务企业是指符合《财政部 税务总局 商务部 科技部 国家发展改革委关于将技术先进型服务企业所得税政策推广至全国实施的通知》（财税〔2017〕79号）、《财政部 税务总局 商务部 科技部 国家发展改革委关于将服务贸易创新发展试点地区技术先进型服务企业所得税政策推广至全国实施的通知》（财税〔2018〕44号）等文件规定的企业。经认定的技术先进型服务企业无论是否享受企业所得税优惠政策，均应填报本项。

技术先进型服务企业类型代码表

代码	类型	
	大类	小类
110	服务外包类	信息技术外包服务（ITO）
120		技术性业务流程外包服务（BPO）
130		技术性知识流程外包服务（KPO）
210	服务贸易类	计算机和信息服务
220		研究开发和技术服务
230		文化技术服务
240		中医药医疗服务

7. "207非营利组织"：纳税人为非营利组织的，选择"是"。

8. "208软件、集成电路企业类型"：纳税人按照企业类型从《软件、集成电路企业类型代码表》中选择相应的代码填入本项。软件、集成电路企业若符合相关企业所得税优惠政策条件的，无论是否享受企业所得税优惠，均应填报本项。

软件、集成电路企业类型代码表

代码	类型		
	大类	中类	小类
110	集成电路生产企业	线宽小于0.8微米（含）的企业	
120		线宽小于0.25微米的企业	
130		投资额超过80亿元的企业	
140		线宽小于130纳米的企业	
150		线宽小于65纳米或投资额超过150亿元的企业	
210	集成电路设计企业	新办符合条件企业	
220		符合规模条件的重点集成电路设计企业	
230		符合领域的重点集成电路设计企业	
311	软件企业	一般软件企业	新办符合条件企业
312			符合规模条件的重点软件企业
313			符合领域条件的重点软件企业
314			符合出口条件的重点软件企业
321		嵌入式或信息系统集成软件	新办符合条件企业
322			符合规模条件的重点软件企业
323			符合领域条件的重点软件企业
324			符合出口条件的重点软件企业
400	集成电路封装测试企业		
500	集成电路关键专用材料生产企业		
600	集成电路专用设备生产企业		

代码说明：

"集成电路生产企业"：符合《财政部 国家税务总局 发展改革委 工业和信息化部关于软件和集成电路产业企业所得税优惠政策有关问题的通知》（财税〔2016〕49号）、《财政部 税务总局 国家发展改革委 工业和信息化部关于集成电路生产企业有关企业所得税政策问题的通知》（财税〔2018〕27号）等文件规定的集成电路生产企业。具体说明如下：

（1）"线宽小于0.8微米（含）的企业"是指可以享受第一年至第二年免征企业所得税，第三年至第五年按照25%的法定税率减半征收企业所得税优惠政策的集成电路线宽小于0.8微米（含）的集成电路生产企业。

（2）"线宽小于0.25微米的企业"是指可以享受减按15%的税率征收企业所得税优惠政策，或者第一年至第五年免征企业所得税，第六年至第十年按照25%的法定税率减半征收企业所得税优惠政策的集成电路线宽小于0.25微米的集成电路生产企业。

（3）"投资额超过80亿元的企业"是指可以享受减按15%的税率征收企业所得税优惠政策，或者第一年至第五年免征企业所得税，第六年至第十年按照25%的法定税率减半征收企业所得税优惠政策的投资额超过 80 亿元的集成电路生产企业。

（4）"线宽小于 130 纳米的企业"是指可以享受第一年至第二年免征企业所得税，第三年至第五年按照 25% 的法定税率减半征收企业所得税优惠政策的集成电路线宽小于 130 纳米的集成电路生产企业。

（5）"线宽小于 65 纳米或投资额超过 150 亿元的企业"是指可以享受第一年至第五年免征企业所得税，第六年至第十年按照 25% 的法定税率减半征收企业所得税优惠政策的集成电路线宽小于 65 纳米或投资额超过 150 亿元的集成电路生产企业。

"集成电路设计企业"：符合《财政部 国家税务总局 发展改革委 工业和信息化部关于软件和集成电路产业企业所得税优惠政策有关问题的通知》（财税〔2016〕49 号）等文件规定的集成电路设计企业、国家规划布局内的重点集成电路设计企业。具体说明如下：

（1）"新办符合条件企业"是指可以享受第一年至第二年免征企业所得税，第三年至第五年按照 25% 的法定税率减半征收企业所得税优惠政策的集成电路设计企业。

（2）"符合规模条件的重点集成电路设计企业"是指可以享受减按 10% 的税率征收企业所得税优惠政策的国家规划布局内的重点集成电路设计企业，且其符合财税〔2016〕49 号文件第五条第（一）项"汇算清缴年度集成电路设计销售（营业）收入不低于 2 亿元，年应纳税所得额不低于 1 000 万元，研究开发人员占月平均职工总数的比例不低于 25%"的规定。

（3）"符合领域的重点集成电路设计企业"是指可以享受减按 10% 的税率征收企业所得税优惠政策的国家规划布局内的重点集成电路设计企业，且其符合财税〔2016〕49 号文件第五条第（二）项"在国家规定的重点集成电路设计领域内，汇算清缴年度集成电路设计销售（营业）收入不低于 2 000 万元，应纳税所得额不低于 250 万元，研究开发人员占月平均职工总数的比例不低于 35%，企业在中国境内发生的研究开发费用金额占研究开发费用总额的比例不低于 70%"的规定。

"软件企业"：符合《财政部 国家税务总局 发展改革委 工业和信息化部关于软件和集成电路产业企业所得税优惠政策有关问题的通知》（财税〔2016〕49 号）等文件规定的软件企业、国家规划布局内的重点软件企业。具体说明如下：

（1）"一般软件企业——新办符合条件企业"是指可以享受第一年至第二年免征企业所得税，第三年至第五年按照 25% 的法定税率减半征收企业所得税优惠政策的符合条件的软件企业，且其符合财税〔2016〕49 号文件第四条第（四）项"汇算清缴年度软件产品开发销售（营业）收入占企业收入总额的比例不低于 50%，其中：软件产品自主开发销售（营业）收入占企业收入总额的比例不低于 40%"的规定。

（2）"一般软件企业——符合规模条件的重点软件企业"是指可以享受减按 10% 的税率征收企业所得税优惠政策的国家规划布局内的重点软件企业，且其符合财税〔2016〕49 号文件第四条第（四）项"汇算清缴年度软件产品开发销售（营业）收入占企业收入总额的比例不低于 50%，其中：软件产品自主开发销售（营业）收入占企业收入总额的比例不低于 40%"和第六条第（一）项"汇算清缴年度软件产品开发销售（营业）收入不低于 2 亿元，应纳税所得额不低于 1 000 万元，研究开发人员占企业月平均职工总数的比例不低于 25%"的规定。

（3）"一般软件企业——符合领域条件的重点软件企业"是指可以享受减按10%的税率征收企业所得税优惠政策的国家规划布局内的重点软件企业，且其符合财税〔2016〕49号文件第四条第（四）项"汇算清缴年度软件产品开发销售（营业）收入占企业收入总额的比例不低于50%，其中：软件产品自主开发销售（营业）收入占企业收入总额的比例不低于40%"和第六条第（二）项"在国家规定的重点软件领域内，汇算清缴年度软件产品开发销售（营业）收入不低于5 000万元，应纳税所得额不低于250万元，研究开发人员占企业月平均职工总数的比例不低于25%，企业在中国境内发生的研究开发费用金额占研究开发费用总额的比例不低于70%"的规定。

（4）"一般软件企业——符合出口条件的重点软件企业"是指可以享受减按10%的税率征收企业所得税优惠政策的国家规划布局内的重点软件企业，且其符合财税〔2016〕49号文件第四条第（四）项"汇算清缴年度软件产品开发销售（营业）收入占企业收入总额的比例不低于50%，其中：软件产品自主开发销售（营业）收入占企业收入总额的比例不低于40%"和第六条第（三）项"汇算清缴年度软件出口收入总额不低于800万美元，软件出口收入总额占本企业年度收入总额比例不低于50%，研究开发人员占企业月平均职工总数的比例不低于25%"的规定。

（5）"嵌入式或信息系统集成软件——新办符合条件企业"是指可以享受第一年至第二年免征企业所得税，第三年至第五年按照25%的法定税率减半征收企业所得税优惠政策的符合条件的软件企业，且其符合财税〔2016〕49号文件第四条第（四）项"汇算清缴年度嵌入式软件产品和信息系统集成产品开发销售（营业）收入占企业收入总额的比例不低于40%，其中：嵌入式软件产品和信息系统集成产品自主开发销售（营业）收入占企业收入总额的比例不低于30%"的规定。

（6）"嵌入式或信息系统集成软件——符合规模条件的重点软件企业"是指可以享受减按10%的税率征收企业所得税优惠政策的国家规划布局内的重点软件企业，且其符合财税〔2016〕49号文件第四条第（四）项"汇算清缴年度嵌入式软件产品和信息系统集成产品开发销售（营业）收入占企业收入总额的比例不低于40%，其中：嵌入式软件产品和信息系统集成产品自主开发销售（营业）收入占企业收入总额的比例不低于30%"和第六条第（一）项"汇算清缴年度软件产品开发销售（营业）收入不低于2亿元，应纳税所得额不低于1 000万元，研究开发人员占企业月平均职工总数的比例不低于25%"的规定。

（7）"嵌入式或信息系统集成软件——符合领域条件的重点软件企业"是指可以享受减按10%的税率征收企业所得税优惠政策的国家规划布局内的重点软件企业，且其符合财税〔2016〕49号文件第四条第（四）项"汇算清缴年度嵌入式软件产品和信息系统集成产品开发销售（营业）收入占企业收入总额的比例不低于40%，其中：嵌入式软件产品和信息系统集成产品自主开发销售（营业）收入占企业收入总额的比例不低于30%"和第六条第（二）项"在国家规定的重点软件领域内，汇算清缴年度软件产品开发销售（营业）收入不低于5 000万元，应纳税所得额不低于250万元，研究开发人员占企业月平均职工总数的比例不低于25%，企业在中国境内发生的研究开发费用金额占研究开发费用总额的比例不低于70%"的规定。

（8）"嵌入式或信息系统集成软件——符合出口条件的重点软件企业"是指可以享受

减按10%的税率征收企业所得税优惠政策的国家规划布局内的重点软件企业，且其符合财税〔2016〕49号文件第四条第（四）项"汇算清缴年度嵌入式软件产品和信息系统集成产品开发销售（营业）收入占企业收入总额的比例不低于40%，其中：嵌入式软件产品和信息系统集成产品自主开发销售（营业）收入占企业收入总额的比例不低于30%"和第六条第（三）项"汇算清缴年度软件出口收入总额不低于800万美元，软件出口收入总额占本企业年度收入总额比例不低于50%，研究开发人员占企业月平均职工总数的比例不低于25%"的规定。

"集成电路封装测试企业"：符合《财政部 国家税务总局 发展改革委 工业和信息化部关于进一步鼓励集成电路产业发展企业所得税政策的通知》（财税〔2015〕6号）文件规定可以享受企业所得税优惠政策的集成电路封装、测试企业。

"集成电路关键专用材料生产企业"：符合《财政部 国家税务总局 发展改革委 工业和信息化部关于进一步鼓励集成电路产业发展企业所得税政策的通知》（财税〔2015〕6号）文件规定可以享受企业所得税优惠政策的集成电路关键专用材料生产企业。

"集成电路专用设备生产企业"：符合《财政部 国家税务总局 发展改革委 工业和信息化部关于进一步鼓励集成电路产业发展企业所得税政策的通知》（财税〔2015〕6号）文件规定可以享受企业所得税优惠政策的集成电路专用设备生产企业。

9. "209集成电路生产项目类型"：纳税人投资集成电路线宽小于130纳米或集成电路线宽小于65纳米或投资额超过150亿元的集成电路生产项目，项目符合《财政部 税务总局 国家发展改革委 工业和信息化部关于集成电路生产企业有关企业所得税政策问题的通知》（财税〔2018〕27号）等文件规定的税收优惠政策条件，且按照项目享受企业所得税优惠政策的，应填报本项。纳税人投资线宽小于130纳米的集成电路生产项目的，选择"130纳米"，投资线宽小于65纳米或投资额超过150亿元的集成电路生产项目的，选择"65纳米"；同时投资上述两类项目的，可同时选择"130纳米"和"65纳米"。

纳税人既符合"208软件、集成电路企业类型"项目又符合"209集成电路生产项目类型"项目填报条件的，应当同时填报。

10. "210科技型中小企业"：纳税人根据申报所属期年度和申报所属期下一年度取得的科技型中小企业入库登记编号情况，填报本项目下的"210-1""210-2""210-3""210-4"。如，纳税人在进行2018年度企业所得税汇算清缴纳税申报时，"210-1（申报所属期年度）入库编号"首先应当填列"2018（申报所属期年度）入库编号"，"210-3（所属期下一年度）入库编号"首先应当填列"2019（所属期下一年度）入库编号"。若纳税人在2018年1月1日至2018年12月31日之间取得科技型中小企业入库登记编号的，将相应的"编号"及"入库时间"分别填入"210-1"和"210-2"项目中；若纳税人在2019年1月1日至2018年度汇算清缴纳税申报日之间取得科技型中小企业入库登记编号的，将相应的"编号"及"入库时间"分别填入"210-3"和"210-4"项目中。纳税人符合上述填报要求的，无论是否享受企业所得税优惠政策，均应填报本项。

11. "211高新技术企业申报所属期年度有效的高新技术企业证书"：纳税人根据申报所属期年度拥有的有效期内的高新技术企业证书情况，填报本项目下的"211-1""211-2""211-3""211-4"。在申报所属期年度，如企业同时拥有两个高新技术企业证书，则两个证书情况均应填报。如：纳税人 2015 年 10 月取得高新技术企业证书，有效期3 年，2018 年再次参加认定并于 2018 年 11 月取得新高新技术企业证书，纳税人在进行2018 年度企业所得税汇算清缴纳税申报时，应将两个证书的"编号"及"发证时间"分别填入"211-1""211-2""211-3""211-4"项目中。纳税人符合上述填报要求的，无论是否享受企业所得税优惠政策，均应填报本项。

12. "212 重组事项税务处理方式"：纳税人在申报所属期年度发生重组事项的，应填报本项。纳税人重组事项按一般性税务处理的，选择"一般性"；重组事项按特殊性税务处理的，选择"特殊性"。

13. "213 重组交易类型"和"214 重组当事方类型"：填报"212 重组事项税务处理方式"的纳税人，应当同时填报"213 重组交易类型"和"214 重组当事方类型"。纳税人根据重组情况从《重组交易类型和当事方类型代码表》中选择相应代码分别填入对应项目中。重组交易类型和当事方类型根据《财政部 国家税务总局关于企业重组业务企业所得税处理若干问题的通知》（财税〔2009〕59 号）、《国家税务总局关于企业重组业务企业所得税征收管理若干问题的公告》（国家税务总局公告 2015 年第 48 号发布、国家税务总局公告 2018 年第 31 号修改）等文件规定判断。

重组交易类型和当事方类型代码表

重组交易		重组当事方	
代码	类型	代码	类型
100	法律形式改变	—	—
200	债务重组	210	债务人
		220	债权人
300	股权收购	310	收购方
		320	转让方
		330	被收购企业
400	资产收购	410	收购方
		420	转让方
500	合并	510	合并企业
		520	被合并企业
		530	被合并企业股东
600	分立	610	分立企业
		620	被分立企业
		630	被分立企业股东

14. "215 政策性搬迁开始时间"：纳税人发生政策性搬迁事项且申报所属期年度处在搬迁期内的，填报政策性搬迁开始的时间。

15."216发生政策性搬迁且停止生产经营无所得年度"：纳税人的申报所属期年度处于政策性搬迁期内，且停止生产经营无所得的，选择"是"。

16."217政策性搬迁损失分期扣除年度"：纳税人发生政策性搬迁事项出现搬迁损失，按照《企业政策性搬迁所得税管理办法》（国家税务总局公告2012年第40号发布）等有关规定选择自搬迁完成年度起分3个年度均匀在税前扣除的，且申报所属期年度处在分期扣除期间的，选择"是"。

17."218发生非货币性资产对外投资递延纳税事项"：纳税人在申报所属期年度发生非货币性资产对外投资递延纳税事项的，选择"是"。

18."219非货币性资产对外投资转让所得递延纳税年度"：纳税人以非货币性资产对外投资确认的非货币性资产转让所得，按照《财政部 国家税务总局关于非货币性资产投资企业所得税政策问题的通知》（财税〔2014〕116号）、《国家税务总局关于非货币性资产投资企业所得税有关征管问题的公告》（国家税务总局公告2015年第33号）等文件规定，在不超过5年期限内分期均匀计入相应年度的应纳税所得额的，且申报所属期年度处在递延纳税期间的，选择"是"。

19."220发生技术成果投资入股递延纳税事项"：纳税人在申报所属期年度发生技术入股递延纳税事项的，选择"是"。

20."221技术成果投资入股递延纳税年度"：纳税人发生技术入股事项，按照《财政部 国家税务总局关于完善股权激励和技术入股有关所得税政策的通知》（财税〔2016〕101号）、《国家税务总局关于股权激励和技术入股所得税征管问题的公告》（国家税务总局公告2016年第62号）等文件规定选择适用递延纳税政策，即在投资入股当期暂不纳税，递延至转让股权时按股权转让收入减去技术成果原值和合理税费后的差额计算缴纳所得税的，且申报所属期年度为转让股权年度的，选择"是"。

21."222发生资产（股权）划转特殊性税务处理事项"：纳税人在申报所属期年度发生《财政部 国家税务总局关于促进企业重组有关企业所得税处理问题的通知》（财税〔2014〕109号）、《国家税务总局关于资产（股权）划转企业所得税征管问题的公告》（国家税务总局公告2015年第40号）等文件规定的资产（股权）划转特殊性税务处理事项的，选择"是"。

22."223债务重组所得递延纳税年度"：纳税人债务重组确认的应纳税所得额按照《财政部 国家税务总局关于企业重组业务企业所得税处理若干问题的通知》（财税〔2009〕59号）等文件规定，在5个纳税年度的期间内，均匀计入各年度的应纳税所得额的，且申报所属期年度处在递延纳税期间的，选择"是"。

三、主要股东及分红情况

纳税人填报本企业投资比例位列前10位的股东情况。包括股东名称，证件种类（营业执照、税务登记证、组织机构代码证、身份证、护照等），证件号码（统一社会信用代码、纳税人识别号、组织机构代码号、身份证号、护照号等），投资比例，当年（决议日）分配的股息、红利等权益性投资收益金额，国籍（注册地址）。纳税人股东数量超过10位的，应将其余股东有关数据合计后填入"其余股东合计"行次。

纳税人股东为非居民企业的，证件种类和证件号码可不填报。

A100000　　　　　　　中华人民共和国企业所得税年度纳税申报表（A类）

行次	类别	项　　目	金　额
1		一、营业收入（填写A101010\101020\103000）	
2		减：营业成本（填写A102010\102020\103000）	
3		减：税金及附加	
4		减：销售费用（填写A104000）	
5		减：管理费用（填写A104000）	
6	利润	减：财务费用（填写A104000）	
7	总额	减：资产减值损失	
8	计算	加：公允价值变动收益	
9		加：投资收益	
10		二、营业利润（1-2-3-4-5-6-7+8+9）	
11		加：营业外收入（填写A101010\101020\103000）	
12		减：营业外支出（填写A102010\102020\103000）	
13		三、利润总额（10+11-12）	
14		减：境外所得（填写A108010）	
15		加：纳税调整增加额（填写A105000）	
16		减：纳税调整减少额（填写A105000）	
17	应纳	减：免税、减计收入及加计扣除（填写A107010）	
18	税所	加：境外应税所得抵减境内亏损（填写A108000）	
19	得额	四、纳税调整后所得（13-14+15-16-17+18）	
20	计算	减：所得减免（填写A107020）	
21		减：弥补以前年度亏损（填写A106000）	
22		减：抵扣应纳税所得额（填写A107030）	
23		五、应纳税所得额（19-20-21-22）	
24		税率（25%）	
25		六、应纳所得税额（23×24）	
26		减：减免所得税额（填写A107040）	
27		减：抵免所得税额（填写A107050）	
28		七、应纳税额（25-26-27）	
29	应纳	加：境外所得应纳所得税额（填写A108000）	
30	税额	减：境外所得抵免所得税额（填写A108000）	
31	计算	八、实际应纳所得税额（28+29-30）	
32		减：本年累计实际已缴纳的所得税额	
33		九、本年应补（退）所得税额（31-32）	
34		其中：总机构分摊本年应补（退）所得税额（填写A109000）	
35		财政集中分配本年应补（退）所得税额（填写A109000）	
36		总机构主体生产经营部门分摊本年应补（退）所得税额（填写A109000）	

A100000《中华人民共和国企业所得税年度纳税申报表（A类）》填报说明：

本表为企业所得税年度纳税申报表的主表，纳税人应当根据《中华人民共和国企业所得税法》及其实施条例（以下简称"税法"）、相关税收政策，以及国家统一会计制度（企业会计准则、小企业会计准则、企业会计制度、事业单位会计准则和民间非营利组织会计制度等）的规定，计算填报利润总额、应纳税所得额和应纳税额等有关项目。

纳税人在计算企业所得税应纳税所得额及应纳税额时，会计处理与税收规定不一致的，应当按照税收规定计算。税收规定不明确的，在没有明确规定之前，暂按国家统一会计制度计算。

一、有关项目填报说明

（一）表体项目

本表是在纳税人会计利润总额的基础上，加减纳税调整等金额后计算出"纳税调整后所得"。会计与税法的差异（包括收入类、扣除类、资产类等差异）通过《纳税调整项目明细表》（A105000）集中填报。

本表包括利润总额计算、应纳税所得额计算、应纳税额计算三个部分。

1."利润总额计算"中的项目，按照国家统一会计制度规定计算填报。实行企业会计准则、小企业会计准则、企业会计制度、分行业会计制度的纳税人，其数据直接取自《利润表》（另有说明的除外）；实行事业单位会计准则的纳税人，其数据取自《收入支出表》；实行民间非营利组织会计制度的纳税人，其数据取自《业务活动表》；实行其他国家统一会计制度的纳税人，根据本表项目进行分析填报。

2."应纳税所得额计算"和"应纳税额计算"中的项目，除根据主表逻辑关系计算以外，通过附表相应栏次填报。

（二）行次说明

第1-13行参照国家统一会计制度规定填写。本部分未设"研发费用""其他收益""资产处置收益"等项目，对于已执行《财政部关于修订印发2018年度一般企业财务报表格式的通知》（财会〔2018〕15号）的纳税人，在《利润表》中归集的"研发费用"通过《期间费用明细表》（A104000）第19行"十九、研究费用"的管理费用相应列次填报；在《利润表》中归集的"其他收益""资产处置收益""信用减值损失""净敞口套期收益"项目则无需填报，同时第10行"二、营业利润"不执行"第10行＝第1-2-3-4-5-6-7+8+9行"的表内关系，按照《利润表》"营业利润"项目直接填报。

1.第1行"营业收入"：填报纳税人主要经营业务和其他经营业务取得的收入总额。本行根据"主营业务收入"和"其他业务收入"的数额填报。一般企业纳税人根据《一般企业收入明细表》（A101010）填报；金融企业纳税人根据《金融企业收入明细表》（A101020）填报；事业单位、社会团体、民办非企业单位、非营利组织等纳税人根据《事业单位、民间非营利组织收入、支出明细表》（A103000）填报。

2.第2行"营业成本"项目：填报纳税人主要经营业务和其他经营业务发生的成本总额。本行根据"主营业务成本"和"其他业务成本"的数额填报。一般企业纳税人根据《一般企业成本支出明细表》（A102010）填报；金融企业纳税人根据《金融企业支出明细表》（A102020）填报；事业单位、社会团体、民办非企业单位、非营利组织等纳税人，根据《事业单位、民间非营利组织收入、支出明细表》（A103000）填报。

3.第3行"税金及附加"：填报纳税人经营活动发生的消费税、城市维护建设税、资源税、土地增值税和教育费附加等相关税费。本行根据纳税人相关会计科目填报。纳税人在其他会计科目核算的税金不得重复填报。

4.第4行"销售费用"：填报纳税人在销售商品和材料、提供劳务的过程中发生的各种费用。本行根据《期间费用明细表》（A104000）中对应的"销售费用"填报。

5.第5行"管理费用"：填报纳税人为组织和管理企业生产经营发生的管理费用。本行根据《期间费用明细表》（A104000）中对应的"管理费用"填报。

6.第6行"财务费用"：填报纳税人为筹集生产经营所需资金等发生的筹资费用。本行根据《期间费用明细表》（A104000）中对应的"财务费用"填报。

7.第7行"资产减值损失"：填报纳税人计提各项资产准备发生的减值损失。本行根据企业"资产减值损失"科目上的数额填报。实行其他会计制度的比照填报。

8.第8行"公允价值变动收益"：填报纳税人在初始确认时划分为以公允价值计量且其变动计入当期损益的金融资产或金融负债（包括交易性金融资产或负债，直接指定为以公允价值计量且其变动计入当期损益的金融资产或金融负债），以及采用公允价值模式计量的投资性房地产、衍生工具和套期业务中公允价值变动形成的应计入当期损益的利得或损失。本行根据企业"公允价值变动损益"科目的数额填报，损失以"－"号填列。

9.第9行"投资收益"：填报纳税人以各种方式对外投资所取得的收益或发生的损失。根据企业"投资收益"科目的数额计算填报，实行事业单位会计准则的纳税人根据"其他收入"科目中的投资收益金额分析填报，损失以"－"号填列。实行其他会计制度的纳税人比照填报。

10.第10行"营业利润"：填报纳税人当期的营业利润。根据上述项目计算填报。已执行《财政部关于修订印发2018年度一般企业财务报表格式的通知》（财会〔2018〕15号）的纳税人，根据《利润表》对应项目填列。

11.第11行"营业外收入"：填报纳税人取得的与其经营活动无直接关系的各项收入的金额。一般企业纳税人根据《一般企业收入明细表》（A101010）填报；金融企业纳税人根据《金融企业收入明细表》（A101020）填报；实行事业单位会计准则或民间非营利组织会计制度的纳税人根据《事业单位、民间非营利组织收入、支出明细表》（A103000）填报。

12.第12行"营业外支出"：填报纳税人发生的与其经营活动无直接关系的各项支出的金额。一般企业纳税人根据《一般企业成本支出明细表》（A102010）填报；金融企业纳税人根据《金融企业支出明细表》（A102020）填报；实行事业单位会计准则或民间非营利组织会计制度的纳税人根据《事业单位、民间非营利组织收入、支出明细表》（A103000）填报。

13.第13行"利润总额"：填报纳税人当期的利润总额。根据上述项目计算填报。

14.第14行"境外所得"：填报纳税人取得的境外所得且已计入利润总额的金额。本行根据《境外所得纳税调整后所得明细表》（A108010）填报。

15.第15行"纳税调整增加额"：填报纳税人会计处理与税收规定不一致，进行纳税调整增加的金额。本行根据《纳税调整项目明细表》（A105000）"调增金额"列填报。

16. 第16行"纳税调整减少额"：填报纳税人会计处理与税收规定不一致，进行纳税调整减少的金额。本行根据《纳税调整项目明细表》（A105000）"调减金额"列填报。

17. 第17行"免税、减计收入及加计扣除"：填报属于税收规定免税收入、减计收入、加计扣除金额。本行根据《免税、减计收入及加计扣除优惠明细表》（A107010）填报。

18. 第18行"境外应税所得抵减境内亏损"：当纳税人选择不用境外所得抵减境内亏损时，填报0；当纳税人选择用境外所得抵减境内亏损时，填报境外所得抵减当年度境内亏损的金额。用境外所得弥补以前年度境内亏损的，还需填报《企业所得税弥补亏损明细表》（A106000）和《境外所得税收抵免明细表》（A108000）。

19. 第19行"纳税调整后所得"：填报纳税人经过纳税调整、税收优惠、境外所得计算后的所得额。

20. 第20行"所得减免"：填报属于税收规定的所得减免金额。本行根据《所得减免优惠明细表》（A107020）填报。

21. 第21行"弥补以前年度亏损"：填报纳税人按照税收规定可在税前弥补的以前年度亏损数额。本行根据《企业所得税弥补亏损明细表》（A106000）填报。

22. 第22行"抵扣应纳税所得额"：填报根据税收规定应抵扣的应纳税所得额。本行根据《抵扣应纳税所得额明细表》（A107030）填报。

23. 第23行"应纳税所得额"：填报第19-20-21-22行金额。按照上述行次顺序计算结果为负数的，本行按0填报。

24. 第24行"税率"：填报税收规定的税率25%。

25. 第25行"应纳所得税额"：填报第23×24行金额。

26. 第26行"减免所得税额"：填报纳税人按税收规定实际减免的企业所得税额。本行根据《减免所得税优惠明细表》（A107040）填报。

27. 第27行"抵免所得税额"：填报企业当年的应纳所得税额中抵免的金额。本行根据《税额抵免优惠明细表》（A107050）填报。

28. 第28行"应纳税额"：填报第25-26-27行金额。

29. 第29行"境外所得应纳所得税额"：填报纳税人来源于中国境外的所得，按照我国税收规定计算的应纳所得税额。本行根据《境外所得税收抵免明细表》（A108000）填报。

30. 第30行"境外所得抵免所得税额"：填报纳税人来源于中国境外所得依照中国境外税收法律以及相关规定应缴纳并实际缴纳（包括视同已实际缴纳）的企业所得税性质的税款（准予抵免税款）。本行根据《境外所得税收抵免明细表》（A108000）填报。

31. 第31行"实际应纳所得税额"：填报第28+29-30行金额。其中，跨地区经营企业类型为"分支机构（须进行完整年度申报并按比例纳税）"的纳税人，填报（第28+29-30行）×"分支机构就地纳税比例"金额。

32. 第32行"本年累计实际已缴纳的所得税额"：填报纳税人按照税收规定本纳税年度已在月（季）度累计预缴的所得税额，包括按照税收规定的特定业务已预缴（征）的所得税额，建筑企业总机构直接管理的跨地区设立的项目部按规定向项目所在地主管税务机关预缴的所得税额。

33.第33行"本年应补（退）的所得税额"：填报第31-32行金额。

34.第34行"总机构分摊本年应补（退）所得税额"：填报汇总纳税的总机构按照税收规定在总机构所在地分摊本年应补（退）所得税额。本行根据《跨地区经营汇总纳税企业年度分摊企业所得税明细表》（A109000）填报。

35.第35行"财政集中分配本年应补（退）所得税额"：填报汇总纳税的总机构按照税收规定财政集中分配本年应补（退）所得税款。本行根据《跨地区经营汇总纳税企业年度分摊企业所得税明细表》（A109000）填报。

36.第36行"总机构主体生产经营部门分摊本年应补（退）所得税额"：填报汇总纳税的总机构所属的具有主体生产经营职能的部门按照税收规定应分摊的本年应补（退）所得税额。本行根据《跨地区经营汇总纳税企业年度分摊企业所得税明细表》（A109000）填报。

二、表内、表间关系

（一）表内关系

1.第10行 = 第1-2-3-4-5-6-7+8+9行。已执行财会〔2018〕15号的纳税人，不执行本规则。

2.第13行 = 第10+11-12行。

3.第19行 = 第13-14+15-16-17+18行。

4.第23行 = 第19-20-21-22行。

5.第25行 = 第23×24行。

6.第28行 = 第25-26-27行。

7.第31行 = 第28+29-30行。其中，跨地区经营企业类型为"分支机构（须进行完整年度申报并按比例纳税）"的纳税人，第31行 =（第28+29-30行）×表A000000"102分支机构就地纳税比例"。

8.第33行 = 第31-32行。

（二）表间关系

1.第1行 = 表A101010第1行或表A101020第1行或表A103000第2+3+4+5+6行或表A103000第11+12+13+14+15行。

2.第2行 = 表A102010第1行或表A102020第1行或表A103000第19+20+21+22行或表A103000第25+26+27行。

3.第4行 = 表A104000第26行第1列。

4.第5行 = 表A104000第26行第3列。

5.第6行 = 表A104000第26行第5列。

6.第9行 = 表A103000第8行或者第16行（仅限于填报表A103000的纳税人，其他纳税人根据财务核算情况自行填写）。

7.第11行 = 表A101010第16行或表A101020第35行或表A103000第9行或第17行。

8.第12行 = 表A102010第16行或表A102020第33行或表A103000第23行或第28行。

9.第14行 = 表A108010第14列合计-第11列合计。

10. 第 15 行 = 表 A105000 第 45 行第 3 列。

11. 第 16 行 = 表 A105000 第 45 行第 4 列。

12. 第 17 行 = 表 A107010 第 31 行。

13. 第 18 行：

（1）当第 13–14+15–16–17 行≥0，第 18 行 = 0。

（2）当第 13–14+15–16–17 < 0 且表 A108000 第 5 列合计行≥0，表 A108000 第 6 列合计行 > 0 时，第 18 行 = 表 A108000 第 5 列合计行与表 A100000 第 13–14+15–16–17 行绝对值的孰小值；

（3）当第 13–14+15–16–17 < 0 且表 A108000 第 5 列合计行≥0，表 A108000 第 6 列合计行 = 0 时，第 18 行 = 0。

14. 第 20 行：

当第 19 行≤0 时，第 20 行 = 0；

当第 19 行 > 0 时，

（1）第 19 行≥表 A107020 合计行第 11 列，第 20 行 = 表 A107020 合计行第 11 列；

（2）第 19 行 < 表 A107020 合计行第 11 列，第 20 行 = 第 19 行。

15. 第 21 行 = 表 A106000 第 11 行第 9 列。

16. 第 22 行 = 表 A107030 第 15 行第 1 列。

17. 第 26 行 = 表 A107040 第 33 行。

18. 第 27 行 = 表 A107050 第 7 行第 11 列。

19. 第 29 行 = 表 A108000 合计行第 9 列。

20. 第 30 行 = 表 A108000 合计行第 19 列。

21. 第 34 行 = 表 A109000 第 12+16 行。

22. 第 35 行 = 表 A109000 第 13 行。

23. 第 36 行 = 表 A109000 第 15 行。

A101010 　　　　　　　　　　一般企业收入明细表

行次	项　　目	金　额
1	一、营业收入（2+9）	
2	（一）主营业务收入（3+5+6+7+8）	
3	1.销售商品收入	
4	其中：非货币性资产交换收入	
5	2.提供劳务收入	
6	3.建造合同收入	
7	4.让渡资产使用权收入	
8	5.其他	
9	（二）其他业务收入（10+12+13+14+15）	
10	1.销售材料收入	
11	其中：非货币性资产交换收入	
12	2.出租固定资产收入	

续表

行次	项　目	金　额
13	3.出租无形资产收入	
14	4.出租包装物和商品收入	
15	5.其他	
16	二、营业外收入（17+18+19+20+21+22+23+24+25+26）	
17	（一）非流动资产处置利得	
18	（二）非货币性资产交换利得	
19	（三）债务重组利得	
20	（四）政府补助利得	
21	（五）盘盈利得	
22	（六）捐赠利得	
23	（七）罚没利得	
24	（八）确实无法偿付的应付款项	
25	（九）汇兑收益	
26	（十）其他	

A101010《一般企业收入明细表》填报说明：

本表适用于除金融企业、事业单位和民间非营利组织外的企业填报。纳税人应根据国家统一会计制度的规定，填报"主营业务收入"、"其他业务收入"和"营业外收入"。

一、有关项目填报说明

1.第1行"营业收入"：根据主营业务收入、其他业务收入的数额计算填报。

2.第2行"主营业务收入"：根据不同行业的业务性质分别填报纳税人核算的主营业务收入。

3.第3行"销售商品收入"：填报纳税人从事工业制造、商品流通、农业生产以及其他商品销售活动取得的主营业务收入。房地产开发企业销售开发产品（销售未完工开发产品除外）取得的收入也在此行填报。

4.第4行"其中：非货币性资产交换收入"：填报纳税人发生的非货币性资产交换按照国家统一会计制度应确认的销售商品收入。

5.第5行"提供劳务收入"：填报纳税人从事建筑安装、修理修配、交通运输、仓储租赁、邮电通信、咨询经纪、文化体育、科学研究、技术服务、教育培训、餐饮住宿、中介代理、卫生保健、社区服务、旅游、娱乐、加工以及其他劳务活动取得的主营业务收入。

6.第6行"建造合同收入"：填报纳税人建造房屋、道路、桥梁、水坝等建筑物，以及生产船舶、飞机、大型机械设备等取得的主营业务收入。

7.第7行"让渡资产使用权收入"：填报纳税人在主营业务收入核算的，让渡无形资产使用权而取得的使用费收入以及出租固定资产、无形资产、投资性房地产取得的租金收入。

8.第8行"其他"：填报纳税人按照国家统一会计制度核算、上述未列举的其他主营业务收入。

9.第9行"其他业务收入"：填报根据不同行业的业务性质分别填报纳税人核算的其他业务收入。

10.第10行"销售材料收入"：填报纳税人销售材料、下脚料、废料、废旧物资等取得的收入。

11.第11行"其中：非货币性资产交换收入"：填报纳税人发生的非货币性资产交换按照国家统一会计制度应确认的材料销售收入。

12.第12行"出租固定资产收入"：填报纳税人将固定资产使用权让与承租人获取的其他业务收入。

13.第13行"出租无形资产收入"：填报纳税人让渡无形资产使用权取得的其他业务收入。

14.第14行"出租包装物和商品收入"：填报纳税人出租、出借包装物和商品取得的其他业务收入。

15.第15行"其他"：填报纳税人按照国家统一会计制度核算，上述未列举的其他业务收入。

16.第16行"营业外收入"：填报纳税人计入本科目核算的与生产经营无直接关系的各项收入。

17.第17行"非流动资产处置利得"：填报纳税人处置固定资产、无形资产等取得的净收益。

18.第18行"非货币性资产交换利得"：填报纳税人发生非货币性资产交换应确认的净收益。

19.第19行"债务重组利得"：填报纳税人发生的债务重组业务确认的净收益。

20.第20行"政府补助利得"：填报纳税人从政府无偿取得货币性资产或非货币性资产应确认的净收益。

21.第21行"盘盈利得"：填报纳税人在清查财产过程中查明的各种财产盘盈应确认的净收益。

22.第22行"捐赠利得"：填报纳税人接受的来自企业、组织或个人无偿给予的货币性资产、非货币性资产捐赠应确认的净收益。

23.第23行"罚没利得"：填报纳税人在日常经营管理活动中取得的罚款、没收收入应确认的净收益。

24.第24行"确实无法偿付的应付款项"：填报纳税人因确实无法偿付的应付款项而确认的收入。

25.第25行"汇兑收益"：填报纳税人取得企业外币货币性项目因汇率变动形成的收益应确认的收入。（该项目为执行小企业会计准则企业填报）

26.第26行"其他"：填报纳税人取得的上述项目未列举的其他营业外收入，包括执行企业会计准则纳税人按权益法核算长期股权投资对初始投资成本调整确认的收益，执行小企业会计准则纳税人取得的出租包装物和商品的租金收入、逾期未退包装物押金收益等。

二、表内、表间关系

（一）表内关系

1.第1行＝第2+9行。

2.第2行＝第3+5+6+7+8行。

3.第9行＝第10+12+13+14+15行。

4.第16行＝第17+18+19+20+21+22+23+24+25+26行。

（二）表间关系

1.第1行＝表A100000第1行。

2.第16行＝表A100000第11行。

A102010　　　　　　　　　　　一般企业成本支出明细表

行次	项　目	金　额
1	一、营业成本（2+9）	
2	（一）主营业务成本（3+5+6+7+8）	
3	1.销售商品成本	
4	其中：非货币性资产交换成本	
5	2.提供劳务成本	
6	3.建造合同成本	
7	4.让渡资产使用权成本	
8	5.其他	
9	（二）其他业务成本（10+12+13+14+15）	
10	1.材料销售成本	
11	其中：非货币性资产交换成本	
12	2.出租固定资产成本	
13	3.出租无形资产成本	
14	4.包装物出租成本	
15	5.其他	
16	二、营业外支出（17+18+19+20+21+22+23+24+25+26）	
17	（一）非流动资产处置损失	
18	（二）非货币性资产交换损失	
19	（三）债务重组损失	
20	（四）非常损失	
21	（五）捐赠支出	
22	（六）赞助支出	
23	（七）罚没支出	
24	（八）坏账损失	
25	（九）无法收回的债券股权投资损失	
26	（十）其他	

A102010《一般企业成本支出明细表》填报说明：

本表适用于除金融企业、事业单位和民间非营利组织外的企业填报。纳税人应根据国家统一会计制度的规定，填报"主营业务成本"、"其他业务成本"和"营业外支出"。

一、有关项目填报说明

1.第1行"营业成本"：填报纳税人主要经营业务和其他经营业务发生的成本总额。本行根据"主营业务成本"和"其他业务成本"的数额计算填报。

2.第2行"主营业务成本"：根据不同行业的业务性质分别填报纳税人核算的主营业务成本。

3.第3行"销售商品成本"：填报纳税人从事工业制造、商品流通、农业生产以及其他商品销售活动发生的主营业务成本。房地产开发企业销售开发产品（销售未完工开发产品除外）发生的成本也在此行填报。

4.第4行"其中：非货币性资产交换成本"：填报纳税人发生的非货币性资产交换按照国家统一会计制度应确认的销售商品成本。

5.第5行"提供劳务成本"：填报纳税人从事建筑安装、修理修配、交通运输、仓储租赁、邮电通信、咨询经纪、文化体育、科学研究、技术服务、教育培训、餐饮住宿、中介代理、卫生保健、社区服务、旅游、娱乐、加工以及其他劳务活动发生的主营业务成本。

6.第6行"建造合同成本"：填报纳税人建造房屋、道路、桥梁、水坝等建筑物，以及生产船舶、飞机、大型机械设备等发生的主营业务成本。

7.第7行"让渡资产使用权成本"：填报纳税人在主营业务成本核算的，让渡无形资产使用权而发生的使用费成本以及出租固定资产、无形资产、投资性房地产发生的租金成本。

8.第8行"其他"：填报纳税人按照国家统一会计制度核算、上述未列举的其他主营业务成本。

9.第9行"其他业务成本"：根据不同行业的业务性质分别填报纳税人按照国家统一会计制度核算的其他业务成本。

10.第10行"销售材料成本"：填报纳税人销售材料、下脚料、废料、废旧物资等发生的成本。

11.第11行"其中：非货币性资产交换成本"：填报纳税人发生的非货币性资产交换按照国家统一会计制度应确认的材料销售成本。

12.第12行"出租固定资产成本"：填报纳税人将固定资产使用权让与承租人形成的出租固定资产成本。

13.第13行"出租无形资产成本"：填报纳税人让渡无形资产使用权形成的出租无形资产成本。

14.第14行"包装物出租成本"：填报纳税人出租、出借包装物形成的包装物出租成本。

15.第15行"其他"：填报纳税人按照国家统一会计制度核算，上述未列举的其他业务成本。

16.第16行"营业外支出":填报纳税人计入本科目核算的与生产经营无直接关系的各项支出。

17.第17行"非流动资产处置损失":填报纳税人处置非流动资产形成的净损失。

18.第18行"非货币性资产交换损失":填报纳税人发生非货币性资产交换应确认的净损失。

19.第19行"债务重组损失":填报纳税人进行债务重组应确认的净损失。

20.第20行"非常损失":填报纳税人在营业外支出中核算的各项非正常的财产损失。

21.第21行"捐赠支出":填报纳税人无偿给予其他企业、组织或个人的货币性资产、非货币性资产的捐赠支出。

22.第22行"赞助支出":填报纳税人发生的货币性资产、非货币性资产赞助支出。

23.第23行"罚没支出":填报纳税人在日常经营管理活动中对外支付的各项罚款、没收收入的支出。

24.第24行"坏帐损失":填报纳税人发生的各项坏帐损失。(该项目为使用小企业会计准则企业填报)

25.第25行"无法收回的债券股权投资损失":填报纳税人各项无法收回的债券股权投资损失。(该项目为使用小企业会计准则企业填报)

26.第26行"其他":填报纳税人本期实际发生的在营业外支出核算的其他损失及支出。

二、表内、表间关系

(一)表内关系

1.第1行 = 第2+9行。

2.第2行 = 第3+5+6+7+8行。

3.第9行 = 第10+12+13+14+15行。

4.第16行 = 第17+18+…+26行。

(二)表间关系

1.第1行 = 表A100000第2行。

2.第16行 = 表A100000第12行。

104000 　　　　　　　　　　　　**期间费用明细表**

行次	项　　目	销售费用	其中：境外支付	管理费用	其中：境外支付	财务费用	其中：境外支付
		1	2	3	4	5	6
1	一、职工薪酬		*		*	*	*
2	二、劳务费					*	*
3	三、咨询顾问费					*	*
4	四、业务招待费		*		*	*	*
5	五、广告费和业务宣传费		*		*	*	*
6	六、佣金和手续费						
7	七、资产折旧摊销费		*		*	*	*
8	八、财产损耗、盘亏及毁损损失		*		*	*	*

续表

行次	项　　目	销售费用	其中：境外支付	管理费用	其中：境外支付	财务费用	其中：境外支付
		1	2	3	4	5	6
9	九、办公费		*		*	*	*
10	十、董事会费		*		*	*	*
11	十一、租赁费		*			*	*
12	十二、诉讼费		*		*	*	*
13	十三、差旅费		*		*	*	*
14	十四、保险费		*		*	*	*
15	十五、运输、仓储费		*			*	*
16	十六、修理费		*			*	*
17	十七、包装费		*		*	*	*
18	十八、技术转让费					*	*
19	十九、研究费用					*	*
20	二十、各项税费		*		*	*	*
21	二十一、利息收支	*	*	*	*		
22	二十二、汇兑差额	*	*		*		
23	二十三、现金折扣	*	*	*	*		*
24	二十四、党组织工作经费	*	*		*	*	*
25	二十五、其他						
26	合计（1+2+3+…25）						

A104000《期间费用明细表》填报说明：

本表适用于执行企业会计准则、小企业会计准则、企业会计制度、分行业会计制度的查账征收居民纳税人填报。纳税人应根据企业会计准则、小企业会计准则、企业会计、分行业会计制度规定，填报"销售费用"、"管理费用"和"财务费用"等项目。

一、有关项目填报说明

1.第1列"销售费用"：填报在销售费用科目进行核算的相关明细项目的金额，其中金融企业填报在业务及管理费科目进行核算的相关明细项目的金额。

2.第2列"其中：境外支付"：填报在销售费用科目进行核算的向境外支付的相关明细项目的金额，其中金融企业填报在业务及管理费科目进行核算的相关明细项目的金额。

3.第3列"管理费用"：填报在管理费用科目进行核算的相关明细项目的金额。

4.第4列"其中：境外支付"：填报在管理费用科目进行核算的向境外支付的相关明细项目的金额。

5.第5列"财务费用"：填报在财务费用科目进行核算的有关明细项目的金额。

6.第6列"其中：境外支付"：填报在财务费用科目进行核算的向境外支付的有关明细项目的金额。

7.第1行至第25行：根据费用科目核算的具体项目金额进行填报，如果贷方发生额大于借方发生额，应填报负数。

8.第26行第1列：填报第1行至第25行第1列的合计金额。

9.第26行第2列：填报第1行至第25行第2列的合计金额。

10.第26行第3列：填报第1行至第25行第3列的合计金额。

11.第26行第4列：填报第1行至第25行第4列的合计金额。

12.第26行第5列：填报第1行至第25行第5列的合计金额。

13.第26行第6列：填报第1行至第25行第6列的合计金额。

二、表内、表间关系

（一）表内关系

1.第26行第1列 = 第1列第1+2+…+20+25行。

2.第26行第2列 = 第2列第2+3+6+11+15+16+18+19+25行。

3.第26行第3列 = 第3列第1+2+…+20+24+25行。

4.第26行第4列 = 第4列第2+3+6+11+15+16+18+19+25行。

5.第26行第5列 = 第5列第6+21+22+23+25行。

6.第26行第6列 = 第6列第6+21+22+25行。

（二）表间关系

1.第26行第1列 = 表A100000第4行。

2.第26行第3列 = 表A100000第5行。

3.第26行第5列 = 表A100000第6行。

A105000　　　　　　　　　　　　　纳税调整项目明细表

行次	项　　　目	账载金额	税收金额	调增金额	调减金额
		1	2	3	4
1	一、收入类调整项目（2+3+…8+10+11）	*	*		
2	（一）视同销售收入（填写A105010）	*			*
3	（二）未按权责发生制原则确认的收入（填写A105020）				
4	（三）投资收益（填写A105030）				
5	（四）按权益法核算长期股权投资对初始投资成本调整确认收益	*	*	*	
6	（五）交易性金融资产初始投资调整	*	*		*
7	（六）公允价值变动净损益		*		
8	（七）不征税收入	*	*		
9	其中：专项用途财政性资金（填写A105040）	*	*		
10	（八）销售折扣、折让和退回				
11	（九）其他				
12	二、扣除类调整项目（13+14+…24+26+27+28+29+30）	*	*		
13	（一）视同销售成本（填写A105010）	*		*	
14	（二）职工薪酬（填写A105050）				
15	（三）业务招待费支出				*
16	（四）广告费和业务宣传费支出（填写A105060）	*	*		

续表

行次	项　　目	账载金额 1	税收金额 2	调增金额 3	调减金额 4
17	（五）捐赠支出（填写 A105070）				
18	（六）利息支出				
19	（七）罚金、罚款和被没收财物的损失		*		*
20	（八）税收滞纳金、加收利息		*		*
21	（九）赞助支出		*		*
22	（十）与未实现融资收益相关在当期确认的财务费用				
23	（十一）佣金和手续费支出				*
24	（十二）不征税收入用于支出所形成的费用	*	*		*
25	其中：专项用途财政性资金用于支出所形成的费用（填写 A105040）	*	*		*
26	（十三）跨期扣除项目				
27	（十四）与取得收入无关的支出		*		*
28	（十五）境外所得分摊的共同支出	*	*		*
29	（十六）党组织工作经费				
30	（十七）其他				
31	三、资产类调整项目（32+33+34+35）	*	*		
32	（一）资产折旧、摊销（填写 A105080）				
33	（二）资产减值准备金		*		
34	（三）资产损失（填写 A105090）				
35	（四）其他				
36	四、特殊事项调整项目（37+38+…+42）	*	*		
37	（一）企业重组及递延纳税事项（填写 A105100）				
38	（二）政策性搬迁（填写 A105110）	*	*		
39	（三）特殊行业准备金（填写 A105120）				
40	（四）房地产开发企业特定业务计算的纳税调整额（填写 A105010）	*			
41	（五）合伙企业法人合伙人应分得的应纳税所得额				
42	（六）其他	*	*		
43	五、特别纳税调整应税所得	*	*		
44	六、其他	*	*		
45	合计（1+12+31+36+43+44）	*	*		

A105000《纳税调整项目明细表》填报说明：

本表由纳税人根据税法、相关税收规定以及国家统一会计制度的规定，填报企业所得税涉税事项的会计处理、税务处理以及纳税调整情况。

一、有关项目填报说明

纳税人按照"收入类调整项目""扣除类调整项目""资产类调整项目""特殊事项调整项目""特别纳税调整应税所得""其他"六类分项填报，汇总计算出纳税"调增金额"

和"调减金额"的合计金额。

数据栏分别设置"账载金额""税收金额""调增金额""调减金额"四个栏次。"账载金额"是指纳税人按照国家统一会计制度规定核算的项目金额。"税收金额"是指纳税人按照税收规定计算的项目金额。

对需填报下级明细表的纳税调整项目，其"账载金额""税收金额""调增金额""调减金额"根据相应附表进行计算填报。

（一）收入类调整项目

1.第1行"一、收入类调整项目"：根据第2行至第11行（不含第9行）进行填报。

2.第2行"（一）视同销售收入"：根据《视同销售和房地产开发企业特定业务纳税调整明细表》（A105010）填报。第2列"税收金额"填报表A105010第1行第1列金额。第3列"调增金额"填报表A105010第1行第2列金额。

3.第3行"（二）未按权责发生制原则确认的收入"：根据《未按权责发生制确认收入纳税调整明细表》（A105020）填报。第1列"账载金额"填报表A105020第14行第2列金额。第2列"税收金额"填报表A105020第14行第4列金额。若表A105020第14行第6列≥0，第3列"调增金额"填报表A105020第14行第6列金额。若表A105020第14行第6列＜0，第4列"调减金额"填报表A105020第14行第6列金额的绝对值。

4.第4行"（三）投资收益"：根据《投资收益纳税调整明细表》（A105030）填报。第1列"账载金额"填报表A105030第10行第1+8列的合计金额。第2列"税收金额"填报表A105030第10行第2+9列的合计金额。若表A105030第10行第11列≥0，第3列"调增金额"填报表A105030第10行第11列金额。若表A105030第10行第11列＜0，第4列"调减金额"填报表A105030第10行第11列金额的绝对值。

5.第5行"（四）按权益法核算长期股权投资对初始投资成本调整确认收益"：第4列"调减金额"填报纳税人采取权益法核算，初始投资成本小于取得投资时应享有被投资单位可辨认净资产公允价值份额的差额计入取得投资当期营业外收入的金额。

6.第6行"（五）交易性金融资产初始投资调整"：第3列"调增金额"填报纳税人根据税收规定确认交易性金融资产初始投资金额与会计核算的交易性金融资产初始投资账面价值的差额。

7.第7行"（六）公允价值变动净损益"：第1列"账载金额"填报纳税人会计核算的以公允价值计量的金融资产、金融负债以及投资性房地产类项目，计入当期损益的公允价值变动金额。若第1列≤0，第3列"调增金额"填报第1列金额的绝对值。若第1列＞0，第4列"调减金额"填报第1列金额。

8.第8行"（七）不征税收入"：填报纳税人计入收入总额但属于税收规定不征税的财政拨款、依法收取并纳入财政管理的行政事业性收费以及政府性基金和国务院规定的其他不征税收入。第3列"调增金额"填报纳税人以前年度取得财政性资金且已作为不征税收入处理，在5年（60个月）内未发生支出且未缴回财政部门或其他拨付资金的政府部门，应计入应税收入额的金额。第4列"调减金额"填报符合税收规定不征税收入条件并作为不征税收入处理，且已计入当期损益的金额。

9.第9行"专项用途财政性资金"：根据《专项用途财政性资金纳税调整明细表》

（A105040）填报。第3列"调增金额"填报表A105040第7行第14列金额。第4列"调减金额"填报表A105040第7行第4列金额。

10.第10行"（八）销售折扣、折让和退回"：填报不符合税收规定的销售折扣、折让应进行纳税调整的金额和发生的销售退回因会计处理与税收规定有差异需纳税调整的金额。第1列"账载金额"填报纳税人会计核算的销售折扣、折让金额和销货退回的追溯处理的净调整额。第2列"税收金额"填报根据税收规定可以税前扣除的折扣、折让的金额和销货退回业务影响当期损益的金额。若第1列≥第2列，第3列"调增金额"填报第1-2列金额。若第1列＜第2列，第4列"调减金额"填报第1-2列金额的绝对值，第4列仅为销货退回影响损益的跨期时间性差异。

11.第11行"（九）其他"：填报其他因会计处理与税收规定有差异需纳税调整的收入类项目金额。若第2列≥第1列，第3列"调增金额"填报第2-1列金额。若第2列＜第1列，第4列"调减金额"填报第2-1列金额的绝对值。

（二）扣除类调整项目

12.第12行"二、扣除类调整项目"：根据第13行至第30行（不含第25行）填报。

13.第13行"（一）视同销售成本"：根据《视同销售和房地产开发企业特定业务纳税调整明细表》（A105010）填报。第2列"税收金额"填报表A105010第11行第1列金额。第4列"调减金额"填报表A105010第11行第2列的绝对值。

14.第14行"（二）职工薪酬"：根据《职工薪酬支出及纳税调整明细表》（A105050）填报。第1列"账载金额"填报表A105050第13行第1列金额。第2列"税收金额"填报表A105050第13行第5列金额。若表A105050第13行第6列≥0，第3列"调增金额"填报表A105050第13行第6列金额。若表A105050第13行第6列＜0，第4列"调减金额"填报表A105050第13行第6列金额的绝对值。

15.第15行"（三）业务招待费支出"：第1列"账载金额"填报纳税人会计核算计入当期损益的业务招待费金额。第2列"税收金额"填报按照税收规定允许税前扣除的业务招待费支出的金额。第3列"调增金额"填报第1-2列金额。

16.第16行"（四）广告费和业务宣传费支出"：根据《广告费和业务宣传费跨年度纳税调整明细表》（A105060）填报。若表A105060第12行≥0，第3列"调增金额"填报表A105060第12行金额。若表A105060第12行＜0，第4列"调减金额"填报表A105060第12行金额的绝对值。

17.第17行"（五）捐赠支出"：根据《捐赠支出及纳税调整明细表》（A105070）填报。第1列"账载金额"填报表A105070第8行第1列金额。第2列"税收金额"填报表A105070第8行第4列金额。第3列"调增金额"填报表A105070第8行第5列金额。第4列"调减金额"填报表A105070第8行第6列金额。

18.第18行"（六）利息支出"：第1列"账载金额"填报纳税人向非金融企业借款，会计核算计入当期损益的利息支出的金额。第2列"税收金额"填报按照税收规定允许税前扣除的利息支出的金额。若第1列≥第2列，第3列"调增金额"填报第1-2列金额。若第1列＜第2列，第4列"调减金额"填报第1-2列金额的绝对值。

19.第19行"（七）罚金、罚款和被没收财物的损失"：第1列"账载金额"填报纳税人会计核算计入当期损益的罚金、罚款和被没收财物的损失，不包括纳税人按照经济合同规定支付的违约金（包括银行罚息）、罚款和诉讼费。第3列"调增金额"填报第1列金额。

20.第20行"（八）税收滞纳金、加收利息"：第1列"账载金额"填报纳税人会计核算计入当期损益的税收滞纳金、加收利息。第3列"调增金额"填报第1列金额。

21.第21行"（九）赞助支出"：第1列"账载金额"填报纳税人会计核算计入当期损益的不符合税收规定的公益性捐赠的赞助支出的金额，包括直接向受赠人的捐赠、赞助支出等（不含广告性的赞助支出，广告性的赞助支出在表A105060中填报）。第3列"调增金额"填报第1列金额。

22.第22行"（十）与未实现融资收益相关在当期确认的财务费用"：第1列"账载金额"填报纳税人会计核算的与未实现融资收益相关并在当期确认的财务费用的金额。第2列"税收金额"填报按照税收规定允许税前扣除的金额。若第1列≥第2列，第3列"调增金额"填报第1-2列金额。若第1列＜第2列，第4列"调减金额"填报第1-2列金额的绝对值。

23.第23行"（十一）佣金和手续费支出"：第1列"账载金额"填报纳税人会计核算计入当期损益的佣金和手续费金额。第2列"税收金额"填报按照税收规定允许税前扣除的佣金和手续费支出金额。第3列"调增金额"填报第1-2列金额。

24.第24行"（十二）不征税收入用于支出所形成的费用"：第3列"调增金额"填报符合条件的不征税收入用于支出所形成的计入当期损益的费用化支出金额。

25.第25行"专项用途财政性资金用于支出所形成的费用"：根据《专项用途财政性资金纳税调整明细表》（A105040）填报。第3列"调增金额"填报表A105040第7行第11列金额。

26.第26行"（十三）跨期扣除项目"：填报维简费、安全生产费用、预提费用、预计负债等跨期扣除项目调整情况。第1列"账载金额"填报纳税人会计核算计入当期损益的跨期扣除项目金额。第2列"税收金额"填报按照税收规定允许税前扣除的金额。若第1列≥第2列，第3列"调增金额"填报第1-2列金额。若第1列＜第2列，第4列"调减金额"填报第1-2列金额的绝对值。

27.第27行"（十四）与取得收入无关的支出"：第1列"账载金额"填报纳税人会计核算计入当期损益的与取得收入无关的支出的金额。第3列"调增金额"填报第1列金额。

28.第28行"（十五）境外所得分摊的共同支出"：根据《境外所得纳税调整后所得明细表》（A108010）填报。第3列"调增金额"填报表A108010合计行第16+17列金额。

29.第29行"（十六）党组织工作经费"：填报纳税人根据有关文件规定，为创新基层党建工作、建立稳定的经费保障制度发生的党组织工作经费及纳税调整情况。

30.第30行"（十七）其他"：填报其他因会计处理与税收规定有差异需纳税调整的扣除类项目金额。若第1列≥第2列，第3列"调增金额"填报第1-2列金额。若第1列＜第2列，第4列"调减金额"填报第1-2列金额的绝对值。

（三）资产类调整项目

31.第31行"三、资产类调整项目"：填报资产类调整项目第32行至第35行的合计金额。

32.第32行"（一）资产折旧、摊销"：根据《资产折旧、摊销及纳税调整明细表》

（A105080）填报。第1列"账载金额"填报表A105080第36行第2列金额。第2列"税收金额"填报表A105080第36行第5列金额。若表A105080第36行第9列≥0，第3列"调增金额"填报表A105080第36行第9列金额。若表A105080第36行第9列＜0，第4列"调减金额"填报表A105080第36行第9列金额的绝对值。

33.第33行"（二）资产减值准备金"：填报坏账准备、存货跌价准备、理赔费用准备金等不允许税前扣除的各类资产减值准备金纳税调整情况。第1列"账载金额"填报纳税人会计核算计入当期损益的资产减值准备金金额（因价值恢复等原因转回的资产减值准备金应予以冲回）。若第1列≥0，第3列"调增金额"填报第1列金额。若第1列＜0，第4列"调减金额"填报第1列金额的绝对值。

34.第34行"（三）资产损失"：根据《资产损失税前扣除及纳税调整明细表》（A105090）填报。第1列"账载金额"填报表A105090第28行第1列金额。第2列"税收金额"填报表A105090第28行第5列金额。若表A105090第28行第6列≥0，第3列"调增金额"填报表A105090第28行第6列金额。若表A105090第28行第6列＜0，第4列"调减金额"填报表A105090第28行第6列金额的绝对值。

35.第35行"（四）其他"：填报其他因会计处理与税收规定有差异需纳税调整的资产类项目金额。若第1列≥第2列，第3列"调增金额"填报第1-2列金额。若第1列＜第2列，第4列"调减金额"填报第1-2列金额的绝对值。

（四）特殊事项调整项目

36.第36行"四、特殊事项调整项目"：填报特殊事项调整项目第37行至第42行的合计金额。

37.第37行"（一）企业重组及递延纳税事项"：根据《企业重组及递延纳税事项纳税调整明细表》（A105100）填报。第1列"账载金额"填报表A105100第16行第1+4列金额。第2列"税收金额"填报表A105100第16行第2+5列金额。若表A105100第16行第7列≥0，第3列"调增金额"填报表A105100第16行第7列金额。若表A105100第16行第7列＜0，第4列"调减金额"填报表A105100第16行第7列金额的绝对值。

38.第38行"（二）政策性搬迁"：根据《政策性搬迁纳税调整明细表》（A105110）填报。若表A105110第24行≥0，第3列"调增金额"填报表A105110第24行金额。若表A105110第24行＜0，第4列"调减金额"填报表A105110第24行金额的绝对值。

39.第39行"（三）特殊行业准备金"：根据《特殊行业准备金及纳税调整明细表》（A105120）填报。第1列"账载金额"填报表A105120第43行第1列金额。第2列"税收金额"填报表A105120第43行第2列金额。若表A105120第43行第3列≥0，第3列"调增金额"填报表A105120第43行第3列金额。若表A105120第43行第3列＜0，第4列"调减金额"填报表A105120第43行第3列金额的绝对值。

40.第40行"（四）房地产开发企业特定业务计算的纳税调整额"：根据《视同销售和房地产开发企业特定业务纳税调整明细表》（A105010）填报。第2列"税收金额"填报表A105010第21行第1列金额。若表A105010第21行第2列≥0，第3列"调增金额"填报表A105010第21行第2列金额。若表A105010第21行第2列＜0，第4列"调减金额"填报表A105010第21行第2列金额的绝对值。

41.第41行"（五）合伙企业法人合伙人分得的应纳税所得额"：第1列"账载金额"填报合伙企业法人合伙人本年会计核算上确认的对合伙企业的投资所得。第2列"税收金额"填报纳税人按照"先分后税"原则和《财政部 国家税务总局关于合伙企业合伙人所得税问题的通知》（财税〔2008〕159号）文件第四条规定计算的从合伙企业分得的法人合伙人应纳税所得额。若第1列≤第2列，第3列"调增金额"填报第2-1列金额。若第1列＞第2列，第4列"调减金额"填报第2-1列金额的绝对值。

42.第42行"（六）其他"：填报其他因会计处理与税收规定有差异需纳税调整的特殊事项金额。

（五）特殊纳税调整所得项目

43.第43行"五、特别纳税调整应税所得"：第3列"调增金额"填报纳税人按特别纳税调整规定自行调增的当年应税所得。第4列"调减金额"填报纳税人依据双边预约定价安排或者转让定价相应调整磋商结果的通知，需要调减的当年应税所得。

（六）其他

44.第44行"六、其他"：填报其他会计处理与税收规定存在差异需纳税调整的项目金额，包括企业执行《企业会计准则第14号——收入》（财会〔2017〕22号发布）产生的税会差异纳税调整金额。

45.第45行"合计"：填报第1+12+31+36+43+44行的合计金额。

二、表内、表间关系

（一）表内关系

1.第1行＝第2+3+4+5+6+7+8+10+11行。

2.第12行＝第13+14+…+23+24+26+27+28+29+30行。

3.第31行＝第32+33+34+35行。

4.第36行＝第37+38+39+40+41+42行。

5.第45行＝第1+12+31+36+43+44行。

（二）表间关系

1.第2行第2列＝表A105010第1行第1列；第2行第3列＝表A105010第1行第2列。

2.第3行第1列＝表A105020第14行第2列；第3行第2列＝表A105020第14行第4列；若表A105020第14行第6列≥0，第3行第3列＝表A105020第14行第6列；若表A105020第14行第6列＜0，第3行第4列＝表A105020第14行第6列的绝对值。

3.第4行第1列＝表A105030第10行第1+8列；第4行第2列＝表A105030第10行第2+9列；若表A105030第10行第11列≥0，第4行第3列＝表A105030第10行第11列；若表A105030第10行第11列＜0，第4行第4列＝表A105030第10行第11列的绝对值。

4.第9行第3列＝表A105040第7行第14列；第9行第4列＝表A105040第7行第4列。

5.第13行第2列＝表A105010第11行第1列；第13行第4列＝表A105010第11行第2列的绝对值。

6.第14行第1列＝表A105050第13行第1列；第14行第2列＝表A105050第13行第5列；若表A105050第13行第6列≥0，第14行第3列＝表A105050第13行第6列；若表A105050第13行第6列＜0，第14行第4列＝表A105050第13行第6列的绝对值。

7.若表 A105060 第 12 行≥0，第 16 行第 3 列 = 表 A105060 第 12 行，若表 A105060 第 12 行 < 0，第 16 行第 4 列 = 表 A105060 第 12 行的绝对值。

8.第 17 行第 1 列 = 表 A105070 第 8 行第 1 列；第 17 行第 2 列 = 表 A105070 第 8 行第 4 列；第 17 行第 3 列 = 表 A105070 第 8 行第 5 列；第 17 行第 4 列 = 表 A105070 第 8 行第 6 列。

9.第 25 行第 3 列 = 表 A105040 第 7 行第 11 列。

10.第 28 行第 3 列 = 表 A108010 第 10 行第 16+17 列。

11.第 32 行第 1 列 = 表 A105080 第 36 行第 2 列；第 32 行第 2 列 = 表 A105080 第 36 行第 5 列；若表 A105080 第 36 行第 9 列≥0，第 32 行第 3 列 = 表 A105080 第 36 行第 9 列；若表 A105080 第 36 行第 9 列 < 0，第 32 行第 4 列 = 表 A105080 第 36 行第 9 列的绝对值。

12.第 34 行第 1 列 = 表 A105090 第 28 行第 1 列；第 34 行第 2 列 = 表 A105090 第 28 行第 5 列；若表 A105090 第 28 行第 6 列≥0，第 34 行第 3 列 = 表 A105090 第 28 行第 6 列；若表 A105090 第 28 行第 6 列 < 0，第 34 行第 4 列 = 表 A105090 第 28 行第 6 列的绝对值。

13.第 37 行第 1 列 = 表 A105100 第 16 行第 1+4 列；第 37 行第 2 列 = 表 A105100 第 16 行第 2+5 列；若表 A105100 第 16 行第 7 列≥0，第 37 行第 3 列 = 表 A105100 第 16 行第 7 列；若表 A105100 第 16 行第 7 列 < 0，第 37 行第 4 列 = 表 A105100 第 16 行第 7 列的绝对值。

14.若表 A105110 第 24 行≥0，第 38 行第 3 列 = 表 A105110 第 24 行；若表 A105110 第 24 行 < 0，第 38 行第 4 列 = 表 A105110 第 24 行的绝对值。

15.第 39 行第 1 列 = 表 A105120 第 43 行第 1 列；第 39 行第 2 列 = 表 A105120 第 43 行第 2 列；若表 A105120 第 43 行第 3 列≥0，第 39 行第 3 列 = 表 A105120 第 43 行第 3 列；若表 A105120 第 43 行第 3 列 < 0，第 39 行第 4 列 = 表 A105120 第 43 行第 3 列的绝对值。

16.第 40 行第 2 列 = 表 A105010 第 21 行第 1 列；若表 A105010 第 21 行第 2 列≥0，第 40 行第 3 列 = 表 A105010 第 21 行第 2 列；若表 A105010 第 21 行第 2 列 < 0，第 40 行第 4 列 = 表 A105010 第 21 行第 2 列的绝对值。

17.第 45 行第 3 列 = 表 A100000 第 15 行；第 45 行第 4 列 = 表 A100000 第 16 行。

A105010　　　　　　　　视同销售和房地产开发企业特定业务纳税调整明细表

行次	项目	税收金额	纳税调整金额
		1	2
1	一、视同销售（营业）收入（2+3+4+5+6+7+8+9+10）		
2	（一）非货币性资产交换视同销售收入		
3	（二）用于市场推广或销售视同销售收入		
4	（三）用于交际应酬视同销售收入		
5	（四）用于职工奖励或福利视同销售收入		
6	（五）用于股息分配视同销售收入		
7	（六）用于对外捐赠视同销售收入		
8	（七）用于对外投资项目视同销售收入		
9	（八）提供劳务视同销售收入		
10	（九）其他		
11	二、视同销售（营业）成本（12+13+14+15+16+17+18+19+20）		

行次	项目	税收金额	纳税调整金额
		1	2
12	（一）非货币性资产交换视同销售成本		
13	（二）用于市场推广或销售视同销售成本		·
14	（三）用于交际应酬视同销售成本		
15	（四）用于职工奖励或福利视同销售成本		
16	（五）用于股息分配视同销售成本		
17	（六）用于对外捐赠视同销售成本		
18	（七）用于对外投资项目视同销售成本		
19	（八）提供劳务视同销售成本		
20	（九）其他		
21	三、房地产开发企业特定业务计算的纳税调整额（22-26）		
22	（一）房地产企业销售未完工开发产品特定业务计算的纳税调整额（24-25）		
23	1.销售未完工产品的收入		*
24	2.销售未完工产品预计毛利额		
25	3.实际发生的税金及附加、土地增值税		
26	（二）房地产企业销售的未完工产品转完工产品特定业务计算的纳税调整额（28-29）		
27	1.销售未完工产品转完工产品确认的销售收入		*
28	2.转回的销售未完工产品预计毛利额		
29	3.转回实际发生的税金及附加、土地增值税		

A105010《视同销售和房地产开发企业特定业务纳税调整明细表》填报说明：

本表适用于发生视同销售、房地产企业特定业务纳税调整项目的纳税人填报。纳税人根据税法、《国家税务总局关于企业处置资产所得税处理问题的通知》（国税函〔2008〕828号）、《国家税务总局关于印发〈房地产开发经营业务企业所得税处理办法〉的通知》（国税发〔2009〕31号）、《国家税务总局关于企业所得税有关问题的公告》（国家税务总局公告2016年第80号）等相关规定，以及国家统一企业会计制度，填报视同销售行为、房地产企业销售未完工产品、未完工产品转完工产品特定业务的税收规定及纳税调整情况。

一、有关项目填报说明

1.第1行"一、视同销售收入"：填报会计处理不确认销售收入，而税收规定确认为应税收入的金额，本行为第2行至第10行小计数。第1列"税收金额"填报税收确认的应税收入金额；第2列"纳税调整金额"等于第1列"税收金额"。

2.第2行"（一）非货币性资产交换视同销售收入"：填报发生非货币性资产交换业务，会计处理不确认销售收入，而税收规定确认为应税收入的金额。第1列"税收金额"填报税收确认的应税收入金额；第2列"纳税调整金额"等于第1列"税收金额"。

3.第3行"（二）用于市场推广或销售视同销售收入"：填报发生将货物、财产用于市场推广、广告、样品、集资、销售等，会计处理不确认销售收入，而税收规定确认为应税收入的金额。填列方法同第2行。

4.第4行"（三）用于交际应酬视同销售收入"：填报发生将货物、财产用于交际应酬，会计处理不确认销售收入，而税收规定确认为应税收入的金额。填列方法同第2行。

5.第5行"（四）用于职工奖励或福利视同销售收入"：填报发生将货物、财产用于职工奖励或福利，会计处理不确认销售收入，而税收规定确认为应税收入的金额。企业外购资产或服务不以销售为目的，用于替代职工福利费用支出，且购置后在一个纳税年度内处置的，以公允价值确定视同销售收入。填列方法同第2行。

6.第6行"（五）用于股息分配视同销售收入"：填报发生将货物、财产用于股息分配，会计处理不确认销售收入，而税收规定确认为应税收入的金额。填列方法同第2行。

7.第7行"（六）用于对外捐赠视同销售收入"：填报发生将货物、财产用于对外捐赠或赞助，会计处理不确认销售收入，而税收规定确认为应税收入的金额。填列方法同第2行。

8.第8行"（七）用于对外投资项目视同销售收入"：填报发生将货物、财产用于对外投资，会计处理不确认销售收入，而税收规定确认为应税收入的金额。填列方法同第2行。

9.第9行"（八）提供劳务视同销售收入"：填报发生对外提供劳务，会计处理不确认销售收入，而税收规定确认为应税收入的金额。填列方法同第2行。

10.第10行"（九）其他"：填报发生除上述列举情形外，会计处理不作为销售收入核算，而税收规定确认为应税收入的金额。填列方法同第2行。

11.第11行"一、视同销售成本"：填报会计处理不确认销售收入，税收规定确认为应税收入对应的视同销售成本金额。本行为第12行至第20行小计数。第1列"税收金额"填报予以税前扣除的视同销售成本金额；将第1列税收金额以负数形式填报第2列"纳税调整金额"。

12.第12行"（一）非货币性资产交换视同销售成本"：填报发生非货币性资产交换业务，会计处理不确认销售收入，税收规定确认为应税收入所对应的应予以税前扣除的视同销售成本金额。第1列"税收金额"填报予以扣除的视同销售成本金额；将第1列税收金额以负数形式填报第2列"纳税调整金额"。

13.第13行"（二）用于市场推广或销售视同销售成本"：填报发生将货物、财产用于市场推广、广告、样品、集资、销售等，会计处理不确认销售收入，税收规定确认为应税收入时，其对应的应予以税前扣除的视同销售成本金额。填列方法同第12行。

14.第14行"（三）用于交际应酬视同销售成本"：填报发生将货物、财产用于交际应酬，会计处理不确认销售收入，税收规定确认为应税收入时，其对应的应予以税前扣除的视同销售成本金额。填列方法同第12行。

15.第15行"（四）用于职工奖励或福利视同销售成本"：填报发生将货物、财产用于职工奖励或福利，会计处理不确认销售收入，税收规定确认为应税收入时，其对应的应予以税前扣除的视同销售成本金额。填列方法同第12行。

16.第16行"（五）用于股息分配视同销售成本"：填报发生将货物、财产用于股息分配，会计处理不确认销售收入，税收规定确认为应税收入时，其对应的应予以税前扣除的视同销售成本金额。填列方法同第12行。

17.第17行"（六）用于对外捐赠视同销售成本"：填报发生将货物、财产用于对外捐赠或赞助，会计处理不确认销售收入，税收规定确认为应税收入时，其对应的应予以税前扣除的视同销售成本金额。填列方法同第12行。

18.第18行"（七）用于对外投资项目视同销售成本"：填报会计处理发生将货物、财产用于对外投资，会计处理不确认销售收入，税收规定确认为应税收入时，其对应的应予以税前扣除的视同销售成本金额。填列方法同第12行。

19.第19行"（八）提供劳务视同销售成本"：填报会计处理发生对外提供劳务，会计处理不确认销售收入，税收规定确认为应税收入时，其对应的应予以税前扣除视同销售成本金额。填列方法同第12行。

20.第20行"（九）其他"：填报发生除上述列举情形外，会计处理不确认销售收入，税收规定确认为应税收入的同时，予以税前扣除视同销售成本金额。填列方法同第12行。

21.第21行"三、房地产开发企业特定业务计算的纳税调整额"：填报房地产企业发生销售未完工产品、未完工产品结转完工产品业务，按照税收规定计算的特定业务的纳税调整额。第1列"税收金额"填报第22行第1列减去第26行第1列的余额；第2列"纳税调整金额"等于第1列"税收金额"。

22.第22行"（一）房地产企业销售未完工开发产品特定业务计算的纳税调整额"：填报房地产企业销售未完工开发产品取得销售收入，按税收规定计算的纳税调整额。第1列"税收金额"填报第24行第1列减去第25行第1列的余额；第2列"纳税调整金额"等于第1列"税收金额"。

23.第23行"1.销售未完工产品的收入"：第1列"税收金额"填报房地产企业销售未完工开发产品，会计核算未进行收入确认的销售收入金额。

24.第24行"2.销售未完工产品预计毛利额"：第1列"税收金额"填报房地产企业销售未完工产品取得的销售收入按税收规定预计计税毛利率计算的金额；第2列"纳税调整金额"等于第1列"税收金额"。

25.第25行"3.实际发生的税金及附加、土地增值税"：第1列"税收金额"填报房地产企业销售未完工产品实际发生的税金及附加、土地增值税，且在会计核算中未计入当期损益的金额；第2列"纳税调整金额"等于第1列"税收金额"。

26.第26行"（二）房地产企业销售的未完工产品转完工产品特定业务计算的纳税调整额"：填报房地产企业销售的未完工产品转完工产品，按税收规定计算的纳税调整额。第1列"税收金额"填报第28行第1列减去第29行第1列的余额；第2列"纳税调整金额"等于第1列"税收金额"。

27.第27行"1.销售未完工产品转完工产品确认的销售收入"：第1列"税收金额"填报房地产企业销售的未完工产品，此前年度已按预计毛利额征收所得税，本年度结转为完工产品，会计上符合收入确认条件，当年会计核算确认的销售收入金额。

28.第28行"2.转回的销售未完工产品预计毛利额"：第1列"税收金额"填报房地产企业销售的未完工产品，此前年度已按预计毛利额征收所得税，本年结转完工产品，会计核算确认为销售收入，转回原按税收规定预计计税毛利率计算的金额；第2列"纳税调整金额"等于第1列"税收金额"。

29.第29行"3.转回实际发生的税金及附加、土地增值税":填报房地产企业销售的未完工产品结转完工产品后,会计核算确认为销售收入,同时将对应实际发生的税金及附加、土地增值税转入当期损益的金额;第2列"纳税调整金额"等于第1列"税收金额"。

二、表内、表间关系

(一)表内关系

1.第1行 = 第2+3+⋯+10行。

2.第11行 = 第12+13+⋯+20行。

3.第21行 = 第22-26行。

4.第22行 = 第24-25行。

5.第26行 = 第28-29行。

(二)表间关系

1.第1行第1列 = 表A105000第2行第2列。

2.第1行第2列 = 表A105000第2行第3列。

3.第11行第1列 = 表A105000第13行第2列。

4.第11行第2列的绝对值 = 表A105000第13行第4列。

5.第21行第1列 = 表A105000第40行第2列。

6.若第21行第2列≥0,第21行第2列=表A105000第40行第3列;若第21行第2列<0,第21行第2列的绝对值 = 表A105000第40行第4列。

A105030　　　　　　　　投资收益纳税调整明细表

行次	项　目	持有收益			处置收益							纳税调整金额
		账载金额	税收金额	纳税调整金额	会计确认的处置收入	税收计算的处置收入	处置投资的账面价值	处置投资的计税基础	会计确认的处置所得或损失	税收计算的处置所得	纳税调整金额	
		1	2	3 (2-1)	4	5	6	7	8 (4-6)	9 (5-7)	10 (9-8)	11 (3+10)
1	一、交易性金融资产											
2	二、可供出售金融资产											
3	三、持有至到期投资											
4	四、衍生工具											
5	五、交易性金融负债											
6	六、长期股权投资											
7	七、短期投资											
8	八、长期债券投资											
9	九、其他											
10	合计(1+2+3+4+5+6+7+8+9)											

A105030《投资收益纳税调整明细表》填报说明：

本表适用于发生投资收益纳税调整项目的纳税人及从事股权投资业务的纳税人填报。纳税人根据税法、《国家税务总局关于贯彻落实企业所得税法若干税收问题的通知》（国税函〔2010〕79号）等相关规定，以及国家统一企业会计制度，填报投资收益的会计处理、税收规定，以及纳税调整情况。发生持有期间投资收益，并按税收规定为减免税收入的（如国债利息收入等），本表不作调整。处置投资项目按税收规定确认为损失的，本表不作调整，在《资产损失税前扣除及纳税调整明细表》（A105090）进行纳税调整。处置投资项目符合企业重组且适用特殊性税务处理规定的，本表不作调整，在《企业重组及递延纳税事项纳税调整明细表》（A105100）进行纳税调整。

一、有关项目填报说明

已执行《企业会计准则第22号——金融工具确认和计量》（财会〔2017〕7号发布）、《企业会计准则第23号——金融资产转移》（财会〔2017〕8号发布）、《企业会计准则第24号——套期会计》（财会〔2017〕9号发布）、《企业会计准则第37号——金融工具列报》（财会〔2017〕14号发布）（以上四项简称"新金融准则"）的纳税人，若投资收益的项目类别不为本表第1行至第8行的，则在第9行"九、其他"中填报相关会计处理、税收规定，以及纳税调整情况。

1.第1列"账载金额"：填报纳税人持有投资项目，会计核算确认的投资收益。

2.第2列"税收金额"：填报纳税人持有投资项目，按照税收规定确认的投资收益。

3.第3列"纳税调整金额"：填报纳税人持有投资项目，会计核算确认投资收益与税收规定投资收益的差异需纳税调整金额，为第2-1列金额。

4.第4列"会计确认的处置收入"：填报纳税人收回、转让或清算处置投资项目，会计核算确认的扣除相关税费后的处置收入金额。

5.第5列"税收计算的处置收入"：填报纳税人收回、转让或清算处置投资项目，按照税收规定计算的扣除相关税费后的处置收入金额。

6.第6列"处置投资的账面价值"：填报纳税人收回、转让或清算处置的投资项目，会计核算的处置投资的账面价值。

7.第7列"处置投资的计税基础"：填报纳税人收回、转让或清算处置的投资项目，按税收规定计算的处置投资的计税金额。

8.第8列"会计确认的处置所得或损失"：填报纳税人收回、转让或清算处置投资项目，会计核算确认的处置所得或损失，按第4-6列金额填报（损失以"-"号填列）。

9.第9列"税收计算的处置所得"：填报纳税人收回、转让或清算处置投资项目，按照税收规定计算的处置所得，按第5-7列金额填报。

10.第10列"纳税调整金额"：填报纳税人收回、转让或清算处置投资项目，会计处理与税收规定不一致需纳税调整金额，按第9-8列金额填报。

11.第11列"纳税调整金额"：填报第3+10列金额。

二、表内、表间关系

（一）表内关系

1.第10行 = 第1+2+3+4+5+6+7+8+9行。

2．第 3 列 = 第 2-1 列。

3．第 8 列 = 第 4-6 列。

4．第 9 列 = 第 5-7 列。

5．第 10 列 = 第 9-8 列。

6．第 11 列 = 第 3+10 列。

（二）表间关系

1．第 10 行第 1+8 列 = 表 A105000 第 4 行第 1 列。

2．第 10 行第 2+9 列 = 表 A105000 第 4 行第 2 列。

3．若第 10 行第 11 列≥0，第 10 行第 11 列 = 表 A105000 第 4 行第 3 列；若第 10 行第 11 列＜0，第 10 行第 11 列绝对值 = 表 A105000 第 4 行第 4 列。

A105050　　　　　　　　　　　　　**职工薪酬支出及纳税调整明细表**

行次	项目	账载金额	实际发生额	税收规定扣除率	以前年度累计结转扣除额	税收金额	纳税调整金额	累计结转以后年度扣除额
		1	2	3	4	5	6 (1-5)	7 (2+4-5)
1	一、工资薪金支出			*	*			*
2	其中：股权激励			*	*			*
3	二、职工福利费支出				*			*
4	三、职工教育经费支出			*				
5	其中：按税收规定比例扣除的职工教育经费							
6	按税收规定全额扣除的职工培训费用				*			*
7	四、工会经费支出				*			*
8	五、各类基本社会保障性缴款			*	*			*
9	六、住房公积金			*	*			*
10	七、补充养老保险				*			*
11	八、补充医疗保险				*			*
12	九、其他			*	*			*
13	合计（1+3+4+7+8+9+10+11+12）			*				

A105050《职工薪酬支出及纳税调整明细表》填报说明：

纳税人根据税法、《国家税务总局关于企业工资薪金及职工福利费扣除问题的通知》（国税函〔2009〕3 号）、《财政部 国家税务总局关于扶持动漫产业发展有关税收政策问题的通知》（财税〔2009〕65号）、《财政部 国家税务总局关于进一步鼓励软件产业和集成电路产业发展企业所得税政策的通知》（财税〔2012〕27号）、《国家税务总局关于我国居民企业实行股权激励计划有关企业所得税处理问题的公告》（国家税务总局公告2012年第18号）、《财政部 国家税务总局 商务部 科技部 国家发展改革委关于完善技术先进型服务企业有关企业所得税政策问题的通知》（财税〔2014〕59号）、《国家税务总局关于企业工资薪金和职工福利费等支出税前扣除问题的公告》（国家税务总局公告2015年第34号）、《财政部 税务总局关于企业职工教育经费税前扣除政策的通知》（财税〔2018〕51号）等相关规定，以及国家统一企业会计制度，填报纳税人职工薪酬会计处理、税收规定，以及纳税调整情况。纳税人只要发生相关支出，不论是否纳税调整，均需填报。

一、有关项目填报说明

1.第1行"一、工资薪金支出"：填报纳税人本年度支付给在本企业任职或者受雇的员工的所有现金形式或非现金形式的劳动报酬及其会计核算、纳税调整等金额，具体如下：

（1）第1列"账载金额"：填报纳税人会计核算计入成本费用的职工工资、奖金、津贴和补贴金额。

（2）第2列"实际发生额"：分析填报纳税人"应付职工薪酬"会计科目借方发生额（实际发放的工资薪金）。

（3）第5列"税收金额"：填报纳税人按照税收规定允许税前扣除的金额，按照第1列和第2列分析填报。

（4）第6列"纳税调整金额"：填报第1-5列金额。

2.第2行"股权激励"：适用于执行《上市公司股权激励管理办法》（中国证券监督管理委员会令第126号）的纳税人填报，具体如下：

（1）第1列"账载金额"：填报纳税人按照国家有关规定建立职工股权激励计划，会计核算计入成本费用的金额。

（2）第2列"实际发生额"：填报纳税人根据本年实际行权时股权的公允价格与激励对象实际行权支付价格的差额和数量计算确定的金额。

（3）第5列"税收金额"：填报行权时按照税收规定允许税前扣除的金额，按第2列金额填报。

（4）第6列"纳税调整金额"：填报第1-5列金额。

3.第3行"二、职工福利费支出"：填报纳税人本年度发生的职工福利费及其会计核算、纳税调整等金额，具体如下：

（1）第1列"账载金额"：填报纳税人会计核算计入成本费用的职工福利费的金额。

（2）第2列"实际发生额"：分析填报纳税人"应付职工薪酬"会计科目下的职工福利费实际发生额。

（3）第3列"税收规定扣除率"：填报税收规定的扣除比例。

（4）第5列"税收金额"：填报按照税收规定允许税前扣除的金额，按第1行第5列"工资薪金支出\税收金额"×税收规定扣除率与第1列、第2列三者孰小值填报。

（5）第6列"纳税调整金额"：填报第1-5列金额。

4.第4行"三、职工教育经费支出":填报第5行金额或者第5+6行金额。

5.第5行"按税收规定比例扣除的职工教育经费":适用于按照税收规定职工教育经费按比例税前扣除的纳税人填报,填报纳税人本年度发生的按税收规定比例扣除的职工教育经费及其会计核算、纳税调整等金额,具体如下:

(1)第1列"账载金额"填报纳税人会计核算计入成本费用的按税收规定比例扣除的职工教育经费金额,不包括第6行"按税收规定全额扣除的职工培训费用"金额。

(2)第2列"实际发生额":分析填报纳税人"应付职工薪酬"会计科目下的职工教育经费实际发生额,不包括第6行"按税收规定全额扣除的职工培训费用"金额。

(3)第3列"税收规定扣除率":填报税收规定的扣除比例。

(4)第4列"以前年度累计结转扣除额":填报纳税人以前年度累计结转准予扣除的职工教育经费支出余额。

(5)第5列"税收金额":填报纳税人按照税收规定允许税前扣除的金额(不包括第6行"按税收规定全额扣除的职工培训费用"金额),按第1行第5列"工资薪金支出\税收金额"×税收规定扣除率与第2+4列的孰小值填报。

(6)第6列"纳税调整金额":填报第1-5列金额。

(7)第7列"累计结转以后年度扣除额":填报第2+4-5列金额。

6.第6行"按税收规定全额扣除的职工培训费用":适用于按照税收规定职工培训费用允许全额税前扣除的纳税人填报,填报纳税人本年度发生的按税收规定全额扣除的职工培训费用及其会计核算、纳税调整等金额,具体如下:

(1)第1列"账载金额":填报纳税人会计核算计入成本费用的按税收规定全额扣除的职工培训费用金额。

(2)第2列"实际发生额":分析填报纳税人"应付职工薪酬"会计科目下的职工教育经费本年实际发生额中可全额扣除的职工培训费用金额。

(3)第3列"税收规定扣除率":填报税收规定的扣除比例(100%)。

(4)第5列"税收金额":填报按照税收规定允许税前扣除的金额,按第2列金额填报。

(5)第6列"纳税调整金额":填报第1-5列金额。

7.第7行"四、工会经费支出":填报纳税人本年度拨缴工会经费及其会计核算、纳税调整等金额,具体如下:

(1)第1列"账载金额":填报纳税人会计核算计入成本费用的工会经费支出金额。

(2)第2列"实际发生额":分析填报纳税人"应付职工薪酬"会计科目下的工会经费本年实际发生额。

(3)第3列"税收规定扣除率":填报税收规定的扣除比例。

(4)第5列"税收金额":填报按照税收规定允许税前扣除的金额,按第1行第5列"工资薪金支出\税收金额"×税收规定扣除率与第1列、第2列三者孰小值填报。

(5)第6列"纳税调整金额":填报第1-5列金额。

8.第8行"五、各类基本社会保障性缴款":填报纳税人依照国务院有关主管部门或者省级人民政府规定的范围和标准为职工缴纳的基本社会保险费及其会计核算、纳税调整等金额，具体如下：

（1）第1列"账载金额"：填报纳税人会计核算的各类基本社会保障性缴款的金额。

（2）第2列"实际发生额"：分析填报纳税人"应付职工薪酬"会计科目下的各类基本社会保障性缴款本年实际发生额。

（3）第5列"税收金额"：填报按照税收规定允许税前扣除的各类基本社会保障性缴款的金额，按纳税人依照国务院有关主管部门或者省级人民政府规定的范围和标准计算的各类基本社会保障性缴款的金额、第1列及第2列孰小值填报。

（4）第6列"纳税调整金额"：填报第1-5列金额。

9.第9行"六、住房公积金"：填报纳税人依照国务院有关主管部门或者省级人民政府规定的范围和标准为职工缴纳的住房公积金及其会计核算、纳税调整等金额，具体如下：

（1）第1列"账载金额"：填报纳税人会计核算的住房公积金金额。

（2）第2列"实际发生额"：分析填报纳税人"应付职工薪酬"会计科目下的住房公积金本年实际发生额。

（3）第5列"税收金额"：填报按照税收规定允许税前扣除的住房公积金金额，按纳税人依照国务院有关主管部门或者省级人民政府规定的范围和标准计算的住房公积金金额、第1列及第2列三者孰小值填报。

（4）第6列"纳税调整金额"：填报第1-5列金额。

10.第10行"七、补充养老保险"：填报纳税人为投资者或者职工支付的补充养老保险费及其会计核算、纳税调整等金额，具体如下：

（1）第1列"账载金额"：填报纳税人会计核算的补充养老保险金额。

（2）第2列"实际发生额"：分析填报纳税人"应付职工薪酬"会计科目下的补充养老保险本年实际发生额。

（3）第3列"税收规定扣除率"：填报税收规定的扣除比例。

（4）第5列"税收金额"：填报按照税收规定允许税前扣除的补充养老保险的金额，按第1行第5列"工资薪金支出\税收金额"×税收规定扣除率与第1列、第2列三者孰小值填报。

（5）第6列"纳税调整金额"：填报第1-5列金额。

11.第11行"八、补充医疗保险"：填报纳税人为投资者或者职工支付的补充医疗保险费及其会计核算、纳税调整等金额，具体如下：

（1）第1列"账载金额"：填报纳税人会计核算的补充医疗保险金额。

（2）第2列"实际发生额"：分析填报纳税人"应付职工薪酬"会计科目下的补充医疗保险本年实际发生额。

（3）第3列"税收规定扣除率"：填报税收规定的扣除比例。

（4）第5列"税收金额"：填报按照税收规定允许税前扣除的补充医疗保险的金额，按第1行第5列"工资薪金支出\税收金额"×税收规定扣除率与第1列、第2列三者孰小值填报。

（5）第6列"纳税调整金额"：填报第1-5列金额。

12.第12行"九、其他"：填报其他职工薪酬的金额及其会计核算、纳税调整等金额。

13.第13行"合计":填报第1+3+4+7+8+9+10+11+12行金额。

二、表内、表间关系

（一）表内关系

1.第4行＝第5行或第5+6行。

2.第13行＝第1+3+4+7+8+9+10+11+12行。

3.第6列＝第1-5列。

4.第7列＝第2+4-5列。

（二）表间关系

1.第13行第1列＝表A105000第14行第1列。

2.第13行第5列＝表A105000第14行第2列。

3.若第13行第6列≥0，第13行第6列＝表A105000第14行第3列；若第13行第6列＜0，第13行第6列的绝对值＝表A105000第14行第4列。

A105060 　　　　　广告费和业务宣传费跨年度纳税调整明细表

行次	项　目	金　额
1	一、本年广告费和业务宣传费支出	
2	减：不允许扣除的广告费和业务宣传费支出	
3	二、本年符合条件的广告费和业务宣传费支出（1-2）	
4	三、本年计算广告费和业务宣传费扣除限额的销售（营业）收入	
5	税收规定扣除率	
6	四、本企业计算的广告费和业务宣传费扣除限额（4×5）	
7	五、本年结转以后年度扣除额（3＞6，本行=3-6；3≤6，本行=0）	
8	加：以前年度累计结转扣除额	
9	减：本年扣除的以前年度结转额[3＞6，本行=0；3≤6，本行=8或（6-3）孰小值]	
10	六、按照分摊协议归集至其他关联方的广告费和业务宣传费（10≤3或6孰小值）	
11	按照分摊协议从其他关联方归集至本企业的广告费和业务宣传费	
12	七、本年广告费和业务宣传费支出纳税调整金额（3＞6，本行=2+3-6+10-11；3≤6，本行=2+10-11-9）	
13	八、累计结转以后年度扣除额（7+8-9）	

A105060《广告费和业务宣传费跨年度纳税调整明细表》填报说明：

本表适用于发生广告费和业务宣传费纳税调整项目（含广告费和业务宣传费结转）的纳税人填报。纳税人根据税法、《财政部 国家税务总局关于广告费和业务宣传费支出税前扣除政策的通知》（财税〔2012〕48号）等相关规定，以及国家统一企业会计制度，填报广告费和业务宣传费会计处理、税收规定，以及跨年度纳税调整情况。

一、有关项目填报说明

1.第1行"一、本年广告费和业务宣传费支出":填报纳税人会计核算计入本年损益的广告费和业务宣传费用金额。

2.第2行"减:不允许扣除的广告费和业务宣传费支出":填报税收规定不允许扣除的广告费和业务宣传费支出金额。

3.第3行"二、本年符合条件的广告费和业务宣传费支出":填报第1-2行的余额。

4.第4行"三、本年计算广告费和业务宣传费扣除限额的销售(营业)收入":填报按照税收规定计算广告费和业务宣传费扣除限额的当年销售(营业)收入。

5.第5行"税收规定扣除率":填报税收规定的扣除比例。

6.第6行"四、本企业计算的广告费和业务宣传费扣除限额":填报第4×5行的金额。

7.第7行"五、本年结转以后年度扣除额":若第3行 > 第6行,填报第3-6行的余额;若第3行≤第6行,填报0。

8.第8行"加:以前年度累计结转扣除额":填报以前年度允许税前扣除但超过扣除限额未扣除、结转扣除的广告费和业务宣传费的金额。

9.第9行"减:本年扣除的以前年度结转额":若第3行 > 第6行,填0;若第3行≤第6行,填报第6-3行与第8行的孰小值。

10.第10行"六、按照分摊协议归集至其他关联方的广告费和业务宣传费":填报签订广告费和业务宣传费分摊协议(以下简称分摊协议)的关联企业的一方,按照分摊协议,将其发生的不超过当年销售(营业)收入税前扣除限额比例内的广告费和业务宣传费支出归集至其他关联方扣除的广告费和业务宣传费,本行应≤第3行与第6行的孰小值。

11.第11行"按照分摊协议从其他关联方归集至本企业的广告费和业务宣传费":填报签订广告费和业务宣传费分摊协议(以下简称分摊协议)的关联企业的一方,按照分摊协议,从其他关联方归集至本企业的广告费和业务宣传费。

12.第12行"七、本年广告费和业务宣传费支出纳税调整金额":若第3行 > 第6行,填报第2+3-6+10-11行的金额;若第3行≤第6行,填报第2+10-11-9行的金额。

13.第13行"八、累计结转以后年度扣除额":填报第7+8-9行的金额。

二、表内、表间关系

(一)表内关系

1.第3行 = 第1-2行。

2.第6行 = 第4×5行。

3.若第3 > 6行,第7行 = 第3-6行;若第3≤6行,第7行 = 0。

4.若第3 > 6行,第9行 = 0;若第3≤6行,第9行 = 第8行与第6-3行的孰小值。

5.若第3 > 6行,第12行 = 2+3-6+10-11行;若第3≤6行,第12行 = 第2-9+10-11行。

6.第13行 = 第7+8-9行。

(二)表间关系

若第12行≥0,第12行 = 表A105000第16行第3列;若第12行 < 0,第12行的绝对值 = 表A105000第16行第3列。

A105070 捐赠支出及纳税调整明细表

行次	项　　目	账载金额	以前年度结转可扣除的捐赠额	按税收规定计算的扣除限额	税收金额	纳税调增金额	纳税调减金额	可结转以后年度扣除的捐赠额
		1	2	3	4	5	6	7
1	一、非公益性捐赠		*	*	*		*	*
2	二、全额扣除的公益性捐赠		*	*		*	*	*
3	三、限额扣除的公益性捐赠（4+5+6+7）							
4	前三年度（　　　年）	*		*	*	*		*
5	前二年度（　　　年）	*		*	*	*		
6	前一年度（　　　年）	*		*	*	*		
7	本年（　　　年）		*				*	
8	合计（1+2+3）							

A105070《捐赠支出及纳税调整明细表》填报说明：

本表适用于发生捐赠支出（含捐赠支出结转）的纳税人填报。纳税人根据税法、《财政部 国家税务总局关于公益性捐赠税前扣除有关问题的通知》（财税〔2008〕160号）等相关规定，以及国家统一企业会计制度，填报捐赠支出会计处理、税收规定的税前扣除额、捐赠支出结转额以及纳税调整额。纳税人发生相关支出（含捐赠支出结转），无论是否纳税调整，均应填报本表。

一、有关项目填报说明

1.第1行"非公益性捐赠支出"：填报纳税人本年发生且已计入本年损益的税收规定公益性捐赠以外的其他捐赠支出的会计核算、纳税调整情况。具体如下：

（1）第1列"账载金额"：填报纳税人会计核算计入本年损益的税收规定公益性捐赠以外的其他捐赠支出金额。

（2）第5列"纳税调增额"：填报非公益性捐赠支出纳税调整增加额，金额等于第1列"账载金额"。

2.第2行"全额扣除的公益性捐赠支出"：填报纳税人发生的可全额税前扣除的公益性捐赠支出。具体如下：

（1）第1列"账载金额"：填报纳税人本年发生的会计核算计入本年损益的按税收规定可全额税前扣除的捐赠支出金额。

（2）第4列"税收金额"：等于第1列"账载金额"。

3.第3行"限额扣除的公益性捐赠支出"：填报纳税人本年发生的限额扣除的公益性捐赠支出、纳税调整额、以前年度结转扣除捐赠支出等。第3行等于第4+5+6+7行。其中本行第4列"税收金额"：当本行第1列+第2列大于第3列时，第4列＝第3列；当本行第1列+第2列小于等于第3列时，第4列＝第1列+第2列。

4.第4行"前三年度"：填报纳税人前三年度发生的未税前扣除的公益性捐赠支出在

本年度扣除的金额。具体如下：

（1）第2列"以前年度结转可扣除的捐赠额"：填报前三年度发生的尚未税前扣除的公益性捐赠支出金额。

（2）第6列"纳税调减额"：根据本年扣除限额以及前三年度未扣除的公益性捐赠支出分析填报。

5.第5行"前二年度"：填报纳税人前二年度发生的未税前扣除的公益性捐赠支出在本年度扣除的捐赠额以及结转以后年度扣除的捐赠额。具体如下：

（1）第2列"以前年度结转可扣除的捐赠额"：填报前二年度发生的尚未税前扣除的公益性捐赠支出金额。

（2）第6列"纳税调减额"：根据本年剩余扣除限额、本年扣除前三年度捐赠支出、前二年度未扣除的公益性捐赠支出分析填报。

（3）第7列"可结转以后年度扣除的捐赠额"：填报前二年度未扣除、结转以后年度扣除的公益性捐赠支出金额。

6.第6行"前一年度"：填报纳税人前一年度发生的未税前扣除的公益性捐赠支出在本年度扣除的捐赠额以及结转以后年度扣除的捐赠额。具体如下：

（1）第2列"以前年度结转可扣除的捐赠额"：填报前一年度发生的尚未税前扣除的公益性捐赠支出金额。

（2）第6列"纳税调减额"：根据本年剩余扣除限额、本年扣除前三年度捐赠支出、本年扣除前二年度捐赠支出、前一年度未扣除的公益性捐赠支出分析填报。

（3）第7列"可结转以后年度扣除的捐赠额"：填报前一年度未扣除、结转以后年度扣除的公益性捐赠支出金额。

7.第7行"本年"：填报纳税人本年度发生、本年税前扣除、本年纳税调增以及结转以后年度扣除的公益性捐赠支出。具体如下：

（1）第1列"账载金额"：填报本年会计核算计入本年损益的公益性捐赠支出金额。

（2）第3列"按税收规定计算的扣除限额"：填报按照本年利润总额乘以12%的金额，若利润总额为负数，则以0填报。

（3）第4列"税收金额"：填报本年实际发生的公益性捐赠支出以及结转扣除以前年度公益性捐赠支出情况分析填报。

（4）第5列"纳税调增额"：填报本年公益性捐赠支出账载金额超过税收规定的税前扣除额的部分。

（5）第7列"可结转以后年度扣除的捐赠额"：填报本年度未扣除、结转以后年度扣除的公益性捐赠支出金额。

8.第8行"合计"：填报第1+2+3行的合计金额。

二、表内、表间关系

（一）表内关系

1.第1行第5列 = 第1行第1列。

2.第2行第4列 = 第2行第1列。

3.第3行 = 第4+5+6+7行。

4.第8行 = 第1+2+3行。

（二）表间关系

1.第7行第3列 = 表A100000第13行×12%（当表A100000第13行≤0，第7行第3列 = 0）。

2.第8行第1列 = 表A105000第17行第1列；第8行第4列 = 表A105000第17行第2列；第8行第5列 = 表A105000第17行第3列；第8行第6列 = 表A105000第17行第4列。

A105080 资产折旧、摊销及纳税调整明细表

行次	项目	账载金额			税收金额					纳税调整金额
		资产原值	本年折旧、摊销额	累计折旧、摊销额	资产计税基础	税收折旧、摊销额	享受加速折旧政策的资产按税收一般规定计算的折旧、摊销额	加速折旧、摊销统计额	累计折旧、摊销额	
		1	2	3	4	5	6	7 = 5-6	8	9（2-5）
1	一、固定资产（2+3+4+5+6+7）						*	*		
2	（一）房屋、建筑物						*	*		
3	（二）飞机、火车、轮船、机器、机械和其他生产设备						*	*		
4	（三）与生产经营活动有关的器具、工具、家具等						*	*		
5	（四）飞机、火车、轮船以外的运输工具						*	*		
6	（五）电子设备						*	*		
7	（六）其他						*	*		
8	其中：（一）重要行业固定资产加速折旧（不含一次性扣除）									*
9	（二）其他行业研发设备加速折旧									*
10	（三）固定资产一次性扣除									*
11	（四）技术进步、更新换代固定资产									*
12	（五）常年强震动、高腐蚀固定资产									*
13	（六）外购软件折旧									*
14	（七）集成电路企业生产设备									*
15	二、生产性生物资产（16+17）						*	*		
16	（一）林木类						*	*		
17	（二）畜类						*	*		
18	三、无形资产（19+20+21+22+23+24+25+27）						*	*		
19	（一）专利权						*	*		
20	（二）商标权						*	*		

行次	项目	账载金额			税收金额					纳税调整金额
		资产原值	本年折旧、摊销额	累计折旧、摊销额	资产计税基础	税收折旧、摊销额	享受加速折旧政策的资产按税收一般规定计算的折旧、摊销额	加速折旧、摊销统计额	累计折旧、摊销额	纳税调整金额
		1	2	3	4	5	6	7＝5-6	8	9（2-5）
21	（三）著作权						＊	＊		
22	（四）土地使用权						＊	＊		
23	（五）非专利技术						＊	＊		
24	（六）特许权使用费						＊	＊		
25	（七）软件						＊	＊		
26	其中：享受企业外购软件加速摊销政策									＊
27	（八）其他						＊	＊		
28	四、长期待摊费用（29+30+31+32+33）						＊	＊		
29	（一）已足额提取折旧的固定资产的改建支出						＊	＊		
30	（二）租入固定资产的改建支出						＊	＊		
31	（三）固定资产的大修理支出						＊	＊		
32	（四）开办费						＊	＊		
33	（五）其他						＊	＊		
34	五、油气勘探投资						＊	＊		
35	六、油气开发投资						＊	＊		
36	合计（1+15+18+28+34+35）									
附列资料	全民所有制企业公司制改制资产评估增值政策资产						＊	＊		

A105080《资产折旧、摊销及纳税调整明细表》填报说明：

本表适用于发生资产折旧、摊销的纳税人填报。纳税人根据税法、《国家税务总局关于企业固定资产加速折旧所得税处理有关问题的通知》（国税发〔2009〕81号）、《国家税务总局关于融资性售后回租业务中承租方出售资产行为有关税收问题的公告》（国家税务总局公告2010年第13号）、《国家税务总局关于企业所得税若干问题的公告》（国家税务总局公告2011年第34号）、《国家税务总局关于发布〈企业所得税政策性搬迁所得税管理办法〉的公告》（国家税务总局公告2012年第40号）、《财政部 国家税务总局关于进一步鼓励软件产业和集成电路产业发展企业所得税政策的通知》（财税〔2012〕27号）、《国家税务总局关于企业所得税应纳税所得额若干问题的公告》（国家税务总局公告2014年第29号）、《财政部 国家税务总局关于完善固定资产加速折旧税收政策有关问题的通知》（财税〔2014〕75号）、《财政部 国家税务总局关于进一步完善固定资产加速折旧企业所得税政策的通知》（财税〔2015〕106 号）、《国家税务总局关于全民所有制企业公司制改制企业所得税处理问题的公告》（国家税务总局公告 2017 年第 34 号）、《财政部 税务总局关于设备器具扣除有关企业所得税政策的通知》（财税〔2018〕54 号）、《国家税务总局关于设备器具扣除有关企业所得税政策执行问题的公告》（国家税务总局公告 2018 年第 46 号）等相关规定，以及国家统一企业会计制度，填报资产折旧、摊销的会计处理、税收规定，以及纳税调整情况。纳税人只要发生相关事项，均需填报本表。

一、有关项目填报说明

（一）列次填报

对于不征税收入形成的资产，其折旧、摊销额不得税前扣除。第 4 列至第 8 列税收金额不包含不征税收入所形成资产的折旧、摊销额。

1. 第 1 列"资产原值"：填报纳税人会计处理计提折旧、摊销的资产原值（或历史成本）的金额。

2. 第 2 列"本年折旧、摊销额"：填报纳税人会计核算的本年资产折旧、摊销额。

3. 第 3 列"累计折旧、摊销额"：填报纳税人会计核算的累计（含本年）资产折旧、摊销额。

4. 第 4 列"资产计税基础"：填报纳税人按照税收规定据以计算折旧、摊销的资产原值（或历史成本）的金额。

5. 第 5 列"税收折旧、摊销额"：填报纳税人按照税收规定计算的允许税前扣除的本年资产折旧、摊销额。

第 8 行至第 14 行、第 26 行第 5 列"税收折旧、摊销额"：填报享受相关加速折旧、摊销优惠政策的资产，采取税收加速折旧、摊销或一次性扣除方式计算的税收折旧额合计金额、摊销额合计金额。本列仅填报"税收折旧、摊销额"大于"享受加速折旧政策的资产按税收一般规定计算的折旧、摊销额"月份的金额合计。如，享受加速折旧、摊销优惠政策的资产，发生本年度某些月份其"税收折旧、摊销额"大于"享受加速折旧政策的资产按税收一般规定计算的折旧、摊销额"，其余月份其"税收折旧、摊销额"小于"享受加速折旧政策的资产按税收一般规定计算的折旧、摊销额"的情形，仅填报"税收折旧、摊销额"大于"享受加速折旧政策的资产按税收一般规定计算的折旧、摊销额"月份的税收折旧额合计金额、摊销额合计金额。

6. 第 6 列"享受加速折旧政策的资产按税收一般规定计算的折旧、摊销额"：仅适用于第 8 行至第 14 行、第 26 行，填报纳税人享受加速折旧、摊销优惠政策的资产，按照税收一般规定计算的折旧额合计金额、摊销额合计金额。按照税收一般规定计算的折旧、摊销额，是指该资产在不享受加速折旧、摊销优惠政策情况下，按照税收规定的最低折旧年限以直线法计算的折旧额、摊销额。本列仅填报"税收折旧、摊销额"大于"享受加速折旧政策的资产按税收一般规定计算的折旧、摊销额"月份的按税收一般规定的折旧额合计金额、摊销额合计金额。

7. 第 7 列"加速折旧、摊销统计额"：用于统计纳税人享受各类固定资产加速折旧政策的优惠金额，按第 5-6 列金额填报。

8. 第 8 列"累计折旧、摊销额"：填报纳税人按照税收规定计算的累计（含本年）资产折旧、摊销额。

9.第9列"纳税调整金额"：填报第2-5列金额。

（二）行次填报

1.第2行至第7行、第16行至第17行、第19行至第25行、第27行、第29行至第35行：填报各类资产有关情况。

2.第8行至第14行、第26行：填报纳税人享受相关加速折旧、摊销优惠政策的资产有关情况及优惠统计情况。

第8行"（一）重要行业固定资产加速折旧"：适用于符合财税〔2014〕75号和财税〔2015〕106号文件规定的生物药品制造业，专用设备制造业，铁路、船舶、航空航天和其他运输设备制造业，计算机、通信和其他电子设备制造业，仪器仪表制造业，信息传输、软件和信息技术服务业6个行业，以及轻工、纺织、机械、汽车四大领域18个行业（简称"重要行业"）的企业填报，填报新购进固定资产享受加速折旧政策的有关情况及优惠统计情况。重要行业纳税人按照上述文件规定享受固定资产一次性扣除政策的资产情况在第10行"（三）固定资产一次性扣除"中填报。

第9行"（二）其他行业研发设备加速折旧"：适用于重要行业以外的其他企业填报，填报单位价值超过100万元以上专用研发设备采取缩短折旧年限或加速折旧方法的有关情况及优惠统计情况。

第10行"（三）固定资产一次性扣除"：填报新购进单位价值不超过500万元的设备、器具等，按照税收规定一次性扣除的有关情况及优惠统计情况。

第11行"（四）技术进步、更新换代固定资产"：填报固定资产因技术进步、产品更新换代较快而按税收规定享受固定资产加速折旧政策的有关情况及优惠统计情况。

第12行"（五）常年强震动、高腐蚀固定资产"：填报常年处于强震动、高腐蚀状态的固定资产按税收规定享受固定资产加速折旧政策的有关情况及优惠统计情况。

第13行"（六）外购软件折旧"：填报企业外购软件作为固定资产处理，按财税〔2012〕27号文件规定享受加速折旧政策的有关情况及优惠统计情况。

第14行"（七）集成电路企业生产设备"：填报集成电路生产企业的生产设备，按照财税〔2012〕27号文件规定享受加速折旧政策的有关情况及优惠统计情况。

第26行"享受企业外购软件加速摊销政策"：填报企业外购软件作无形资产处理，按财税〔2012〕27号文件规定享受加速摊销政策的有关情况及优惠统计情况。

附列资料"全民所有制企业公司制改制资产评估增值政策资产"：填报企业按照国家税务总局公告2017年第34号文件规定，执行"改制中资产评估增值不计入应纳税所得额，资产的计税基础按其原有计税基础确定，资产增值部分的折旧或者摊销不得在税前扣除"政策的有关情况。本行不参与计算，仅用于统计享受全民所有制企业公司制改制资产评估增值政策资产的有关情况，相关资产折旧、摊销情况及调整情况在第1行至第36行填报。

二、表内、表间关系

（一）表内关系

1.第1行 = 第2+3+…+7行。

2.第15行 = 第16+17行。

3.第18行 = 第19+20+21+22+23+24+25+27行。

4.第28行 = 第29+30+31+32+33行。

5.第36行 = 第1+15+18+28+34+35。（其中第36行第6列 = 第8+9+10+11+12+13+14+26行第6列；第36行第7列 = 第8+9+10+11+12+13+14+26行第7列）。

6.第7列 = 第5-6列。

7.第9列 = 第2-5列。

（二）表间关系

1.第36行第2列 = 表A105000第32行第1列。

2.第36行第5列 = 表A105000第32行第2列。

3.若第36行第9列≥0，第36行第9列 = 表A105000第32行第3列；若第36行第9列＜0，第36行第9列的绝对值 = 表A105000第32行第4列。

A105090　　　　　　　资产损失税前扣除及纳税调整明细表

行次	项目	资产损失的账载金额	资产处置收入	赔偿收入	资产计税基础	资产损失的税收金额	纳税调整金额
		1	2	3	4	5（4-2-3）	6（1-5）
1	一、现金及银行存款损失						
2	二、应收及预付款项坏账损失						
3	其中：逾期三年以上的应收款项损失						
4	逾期一年以上的小额应收款项损失						
5	三、存货损失						
6	其中：存货盘亏、报废、损毁、变质或被盗损失						
7	四、固定资产损失						
8	其中：固定资产盘亏、丢失、报废、损毁或被盗损失						
9	五、无形资产损失						
10	其中：无形资产转让损失						
11	无形资产被替代或超过法律保护期限形成的损失						
12	六、在建工程损失						
13	其中：在建工程停建、报废损失						
14	七、生产性生物资产损失						
15	其中：生产性生物资产盘亏、非正常死亡、被盗、丢失等产生的损失						
16	八、债权性投资损失（17+22）						
17	（一）金融企业债权性投资损失（18+21）						
18	1.符合条件的涉农和中小企业贷款损失						

续表

行次	项目	资产损失的账载金额	资产处置收入	赔偿收入	资产计税基础	资产损失的税收金额	纳税调整金额
		1	2	3	4	5（4-2-3）	6（1-5）
19	其中：单户贷款余额300万元（含）以下的贷款损失						
20	单户贷款余额300万元至1000万元（含）的贷款损失						
21	2.其他债权性投资损失						
22	（二）非金融企业债权性投资损失						
23	九、股权（权益）性投资损失						
24	其中：股权转让损失						
25	十、通过各种交易场所、市场买卖债券、股票、期货、基金以及金融衍生产品等发生的损失						
26	十一、打包出售资产损失						
27	十二、其他资产损失						
28	合计（1+2+5+7+9+12+14+16+23+25+26+27）						
29	其中：分支机构留存备查的资产损失						

A105090《资产损失税前扣除及纳税调整明细表》填报说明：

本表适用于发生资产损失税前扣除项目及纳税调整项目的纳税人填报。纳税人根据税法、《财政部 国家税务总局关于企业资产损失税前扣除政策的通知》（财税〔2009〕57号）、《国家税务总局关于发布〈企业资产损失所得税税前扣除管理办法〉的公告》（国家税务总局公告2011年第25号发布、国家税务总局公告2018年第31号修改）、《国家税务总局关于商业零售企业存货损失税前扣除问题的公告》（国家税务总局公告2014年第3号）、《国家税务总局关于企业因国务院决定事项形成的资产损失税前扣除问题的公告》（国家税务总局公告2014年第18号）、《财政部 国家税务总局关于金融企业涉农贷款和中小企业贷款损失准备金税前扣除有关问题的通知》（财税〔2015〕3号）、《国家税务总局关于金融企业涉农贷款和中小企业贷款损失税前扣除问题的公告》（国家税务总局公告2015年第25号）、《国家税务总局关于企业所得税资产损失资料留存备查有关事项的公告》（国家税务总局公告2018年第15号）等相关规定，及国家统一企业会计制度，填报资产损失的会计处理、税收规定，以及纳税调整情况。

一、有关项目填报说明

（一）行次填报

纳税人在第1至27行按资产类型填报留存备查的资产损失情况，跨地区经营汇总纳税企业在第1行至27行应填报总机构和全部分支机构的资产损失情况，并在第29行填报各分支机构留存备查的资产损失汇总情况。

1.第1行"一、现金及银行存款损失":填报纳税人当年发生的现金损失和银行存款损失的账载金额、资产处置收入、赔偿收入、资产计税基础、资产损失的税收金额及纳税调整金额。

2.第2行"二、应收及预付款项坏账损失":填报纳税人当年发生的应收及预付款项坏账损失的账载金额、资产处置收入、赔偿收入、资产计税基础、资产损失的税收金额及纳税调整金额。

3.第3行"逾期三年以上的应收款项损失":填报纳税人当年发生的应收及预付款项坏账损失中,逾期三年以上的应收款项且当年在会计上已作为损失处理的坏账损失的账载金额、资产处置收入、赔偿收入、资产计税基础、资产损失的税收金额及纳税调整金额。

4.第4行"逾期一年以上的小额应收款项损失":填报纳税人当年发生的应收及预付款项坏账损失中,逾期一年以上,单笔数额不超过五万或者不超过企业年度收入总额万分之一的应收款项,会计上已经作为损失处理的坏账损失的账载金额、资产处置收入、赔偿收入、资产计税基础、资产损失的税收金额及纳税调整金额。

5.第5行"三、存货损失":填报纳税人当年发生的存货损失的账载金额、资产处置收入、赔偿收入、资产计税基础、资产损失的税收金额及纳税调整金额。

6.第6行"存货盘亏、报废、损毁、变质或被盗损失":填报纳税人当年发生的存货损失中,存货盘亏损失、存货报废、毁损或变质损失以及存货被盗损失的账载金额、资产处置收入、赔偿收入、资产计税基础、资产损失的税收金额及纳税调整金额。

7.第7行"四、固定资产损失":填报纳税人当年发生的固定资产损失的账载金额、资产处置收入、赔偿收入、资产计税基础、资产损失的税收金额及纳税调整金额。

8.第8行"固定资产盘亏丢失、报废、损毁或被盗损失":填报纳税人当年发生的固定资产损失中,固定资产盘亏、丢失损失,报废、毁损损失以及被盗损失的账载金额、资产处置收入、赔偿收入、资产计税基础、资产损失的税收金额及纳税调整金额。

9.第9行"五、无形资产损失":填报纳税人当年发生的无形资产损失的账载金额、资产处置收入、赔偿收入、资产计税基础、资产损失的税收金额及纳税调整金额。

10.第10行"无形资产转让损失":填报纳税人当年在正常经营管理活动中,按照公允价格转让无形资产发生的损失的账载金额、资产处置收入、赔偿收入、资产计税基础、资产损失的税收金额及纳税调整金额。

11.第11行"无形资产被替代或超过法律保护期限形成的损失":填报纳税人当年发生的无形资产损失中,被其他新技术所代替或超过法律保护期限,已经丧失使用价值和转让价值,尚未摊销的无形资产损失的账载金额、资产处置收入、赔偿收入、资产计税基础、资产损失的税收金额及纳税调整金额。

12.第12行"六、在建工程损失":填报纳税人当年发生的在建工程损失的账载金额、资产处置收入、赔偿收入、资产计税基础、资产损失的税收金额及纳税调整金额。

13.第13行"在建工程停建、报废损失":填报纳税人当年发生的在建工程损失中,在建工程停建、报废损失的账载金额、资产处置收入、赔偿收入、资产计税基础、资产损失的税收金额及纳税调整金额。

14.第 14 行"七、生产性生物资产损失":填报纳税人当年发生的生产性生物资产损失的账载金额、资产处置收入、赔偿收入、资产计税基础、资产损失的税收金额及纳税调整金额。

15.第 15 行"生产性生物资产盘亏、非正常死亡、被盗、丢失等产生的损失":填报纳税人当年发生的生产性生物资产损失中,生产性生物资产盘亏损失、因森林病虫害、疫情、死亡而产生的生产性生物资产损失以及被盗伐、被盗、丢失而产生的生产性生物资产损失的账载金额、资产处置收入、赔偿收入、资产计税基础、资产损失的税收金额及纳税调整金额。

16.第 16 行"八、债权性投资损失":填报纳税人当年发生的债权性投资损失的账载金额、资产处置收入、赔偿收入、资产计税基础、资产损失的税收金额及纳税调整金额。

17.第 17 行"(一)金融企业债权性投资损失":填报金融企业当年发生的债权性投资损失的账载金额、资产处置收入、赔偿收入、资产计税基础、资产损失的税收金额及纳税调整金额。

18.第 18 行"1.符合条件的涉农和中小企业贷款损失":填报金融企业当年发生的,符合财税〔2015〕3 号规定条件的涉农和中小企业贷款形成的资产损失的账载金额、资产处置收入、赔偿收入、资产计税基础、资产损失的税收金额及纳税调整金额。

19.第 19 行"单户贷款余额 300 万元(含)以下的贷款损失":填报金融企业当年发生的符合条件的涉农和中小企业贷款损失中,单户贷款余额 300 万元(含)以下的资产损失的账载金额、资产处置收入、赔偿收入、资产计税基础、资产损失的税收金额及纳税调整金额。

20.第 20 行"单户贷款余额 300 万元至 1 000 万元(含)的贷款损失":填报金融企业当年发生的符合条件的涉农和中小企业贷款损失中,单户余额 300 万元至 1 000 万元(含)的资产损失的账载金额、资产处置收入、赔偿收入、资产计税基础、资产损失的税收金额及纳税调整金额。

21.第 21 行"2.其他债权性投资损失":填报金融企业当年发生的,除符合条件的涉农和中小企业贷款损失以外的其他债权性投资损失的账载金额、资产处置收入、赔偿收入、资产计税基础、资产损失的税收金额及纳税调整金额。

22.第 22 行"(二)非金融企业债权性投资损失":填报非金融企业当年发生的债权性投资损失的账载金额、资产处置收入、赔偿收入、资产计税基础、资产损失的税收金额及纳税调整金额。

23.第 23 行"九、股权(权益)性投资损失":填报纳税人当年发生的股权(权益)性投资损失的账载金额、资产处置收入、赔偿收入、资产计税基础、资产损失的税收金额及纳税调整金额。

24.第 24 行"股权转让损失":填报纳税人当年发生的股权(权益)性投资损失中,因股权转让形成的资产损失的账载金额、资产处置收入、赔偿收入、资产计税基础、资产损失的税收金额及纳税调整金额。

25.第 25 行"十、通过各种场所、市场等买卖债券、股票、期货、基金以及金融衍生产品等发生的损失":填报纳税人当年发生的,按照市场公平交易原则,通过各种交易场所、市场等买卖债券、股票、期货、基金以及金融衍生产品等发生的损失的账载金额、资产处置收入、赔偿收入、资产计税基础、资产损失的税收金额及纳税调整金额。

26.第26行"十一、打包出售资产损失"：填报纳税人当年发生的，将不同类别的资产捆绑（打包），以拍卖、询价、竞争性谈判、招标等市场方式出售形成的资产损失的账载金额、资产处置收入、赔偿收入、资产计税基础、资产损失的税收金额及纳税调整金额。

27.第27行"十二、其他资产损失"：填报纳税人当年发生的其他资产损失的账载金额、资产处置收入、赔偿收入、资产计税基础、资产损失的税收金额及纳税调整金额。

28.第28行"合计"行次：填报第1+2+5+7+9+12+14+16+23+25+26+27行的合计金额。

29.第29行"分支机构留存备查的资产损失"：填报跨地区经营企业各分支机构留存备查的资产损失的账载金额、资产处置收入、赔偿收入、资产计税基础、资产损失的税收金额及纳税调整金额。

（二）列次填报

1.第1列"资产损失的账载金额"：填报纳税人会计核算计入当期损益的对应项目的资产损失金额。

2.第2列"资产处置收入"：填报纳税人处置发生损失的资产可收回的残值或处置收益。

3.第3列"赔偿收入"：填报纳税人发生的资产损失，取得的相关责任人、保险公司赔偿的金额。

4.第4列"资产计税基础"：填报纳税人按税收规定计算的发生损失时资产的计税基础，含损失资产涉及的不得抵扣增值税进项税额。

5.第5列"资产损失的税收金额"：填报按税收规定允许当期税前扣除的资产损失金额，按第4-2-3列金额填报。

6.第6列"纳税调整金额"：填报第1-5列金额。

二、表内、表间关系

（一）表内关系

1.第16行 = 第17+22行。

2.第17行 = 第18+21行。

3.第28行 = 第1+2+5+7+9+12+14+16+23+25+26+27行。

4.第5列 = 第4-2-3列。

5.第6列 = 第1-5列。

（二）表间关系

1.第28行第1列 = 表A105000第34行第1列。

2.第28行第5列 = 表A105000第34行第2列。

3.若第28行第6列≥0，第28行第6列 = 表A105000第34行第3列；若第28行第6列＜0，第28行第6列的绝对值 = 表A105000第34行第4列。

A107010 免税、减计收入及加计扣除优惠明细表

行次	项 目	金 额
1	一、免税收入（2+3+6+7+8+9+10+11+12+13+14+15+16）	
2	（一）国债利息收入免征企业所得税	
3	（二）符合条件的居民企业之间的股息、红利等权益性投资收益免征企业所得税（填写 A107011）	
4	其中：内地居民企业通过沪港通投资且连续持有 H 股满 12 个月取得的股息红利所得免征企业所得税（填写 A107011）	
5	内地居民企业通过深港通投资且连续持有 H 股满 12 个月取得的股息红利所得免征企业所得税（填写 A107011）	
6	（三）符合条件的非营利组织的收入免征企业所得税	
7	（四）符合条件的非营利组织（科技企业孵化器）的收入免征企业所得税	
8	（五）符合条件的非营利组织（国家大学科技园）的收入免征企业所得税	
9	（六）中国清洁发展机制基金取得的收入免征企业所得税	
10	（七）投资者从证券投资基金分配中取得的收入免征企业所得税	
11	（八）取得的地方政府债券利息收入免征企业所得税	
12	（九）中国保险保障基金有限责任公司取得的保险保障基金等收入免征企业所得税	
13	（十）中国奥委会取得北京冬奥组委支付的收入免征企业所得税	
14	（十一）中国残奥委会取得北京冬奥组委分期支付的收入免征企业所得税	
15	（十二）其他1	
16	（十三）其他2	
17	二、减计收入（18+19+23+24）	
18	（一）综合利用资源生产产品取得的收入在计算应纳税所得额时减计收入	
19	（二）金融、保险等机构取得的涉农利息、保费减计收入（20+21+22）	
20	1.金融机构取得的涉农贷款利息收入在计算应纳税所得额时减计收入	
21	2.保险机构取得的涉农保费收入在计算应纳税所得额时减计收入	
22	3.小额贷款公司取得的农户小额贷款利息收入在计算应纳税所得额时减计收入	
23	（三）取得铁路债券利息收入减半征收企业所得税	
24	（四）其他	
25	三、加计扣除（26+27+28+29+30）	
26	（一）开发新技术、新产品、新工艺发生的研究开发费用加计扣除（填写 A107012）	
27	（二）科技型中小企业开发新技术、新产品、新工艺发生的研究开发费用加计扣除（填写 A107012）	
28	（三）企业为获得创新性、创意性、突破性的产品进行创意设计活动而发生的相关费用加计扣除	
29	（四）安置残疾人员所支付的工资加计扣除	
30	（五）其他	
31	合计（1+17+25）	

A107010《免税、减计收入及加计扣除优惠明细表》填报说明：

本表适用于享受免税收入、减计收入和加计扣除优惠的纳税人填报。纳税人根据税法及相关税收政策规定，填报本年发生的免税收入、减计收入和加计扣除优惠情况。

一、有关项目填报说明

1.第1行"一、免税收入"：填报第2+3+6+7+8+9+10+11+12+13+14+15+16行金额。

2.第2行"（一）国债利息收入免征企业所得税"：填报纳税人根据《国家税务总局关于企业国债投资业务企业所得税处理问题的公告》（国家税务总局公告2011年第36号）等相关税收政策规定，持有国务院财政部门发行的国债取得的利息收入。

3.第3行"（二）符合条件的居民企业之间的股息、红利等权益性投资收益免征企业所得税"：填报《符合条件的居民企业之间的股息、红利等权益性投资收益明细表》（A107011）第8行第17列金额。

4.第4行"内地居民企业通过沪港通投资且连续持有H股满12个月取得的股息红利所得免征企业所得税"：填报根据《财政部 国家税务总局 证监会关于沪港股票市场交易互联互通机制试点有关税收政策的通知》（财税〔2014〕81号）等相关税收政策规定，内地居民企业连续持有H股满12个月取得的股息红利所得，按表A107011第9行第17列金额填报。

5.第5行"内地居民企业通过深港通投资且连续持有H股满12个月取得的股息红利所得免征企业所得税"：填报根据《财政部 国家税务总局证监会关于深港股票市场交易互联互通机制试点有关税收政策的通知》（财税〔2016〕127号）等相关税收政策规定，内地居民企业连续持有H股满12个月取得的股息红利所得，按表A107011第10行第17列金额填报。

6.第6行"（三）符合条件的非营利组织的收入免征企业所得税"：填报纳税人根据税法、《财政部 国家税务总局关于非营利组织企业所得税免税收入问题的通知》（财税〔2009〕122号）、《财政部 税务总局关于非营利组织免税资格认定管理有关问题的通知》（财税〔2018〕13号）等相关税收政策规定，同时符合条件并依法履行登记手续的非营利组织，取得的捐赠收入等免税收入，不包括从事营利性活动所取得的收入。当表A000000的"207非营利组织"选择"是"时，本行可以填报，否则不得填报。

7.第7行"（四）符合条件的非营利组织（科技企业孵化器）的收入免征企业所得税"：填报根据税法、财税〔2009〕122号、财税〔2018〕13号和《财政部 国家税务总局关于科技企业孵化器税收政策的通知》（财税〔2016〕89号）等相关税收政策规定，符合非营利组织条件的科技企业孵化器的收入。当表A000000的"207非营利组织"选择"是"时，本行可以填报，否则不得填报。

8.第8行"（五）符合条件的非营利组织（国家大学科技园）的收入免征企业所得税"：填报根据税法、财税〔2009〕122号、财税〔2018〕13号和《财政部 国家税务总局关于国家大学科技园税收政策的通知》（财税〔2016〕98号）等相关税收政策规定，符合非营利组织条件的科技园的收入。当表A000000的"207非营利组织"选择"是"时，本行可以填报，否则不得填报。

9.第9行"（六）中国清洁发展机制基金取得的收入免征企业所得税"：填报中国清洁发展机制基金根据《财政部 国家税务总局关于中国清洁发展机制基金及清洁发展机制

项目实施企业有关企业所得税政策问题的通知》（财税〔2009〕30号）等相关税收政策规定，取得的CDM项目温室气体减排量转让收入上缴国家的部分，国际金融组织赠款收入，基金资金的存款利息收入，购买国债的利息收入，国内外机构、组织和个人的捐赠收入。

10.第10行"（七）投资者从证券投资基金分配中取得的收入免征企业所得税"：填报纳税人根据《财政部 国家税务总局关于企业所得税若干优惠政策的通知》（财税〔2008〕1号）第二条第（二）项等相关税收政策规定，投资者从证券投资基金分配中取得的收入。

11.第11行"（八）取得的地方政府债券利息收入免征企业所得税"：填报纳税人根据《财政部 国家税务总局关于地方政府债券利息所得免征所得税问题的通知》（财税〔2011〕76号）、《财政部 国家税务总局关于地方政府债券利息免征所得税问题的通知》（财税〔2013〕5号）等相关税收政策规定，取得的2009年、2010年和2011年发行的地方政府债券利息所得，2012年及以后年度发行的地方政府债券利息收入。

12.第12行"（九）中国保险保障基金有限责任公司取得的保险保障基金等收入免征企业所得税"：填报中国保险保障基金有限责任公司根据《财政部 税务总局关于保险保障基金有关税收政策问题的通知》（财税〔2018〕41号）等相关税收政策规定，按《保险保障基金管理办法》规定取得的境内保险公司依法缴纳的保险保障基金；依法从撤销或破产保险公司清算财产中获得的受偿收入和向有关责任方追偿所得，以及依法从保险公司风险处置中获得的财产转让所得；捐赠所得；银行存款利息收入；购买政府债券、中央银行、中央企业和中央级金融机构发行债券的利息收入；国务院批准的其他资金运用取得的收入。

13.第13行"（十）中国奥委会取得北京冬奥组委支付的收入免征企业所得税"：根据《财政部 税务总局 海关总署关于北京2022年冬奥会和冬残奥会税收政策的通知》（财税〔2017〕60号）等相关税收政策规定，中国奥委会填报按中国奥委会、主办城市签订的《联合市场开发计划协议》和中国奥委会、主办城市、国际奥委会签订的《主办城市合同》取得的由北京冬奥组委分期支付的收入、按比例支付的盈余分成收入。

14.第14行"（十一）中国残奥委会取得北京冬奥组委分期支付的收入免征企业所得税"：填报根据财税〔2017〕60号等相关税收政策规定，中国残奥委会按照《联合市场开发计划协议》取得的由北京冬奥组委分期支付的收入。

15.第15行"（十二）其他1"：填报纳税人享受的其他减免税项目名称、减免税代码及免税收入金额。

16.第16行"（十三）其他2"：填报纳税人享受的其他减免税项目名称、减免税代码及免税收入金额。

17.第17行"二、减计收入"：填报第18+19+23+24行金额。

18.第18行"（一）综合利用资源生产产品取得的收入在计算应纳税所得额时减计收入"：填报纳税人综合利用资源生产产品取得的收入总额乘以10%的金额。

19.第19行"（二）金融、保险等机构取得的涉农利息、保费减计收入"：填报金融、保险等机构取得的涉农利息、保费收入减计收入的金额，按第20+21+22行金额填报。

20.第20行"1.金融机构取得的涉农贷款利息收入在计算应纳税所得额时减计收入"：填报纳税人取得农户小额贷款利息收入总额乘以10%的金额。

21. 第21行"2.保险机构取得的涉农保费收入在计算应纳税所得额时减计收入"：填报保险公司为种植业、养殖业提供保险业务取得的保费收入总额乘以10%的金额。其中保费收入总额＝原保费收入＋分保费收入－分出保费。

22. 第22行"3.小额贷款公司取得的农户小额贷款利息收入在计算应纳税所得额时减计收入"：填报按照《财政部 税务总局关于小额贷款公司有关税收政策的通知》（财税〔2017〕48号）等相关税收政策规定，对经省级金融管理部门（金融办、局等）批准成立的小额贷款公司取得的农户小额贷款利息收入乘以10%的金额。

23. 第23行"（三）取得铁路债券利息收入减半征收企业所得税"：填报纳税人根据《财政部 国家税务总局关于铁路建设债券利息收入企业所得税政策的通知》（财税〔2011〕99号）、《财政部 国家税务总局关于2014 2015年铁路建设债券利息收入企业所得税政策的通知》（财税〔2014〕2号）及《财政部 国家税务总局关于铁路债券利息收入所得税政策问题的通知》（财税〔2016〕30号）等相关税收政策规定，企业持有中国铁路建设铁路债券等企业债券取得的利息收入乘以50%的金额。

24. 第24行"（四）其他"：填报纳税人享受的其他减免税项目名称、减免税代码及减计收入金额。

25. 第25行"三、加计扣除"：填报第26+27+28+29+30行的合计金额。

26. 第26行"（一）开发新技术、新产品、新工艺发生的研究开发费用加计扣除"：当表A000000"210-3"项目未填有入库编号时，填报表A107012第51行金额。本行与第27行不可同时填报。

27. 第27行"（二）科技型中小企业开发新技术、新产品、新工艺发生的研究开发费用加计扣除"：当表A000000"210-3"项目填有入库编号时，填报表A107012第51行金额。本行与第26行不可同时填报。

28. 第28行"（三）企业为获得创新性、创意性、突破性的产品进行创意设计活动而发生的相关费用加计扣除"：填报纳税人根据《财政部 国家税务总局 科技部关于完善研究开发费用税前加计扣除政策的通知》（财税〔2015〕119号）第二条第四项规定，为获得创新性、创意性、突破性的产品进行创意设计活动而发生的相关费用按照规定进行税前加计扣除的金额。

29. 第29行"（四）安置残疾人员所支付的工资加计扣除"：填报纳税人根据《财政部 国家税务总局关于安置残疾人员就业有关企业所得税优惠政策问题的通知》（财税〔2009〕70号）等相关税收政策规定安置残疾人员的，按照支付给残疾职工工资的100%加计扣除的金额。

30. 第30行"（五）其他"：填报纳税人享受的其他加计扣除项目名称、减免税代码及加计扣除的金额。

31. 第31行"合计"：填报第1+17+25行金额。

二、表内、表间关系

（一）表内关系

1. 第1行＝第2+3+6+7+8+9+10+11+12+13+14+15+16行。

2. 第17行＝第18+19+23+24行。

3. 第 19 行 = 第 20+21+22 行。

4. 第 25 行 = 第 26+27+28+29+30 行。

5. 第 26 行和第 27 行不可同时填报。

6. 第 31 行 = 第 1+17+25 行。

（二）表间关系

1. 第 3 行 = 表 A107011 第 8 行第 17 列。

2. 第 4 行 = 表 A107011 第 9 行第 17 列。

3. 第 5 行 = 表 A107011 第 10 行第 17 列。

4. 当表 A000000 "210-3" 项目未填有入库编号时，第 26 行 = 表 A107012 第 51 行。

5. 当表 A000000 "210-3" 项目填有入库编号时，第 27 行 = 表 A107012 第 51 行。

6. 第 31 行 = 表 A100000 第 17 行。

A107011　　**符合条件的居民企业之间的股息、红利等权益性投资收益优惠明细表**

行次	被投资企业	被投资企业统一社会信用代码（纳税人识别号）	投资性质	投资成本	投资比例	被投资企业利润分配确认金额		被投资企业清算确认金额		撤回或减少投资确认金额						合计
						被投资企业做出利润分配或转股决定时间	依决定归属于本公司股息、红利等权益性投资收益金额	分得的被投资企业清算剩余资产	被清算企业累计未分配利润和累计盈余公积应享有部分	应确认的股息所得	从被投资企业撤回或减少投资取得的资产	减少投资比例	收回初始投资成本	取得资产中超过收回初始投资成本部分	撤回或减少投资应享有被投资企业累计未分配利润和累计盈余公积	应确认的股息所得	
	1	2	3	4	5	6	7	8	9	10（8与9孰小）	11	12	13（4×12）	14（11-13）	15	16（14与15孰小）	17（7+10+16）
1																	
2																	
3																	
4																	
5																	
6																	
7																	
8	合计																
9	其中：股票投资—沪港通 H 股																
10	股票投资—深港通 H 股																

A107011《符合条件的居民企业之间的股息、红利等权益性投资收益优惠明细表》填报说明：

本表适用于享受符合条件的居民企业之间的股息、红利等权益性投资收益优惠的纳税人填报。纳税人根据税法、《财政部　国家税务总局关于企业清算业务企业所得税处理若干问题的通知》（财税〔2009〕60号）、《财政部　国家税务总局关于执行企业所得税优惠政策若干问题的通知》（财税〔2009〕69号）、《国家税务总局关于贯彻落实企业所得税法若干税收问题的通知》（国税函〔2010〕79号）、《国家税务总局关于企业所得税若干问题的公告》（国家税务总局公告2011年第34号）、《财政部 国家税务总局 证监会关于沪港股票市场交易互联互通机制试点有关税收政策的通知》（财税〔2014〕81号）、《财政部 国家税务总局 证监会关于深港股票市场交易互联互通机制试点有关税收政策的通知》（财税〔2016〕127号）等相关税收政策规定，填报本年发生的符合条件的居民企业之间的股息、红利（包括H股）等权益性投资收益优惠情况，不包括连续持有居民企业公开发行并上市流通的股票不足12个月取得的投资收益。

一、有关项目填报说明

1.行次根据投资企业名称和投资性质填报，可以根据情况增加。

2.第8行"合计"：填报第1+2+…+7行的第17列合计金额，若增行，根据增行后的情况合计。

3.第9行"其中：股票投资—沪港通H股"：填报第1+2…+7行中，"投资性质"列选择"（3）股票投资（沪港通H股投资）"的行次，第17列合计金额。

4.第10行"股票投资—深港通H股"：填报第1+2…+7行中，"投资性质"列选择"（4）股票投资（深港通H股投资）"的行次，第17列合计金额。

5.第1列"被投资企业"：填报被投资企业名称。

6.第2列"被投资企业统一社会信用代码（纳税人识别号）"：填报被投资企业工商等部门核发的纳税人统一社会信用代码。未取得统一社会信用代码的，填报税务机关核发的纳税人识别号。

7.第3列"投资性质"：按选项填报：（1）直接投资、（2）股票投资（不含H股）、（3）股票投资（沪港通H股投资）、（4）股票投资（深港通H股投资）。

符合《财政部 国家税务总局 证监会关于沪港股票市场交易互联互通机制试点有关税收政策的通知》（财税〔2014〕81号）文件第一条第（四）项第1目规定，享受沪港通H股股息红利免税政策的企业，选择"（3）股票投资（沪港通H股投资）"。

符合《财政部 国家税务总局 证监会关于深港股票市场交易互联互通机制试点有关税收政策的通知》（财税〔2016〕127号）文件第一条第（四）项第1目规定，享受深港通H股股息红利免税政策的企业，选择"（4）股票投资（深港通H股投资）"。

8.第4列"投资成本"：填报纳税人投资于被投资企业的计税成本。

9.第5列"投资比例"：填报纳税人投资于被投资企业的股权比例。若购买公开发行股票的，此列可不填报。

10.第6列"被投资企业做出利润分配或转股决定时间"：填报被投资企业做出利润分配或转股决定的时间。

11.第7列"依决定归属于本公司的股息、红利等权益性投资收益金额":填报纳税人按照投资比例或者其他方法计算的,实际归属于本公司的股息、红利等权益性投资收益金额。若被投资企业将股权(票)溢价所形成的资本公积转为股本的,不作为投资方企业的股息、红利收入,投资方企业也不得增加该项长期投资的计税基础。

12.第8列"分得的被投资企业清算剩余资产":填报纳税人分得的被投资企业清算后的剩余资产。

13.第9列"被清算企业累计未分配利润和累计盈余公积应享有部分":填报被清算企业累计未分配利润和累计盈余公积中本企业应享有的金额。

14.第10列"应确认的股息所得":填报第7列与第8列孰小值。

15.第11列"从被投资企业撤回或减少投资取得的资产":填报纳税人从被投资企业撤回或减少投资时取得的资产。

16.第12列"减少投资比例":填报纳税人撤回或减少的投资额占投资方在被投资企业持有总投资比例。

17.第13列"收回初始投资成本":填报第3×11列的金额。

18.第14列"取得资产中超过收回初始投资成本部分":填报第11-13列的余额。

19.第15列"撤回或减少投资应享有被投资企业累计未分配利润和累计盈余公积":填报被投资企业累计未分配利润和累计盈余公积按减少实收资本比例计算的部分。

20.第16列"应确认的股息所得":填报第13列与第14列孰小值。

21.第17列"合计":填报第7+10+16列的合计金额。

二、表内、表间关系

(一)表内关系

1.第13列 = 第4×12列。

2.第14列 = 第11-13列。

3.第17列 = 第7+10+16列。

4.第10列 = 第8列与第9列孰小值。

5.第16列 = 第14列与第15列孰小值。

6.第8行("合计"行) = 第1+2+…+7行第17列合计。

7.第9行("股票投资—沪港通H股"合计行) = 第1+2+…+7行中,各行第3列选择"(3)股票投资(沪港通H股投资)"的行次第17列合计金额。

8.第10行("股票投资—深港通H股"合计行) = 第1+2…+7行中,各行第3列选择"(4)股票投资(深港通H股投资)"的行次第17列合计金额。

(二)表间关系

1.第8行第17列 = 表A107010第3行。

2.第9行第17列 = 表A107010第4行。

3.第10行第17列 = 表A107010第5行。

3.7.5 城镇土地使用税 房产税纳税申报表

城镇土地使用税 房产税纳税申报表

税款所属期：自 年 月 日 至 年 月 日

纳税人识别号（统一社会信用代码）：□□□□□□□□□□□□□□□□□□

金额单位：人民币元（列至角分）；面积单位：平方米

纳税人名称：

一　城镇土地使用税

本期是否适用增值税小规模纳税人减征政策 □是 □否
（减免性质代码10049901）

序号	土地编号	宗地号	土地等级	土地总面积	税额标准	所属期起	所属期止	本期应纳税额	本期减免税额	本期增值税小规模纳税人减征额	减征比例（%）	本期已缴税额	本期应补（退）税额
1	*												
2	*												
3	*												
合计	*	*	*										

二　房产税

（一）从价计征房产税

本期是否适用增值税小规模纳税人减征政策 □是 □否
（减免性质代码08049901）

序号	房产编号	房产原值	其中：出租房产原值	计税比例	税率	所属期起	所属期止	本期应纳税额	本期减免税额	本期增值税小规模纳税人减征额	减征比例（%）	本期已缴税额	本期应补（退）税额
1	*												
2	*												
3	*												
合计	*			*	*								

（二）从租计征房产税

序号	房产编号	本期申报租金收入	本期应纳税额	本期减免税额	本期增值税小规模纳税人减征额	本期已缴税额	本期应补（退）税额
1	*						
2	*						
3	*						
合计	*						

声明：此表是根据国家税收法律法规及相关规定填写的，本人（单位）对填报内容（及附带资料）的真实性、可靠性、完整性负责。

纳税人：
纳税人（签章）：

经办人：
经办人身份证号：
代理机构签章：
代理机构统一社会信用代码：

受理人：
受理税务机关（章）：
受理日期： 年 月 日

本表一式两份，一份纳税人留存，一份税务机关留存。

《城镇土地使用税 房产税纳税申报表》填表说明：

1.本表适用于在中华人民共和国境内申报缴纳城镇土地使用税、房产税的单位和个人。

2.本表依据《中华人民共和国税收征收管理法》《中华人民共和国城镇土地使用税暂行条例》及《中华人民共和国房产税暂行条例》制定，为《城镇土地使用税 房产税纳税申报表》主表。本表除"本期是否适用增值税小规模纳税人减征政策""本期适用增值税小规模纳税人减征政策起始时间""本期适用增值税小规模纳税人减征政策终止时间"和"减征比例"外，其他数据项来源于《城镇土地使用税 房产税税源明细表》并由系统自动生成。《城镇土地使用税 房产税减免税明细申报表》为《城镇土地使用税 房产税纳税申报表》的附表。

3.税款所属期：默认为税款所属期的起始时间和终止时间。

4.纳税人识别号（统一社会信用代码）：填写纳税人识别号码或统一社会信用代码。

5.纳税人名称：填报营业执照、税务登记证、身份证件等证件载明的纳税人名称。

6.本期是否适用增值税小规模纳税人减征政策（减免性质代码：城镇土地使用税10049901、房产税08049901）：纳税人在税款所属期内有任意一个月份为增值税小规模纳税人的，勾选"是"；否则，勾选"否"。

7.本期适用增值税小规模纳税人减征政策起始时间：如果税款所属期内纳税人一直为增值税小规模纳税人，填写税款所属期起始月份；如果税款所属期内纳税人由增值税一般纳税人转登记为增值税小规模纳税人，填写成为增值税小规模纳税人的月份。如，税款所属期为2019年1月至6月，按月申报增值税的某企业在2019年2月11日前为增值税一般纳税人，2月11日转登记为增值税小规模纳税人，该企业本期适用增值税小规模纳税人减征政策起始日期为2019年3月，应在本栏填写"2019年3月"。如果小规模纳税人状态没有发生变化，系统默认起始时间为税款所属期起始月份，纳税人可以修改。

8.本期适用增值税小规模纳税人减征政策终止时间：如果税款所属期内纳税人一直为增值税小规模纳税人，填写税款所属期终止月份；如果税款所属期内纳税人由增值税小规模纳税人登记为增值税一般纳税人，填写增值税一般纳税人生效之日上月；经税务机关通知，逾期仍不办理增值税一般纳税人登记的，自逾期次月起不再适用减征优惠，填写逾期当月所在的月份。如，税款所属期为2019年1月至6月，某企业在2019年5月1日前为增值税小规模纳税人，5月1日为一般纳税人的生效之日，该企业适用增值税小规模纳税人减征优惠终止日期为2019年4月，应在本栏填写"2019年4月"。如果小规模纳税人状态没有发生变化，系统默认终止时间为税款所属期终止月份，纳税人可以修改。

9.减征比例（%）：系统自动带出，纳税人不必填写。

10.土地、房产编号：由系统赋予编号，纳税人不必填写。

11.宗地号：土地权属证书记载的宗地号。不同宗地号的土地应当分行填写。无宗地号的，不同的宗地也应当分行填写。

12.土地等级：根据本地区关于土地等级的有关规定，填写纳税人占用土地所属的土地的等级。

13.税额标准：根据土地等级确定，由系统自动带出。

14.土地总面积：此面积为全部面积，包括减免税面积。本项为《城镇土地使用税 房产税税源明细表》"城镇土地使用税税源明细"中"占用土地面积"的值。

15.城镇土地使用税所属期起：税款所属期内税款所属的起始月份。起始月份不同的土地应当分行填写。默认为税款所属期的起始月份。但是，当《城镇土地使用税 房产税税源明细表》"城镇土地使用税税源明细"中土地取得时间晚于税款所属期起始月份的，所属期起为"取得时间"的次月；《城镇土地使用税 房产税税源明细表》"城镇土地使用税税源明细"中减免的起始月份晚于税款所属期起始月份的，所属期起为"减免的起始月份"；《城镇土地使用税 房产税税源明细表》"城镇土地使用税税源明细"中变更类型选择信息项变更，且变更时间晚于税款所属期起始月份的，所属期起为"变更时间"。

16.城镇土地使用税所属期止：税款所属期内税款所属的终止月份。终止月份不同的土地应当分行填写。默认为税款所属期的终止月份。但是，当《城镇土地使用税 房产税税源明细表》"城镇土地使用税税源明细"中变更类型选择纳税义务终止，且变更时间早于税款所属期终止月份的，所属期止为"变更时间"；《城镇土地使用税 房产税税源明细表》"城镇土地使用税税源明细"中"减免的终止月份"早于税款所属期终止月份的，所属期止为"减免的终止月份"。

17.房产原值：本项为《城镇土地使用税 房产税税源明细表》"从价计征房产税明细"中"房产原值"的值。

18.出租房产原值：本项为《城镇土地使用税 房产税税源明细表》"从价计征房产税明细"中"出租房产原值"的值。

19.计税比例：系统自动带出，纳税人不填写。

20.税率：系统自动带出，纳税人不必填写。

21.房产税所属期起：税款所属期内税款所属的起始月份。起始月份不同的房产应当分行填写。默认为税款所属期的起始月份。但是，当《城镇土地使用税 房产税税源明细表》"从价计征房产税明细"中房产取得时间晚于税款所属期起始月份的，所属期起为"取得时间"的次月；《城镇土地使用税 房产税税源明细表》"从价计征房产税明细"中减免的起始月份晚于税款所属期起始月份的，所属期起为"减免的起始月份"；《城镇土地使用税 房产税税源明细表》"从价计征房产税明细"中变更类型选择信息项变更，且变更时间晚于税款所属期起始月份的，所属期起为"变更时间"。

22.房产税所属期止：税款所属期内税款所属的终止月份。终止月份不同的房产应当分行填写。默认为税款所属期的终止月份。但是，当《城镇土地使用税 房产税税源明细表》"从价计征房产税明细"中变更类型选择纳税义务终止，且变更时间早于税款所属期终止月份的，所属期止为"变更时间"；《城镇土地使用税 房产税税源明细表》"从价计征房产税明细"中"减免的终止月份"早于税款所属期终止月份的，所属期止为"减免的终止月份"。

23.本期增值税小规模纳税人减征额：为税款所属期内适用增值税小规模纳税人减征优惠各月减征额的合计，增值税小规模纳税人月减征额=（当月应纳税额－当月减免税额）×减征比例。

24.城镇土地使用税本期应纳税额、本期减免税额、本期应补（退）税额计算公式如下：

本期应纳税额：根据《城镇土地使用税 房产税税源明细表》"城镇土地使用税税源明细"中有关数据项自动计算生成。本期应纳税额=∑占用土地面积×税额标准÷12×（所属期止月份−所属期起月份+1）。

本期减免税额=∑《城镇土地使用税 房产税税源明细表》"城镇土地使用税税源明细"中月减免税额×（所属期止月份−所属期起月份+1）。

本期应补（退）税额=本期应纳税额−本期减免税额−本期增值税小规模纳税人减征额−本期已缴税额。

25.房产税本期应纳税额、本期减免税额、本期应补（退）税额计算公式如下：

（1）从价计征房产税的

本期应纳税额=∑《城镇土地使用税 房产税税源明细表》"从价计征房产税明细"中（房产原值−出租房产原值）×计税比例×税率÷12×（所属期止月份−所属期起月份+1）；

本期减免税额=∑《城镇土地使用税 房产税税源明细表》"从价计征房产税明细"中月减免税额×（所属期止月份−所属期起月份+1）；

本期应补（退）税额=本期应纳税额−本期减免税额−本期增值税小规模纳税人减征额−本期已缴税额。

（2）从租计征房产税的

本期应纳税额=∑《城镇土地使用税 房产税税源明细表》"从租计征房产税明细"中本期应税租金收入×适用税率；

本期减免税额=∑《城镇土地使用税 房产税税源明细表》"从租计征房产税明细"中月减免税额×（所属期止月份−所属期起月份+1）；

本期应补（退）税额=本期应纳税额−本期减免税额−本期增值税小规模纳税人减征额−本期已缴税额。

城镇土地使用税 房产税减免税明细申报表

税款所属期：自　　年　　月　　日至　　年　　月　　日

纳税人识别号（统一社会信用代码）：□□□□□□□□□□□□□□□□□□

纳税人名称：　　　　　　　　　　　　　金额单位：人民币元（列至角分）；面积单位：平方米

一、城镇土地使用税减免信息									
序号	土地编号	所属期起	所属期止	土地等级	税额标准	减免税面积	减免性质代码	减免项目名称	本期减免税额
1	*								
2	*								
3	*								
合计		*	*	*	*		*	*	

二、房产税减免信息

（一）从价计征房产税减免信息

序号	房产编号	所属期起	所属期止	减免税房产原值	计税比例	税率	减免性质代码	减免项目名称	本期减免税额
1	*								
2	*								
3	*								
合计		*	*		*	*	*	*	

（二）从租计征房产税减免信息

序号	房产编号	本期享受减免税租金收入	税率	减免性质代码	减免项目名称	本期减免税额
1	*					
2	*					
3	*					
合计			*	*	*	

《城镇土地使用税 房产税减免税明细申报表》填报说明：

1.税款所属期：默认为税款所属期的起始时间和终止时间。

2.纳税人识别号（统一社会信用代码）：填写纳税人识别号码或统一社会信用代码。

3.纳税人名称：填报营业执照、税务登记证、身份证件等证件载明的纳税人名称。

4.首次申报或变更申报时纳税人提交《城镇土地使用税 房产税税源明细表》后，本表由系统自动生成，无需纳税人手工填写。后续申报，纳税人税源明细无变更的，税务机关提供免填单服务，根据纳税人识别号及该纳税人当期有效的税源明细信息自动生成本表。

5.城镇土地使用税所属期起：税款所属期内税款所属的起始月份。起始月份不同的土地应当分行填写。默认为税款所属期的起始月份。但是，当《城镇土地使用税 房产税税源明细表》中土地取得时间晚于税款所属期起始月份的，所属期起为"取得时间"的次月；《城镇土地使用税 房产税税源明细表》中减免的起始月份晚于税款所属期起始月份的，所属期起为"减免的起始月份"；《城镇土地使用税 房产税税源明细表》中变更类型选择信息项变更，且变更时间晚于税款所属期起始月份的，所属期起为"变更时间"。

6.城镇土地使用税所属期止：税款所属期内税款所属的终止月份。终止月份不同的土地应当分行填写。默认为税款所属期的终止月份。但是，当《城镇土地使用税 房产税税源明细表》中变更类型选择纳税义务终止，且变更时间早于税款所属期终止月份的，所属期止为"变更时间"；《城镇土地使用税 房产税税源明细表》中"减免的终止月份"早于税款所属期终止月份的，所属期止为"减免的终止月份"。

7.城镇土地使用税本期减免税额：本项根据《城镇土地使用税 房产税税源明细表》"城镇土地使用税税源明细"月减免税额与税款所属期实际包含的月份数自动计算生成，城镇土地使用税本期减免税额=∑《城镇土地使用税 房产税税源明细表》"城镇土地使用税税源明细"月减免税额×（所属期止月份–所属期起月份+1）。

8.房产税所属期起：税款申报所属期内税款所属的起始月份。起始月份不同的房产应当分行填写。默认为税款所属期的起始月份。但是，当《城镇土地使用税 房产税税源明细表》中取得时间晚于税款所属期起始月份的，所属期起为"取得时间"的次月；《城镇土地使用税 房产税税源明细表》中减免的起始月份晚于税款所属期起始月份的，所属期起为"减免的起始月份"；《城镇土地使用税 房产税税源明细表》中变更类型选择信息项变更，且变更时间晚于税款所属期起始月份的，所属期起为"变更时间"。

9.房产税所属期止：税款所属期内税款所属的终止月份。终止月份不同的房产应当分行填写。默认为税款所属期的终止月份。但是，当《城镇土地使用税 房产税税源明细表》中变更类型选择纳税义务终止，且变更时间早于税款所属期终止月份的，所属期止为"变更时间"；《城镇土地使用税 房产税税源明细表》中"减免的终止月份"早于税款所属期终止月份的，所属期止为"减免的终止月份"。

10.房产税本期减免税额：本项为按照税目分别从《城镇土地使用税 房产税税源明细表》"从价计征房产税税源明细"或"从租计征房产税税源明细"月减免税额与税款所属期实际包含的月份数自动计算生成。从价计征本期减免税额=∑"从价计征房产税税源明细"月减免税额×（所属期止月份–所属期起月份+1）；从租计征本期减免税额=∑"从租计征房产税税源明细"月减免税额×（所属期止月份–所属期起月份+1）。

城镇土地使用税 房产税税源明细表

纳税人识别号（统一社会信用代码）：□□□□□□□□□□□□□□□□□□

纳税人名称：　　　　　　　　　　　　　金额单位：人民币元（列至角分）；面积单位：平方米

一、城镇土地使用税税源明细				
纳税人类型	土地使用权人□ 集体土地使用人□ 无偿使用人□ 代管人□ 实际使用人□（必选）	土地使用权人纳税人识别号（统一社会信用代码）	土地使用权人名称	
土地编号	*	土地名称	不动产权证号	
不动产单元号		宗地号	土地性质	国有□ 集体□（必选）
土地取得方式	划拨□ 出让□ 转让□ 租赁□ 其他□（必选）	土地用途	工业□ 商业□ 居住□ 综合□ 房地产开发企业的开发用地□ 其他□ （必选）	
土地坐落地址（详细地址）	省（自治区、直辖市）　　　市（区）　　　县（区）　　　乡镇（街道）　　　（必填）			
土地所属主管税务所（科、分局）				
土地取得时间	年　月	变更类型	纳税义务终止（权属转移□ 其他□） 信息项变更（土地面积变更□土地等级变更□ 减免税变更□其他□）	变更时间　年　月
占用土地面积		土地等级		税额标准

地价			其中取得土地使用权支付金额				其中土地开发成本	
减免税部分	序号	减免性质代码	减免项目名称	减免起止时间		减免税土地面积	月减免税金额	
				起始月份	终止月份			
	1			年　月	年　月			
	2							
	3							

二、房产税税源明细

（一）从价计征房产税明细

纳税人类型	产权所有人□经营管理人□承典人□房屋代管人□房屋使用人□融资租赁承租人□（必选）	所有权人纳税人识别号（统一社会信用代码）		所有权人名称	
房产编号	*		房产名称		
不动产权证号			不动产单元号		
房屋坐落地址（详细地址）	省（自治区、直辖市）　　市（区）　　县（区）　　乡镇（街道）　　（必填）				
房产所属主管税务所（科、分局）					
房屋所在土地编号	*		房产用途	工业□ 商业及办公□ 住房□ 其他□（必选）	
房产取得时间	年　月	变更类型	纳税义务终止（权属转移□ 其他□）信息项变更（房产原值变更□ 出租房产原值变更□ 减免税变更□其他□）	变更时间	年　月
建筑面积	（必填）		其中：出租房产面积		
房产原值	（必填）		其中：出租房产原值	计税比例	系统设定

减免税部分	序号	减免性质代码	减免项目名称	减免起止时间		减免税房产原值	月减免税金额
				起始月份	终止月份		
	1						
	2						
	3						

（二）从租计征房产税明细

房产编号	*		房产名称	
房产用途	工业□ 商业及办公□ 住房□ 其他□			
房产坐落地址（详细地址）	省（自治区、直辖市）　　市（区）　　县（区）　　乡镇（街道）　　（必填）			
房产所属主管税务所（科、分局）				
承租方纳税人识别号（统一社会信用代码）			承租方名称	

续表

出租面积		合同租金总收入		
合同约定租赁期起		合同约定租赁期止		
申报租金收入		申报租金所属租赁期起		申报租金所属租赁期止	
减免性质代码		减免项目名称		享受减免税租金收入	
减免税额				

声明：此表是根据国家税收法律法规及相关规定填写的，本人（单位）对填报内容（及附带资料）的真实性、可靠性、完整性负责。

纳税人（签章）：　　　年　月　日

经办人： 经办人身份证号： 代理机构签章： 代理机构统一社会信用代码：	受理人： 受理税务机关（章）： 受理日期：　　年　月　日

本表一式两份，一份纳税人留存，一份税务机关留存。

《城镇土地使用税 房产税税源明细表》填报说明：

城镇土地使用税税源明细

1.系统根据本表数据自动计算生成《城镇土地使用税 房产税纳税申报表》及其附表《城镇土地使用税 房产税减免税明细申报表》。

2.此表实施后，对首次进行纳税申报的纳税人，需要申报其全部土地的相关信息。此后办理纳税申报时，如果纳税人的土地及相关信息未发生变化的，可仅对上次申报信息进行确认；发生变化的，仅就变化的内容进行填写。

3.城镇土地使用税税源明细申报遵循"谁纳税谁申报"的原则，只要存在城镇土地使用税纳税义务，就应当如实申报土地信息。

4.每一宗土地填写一张表。同一宗土地跨两个土地等级的，按照不同等级分别填表。无不动产权证（土地使用权证）的，按照土地坐落地址分别填表。纳税人不得将多宗土地合并成一条记录填表。

5.对于本表中的数据项目，有不动产权证（土地使用权证）的，依据证件记载内容填写，没有不动产权证（土地使用权证）的，依据实际情况填写。

6.纳税人类型（必填）：分为土地使用权人、集体土地使用人、无偿使用人、代管人、实际使用人。必选一项，且只能选一项。

7.土地使用权人纳税人识别号（统一社会信用代码）：填写土地使用权人的纳税人识别号或统一社会信用代码。

8.土地使用权人名称：填写土地使用权人的名称。

9.土地编号：由系统赋予编号，纳税人不必填写。

10.土地名称：纳税人自行编写，以便于识别。

11.不动产权证号：纳税人有不动产权证（土地使用权证）的，必填。填写不动产权证（土地使用权证）载明的证件编号。

12.不动产单元号：纳税人有不动产权证的，必填。填写不动产权证载明的不动产单元号。

13.宗地号：填写土地权属证书记载的宗地号，有不动产单元号的不填。

14.土地性质（必填）：根据实际的土地性质选择。选项为国有、集体。

15.土地取得方式（必填）：根据土地的取得方式选择，分为：划拨、出让、转让、租赁和其他。

16.土地用途（必填）：分为工业、商业、居住、综合、房地产开发企业的开发用地和其他，必选一项，且只能选一项，不同用途土地应当分别填表。

17.土地坐落地址（必填）：填写详细地址，具体为：××省（自治区、直辖市）××市（区）××县（区）××乡镇（街道）+详细地址。

18.土地所属主管税务所（科、分局）：系统自动带出，纳税人不必填写。

19.土地取得时间（必填）：填写纳税人初次获得该土地的时间。

20.变更类型：有变更情况的必选。

21.变更时间：有变更情况的必填，填至月。变更类型选择纳税义务终止的，税款计算至当月末；变更类型选择信息项变更的，自变更当月起按新状态计算税款。

22.占用土地面积（必填）：根据纳税人本表所填列土地实际占用的土地面积填写，保留两位小数。此面积为全部面积，包括减税面积和免税面积。

23.地价：曾经支付地价和开发成本的必填。地价为取得土地使用权支付的价款与开发土地发生的成本费用之和。

24.土地等级（必填）：根据本地区土地等级的有关规定，填写纳税人占用土地所属的土地的等级。不同土地等级的土地应当分别填表。

25.税额标准：系统自动带出，纳税人不必填写。

26.减免性质代码：按照税务机关最新制发的减免税政策代码表中最细项减免性质代码填写。有减免税情况的必填。不同减免性质代码的土地应当分行填表。纳税人减免税情况发生变化时，应当进行变更。

27.减免项目名称：按照税务机关最新制发的减免税政策代码表中最细项减免项目名称填写。有减免税情况的必填。

28.减免起止时间：有减免税情况的必填。纳税人如有困难减免的情况，填写经税务机关核准的困难减免的起始月份和终止月份。

29.减免税土地的面积：填写享受减免税政策的土地的全部面积。

30.月减免税金额：填写本表所列土地本项减免税项目享受的月减免税金额。

31.带星号（*）的项目不需要纳税人填写。

从价计征房产税税源明细

1.系统根据本表数据自动计算生成《城镇土地使用税 房产税纳税申报表》及其附表《城镇土地使用税 房产税减免税明细申报表》。

2.首次进行纳税申报的纳税人，需要申报其全部房产的相关信息，此后办理纳税申报时，如果纳税人的房产及减免税等相关信息未发生变化的，可仅对上次申报信息进行确认；发生变化的，仅就变化的内容进行填写。

3.房产税税源明细申报遵循"谁纳税谁申报"的原则，只要存在房产税纳税义务，就应当如实申报房产明细信息。

4. 每一独立房产应当填写一张表。即：同一不动产权证（房屋所有权证）有多幢（个）房产的，每幢（个）房产填写一张表。无不动产权证（房屋所有权证）的房产，每幢（个）房产填写一张表。纳税人不得将多幢房产合并成一条记录填写。

5. 对于本表中的数据项目，有不动产权证（房屋所有权证）的，依据证件记载的内容填写，没有不动产权证（房屋所有权证）的，依据实际情况填写。

6. 纳税人有出租房产的，应先填写从价计征房产税税源明细，再填写从租计征房产税税源明细。

7. 纳税人类型（必填）：分为产权所有人、经营管理人、承典人、房屋代管人、房屋使用人、融资租赁承租人。必选一项，且只能选一项。

8. 所有权人纳税人识别号码（统一社会信用代码）：填写房屋所有权人的纳税人识别号码或统一社会信用代码。

9. 所有权人名称：填写房屋所有权人的名称。

10. 房产编号：由系统赋予编号，纳税人不必填写。

11. 房产名称：纳税人自行编写，以便于识别。如：1 号办公楼、第一车间厂房等。

12. 不动产权证号：纳税人有不动产权证（房屋所有权证）的，必填。填写不动产权证（房屋所有权证）载明的证件编号。

13. 不动产单元号：纳税人有不动产权证的，必填。填写不动产权证载明的不动产单元号。

14. 房屋坐落地址（必填）：填写详细地址，具体为：××省××市××县（区）××乡镇（街道）+详细地址，且应当与土地税源明细申报数据关联并一致。系统自动带出已填报的土地税源信息，供选择。一栋房产仅可选择对应一条土地信息。

15. 房产所属主管税务所（科、分局）：系统自动带出，纳税人不必填写。

16. 房屋所在土地编号：系统自动带出，纳税人不必填写。

17. 房产用途（必填）：房产用途依据不动产权证（房屋所有权证）登记的用途填写，无证的，依据实际用途填写。分为工业、商业及办公、住房、其他，必选一项，且只能选一项。不同用途的房产应当分别填表。

18. 建筑面积（必填）：保留两位小数。

19. 出租房产面积：有出租情况的必填。

20. 房产原值（必填）：填写房产的全部房产原值。包括：分摊应计入房产原值的地价，与房产不可分割的设备设施的原值，房产中已出租部分的原值，以及房产中减免税部分的原值。

21. 出租房产原值：房产有出租情况的必填。

22. 计税比例：为各地房产原值减除比例。系统自动带出，纳税人不必填写。

23. 房产取得时间（必填）：填写纳税人初次获得该房产的时间。

24. 变更类型：有变更情况的必选。

25. 变更时间：有变更情况的必填，填至月。变更类型选择纳税义务终止的，税款计算至当月末；变更类型选择信息项变更的，自变更当月起按新状态计算税款。

26. 减免性质代码：按照税务机关最新制发的减免税政策代码表中最细项减免性质代码填写。有减免税情况的必填。不同减免性质代码的房产应当分行填表。纳税人减免税情况发生变化时，应当进行变更。

27.减免项目名称：按照税务机关最新制发的减免税政策代码表中最细项减免项目名称填写。有减免税情况的必填。

28.减免起止时间：有减免税情况的必填。纳税人如有困难减免的情况，填写经税务机关核准的困难减免的起始月份和终止月份。

29.减免税房产原值：依据政策确定的可以享受减免税政策的房产原值。政策明确按一定比例进行减免的，该项为经过比例换算确定的减免税房产原值。例如：供热企业用于居民供热的免税房产原值=房产原值×实际从居民取得的采暖费收入/采暖费总收入。

30.月减免税金额：填写本表所列房产本项减免税项目享受的月减免税金额。

31.带星号（*）的项目不需要纳税人填写。

从租计征房产税税源明细

1.系统根据本表数据自动计算生成《城镇土地使用税 房产税纳税申报表》及其附表《城镇土地使用税 房产税减免税明细申报表》。

2.每一独立出租房产应当填写一张表。即：同一不动产权证（房屋所有权证）有多幢（个）房产的，每幢（个）房产填写一张表。无不动产权证（房屋所有权证）的房产，每幢（个）房产填写一张表。纳税人不得将多幢房产合并成一条记录填写。

3.纳税人有出租房产的，应先填写从价计征房产税税源明细，再填写从租计征房产税税源明细。

4.房产编号：由系统赋予编号，纳税人不必填写。

5.房产名称：纳税人自行编写，以便于识别。与从价计征房产税明细申报信息关联并一致。

6.房产用途（必填）：分为工业、商业及办公、住房、其他，必选一项，且只能选一项，不同用途的房产应当分别填表。

7.房屋坐落地址（必填）：填写详细地址，具体为：××省××市××县（区）××乡镇（街道）+详细地址，且应当与土地税源明细申报数据关联并一致。

8.房产所属主管税务所（科、分局）：系统自动带出，纳税人不必填写。

9.承租方纳税人识别号（统一社会信用代码）：填写纳税人识别号码或统一社会信用代码。

10.出租面积（必填）：填写出租房产的面积。

11.合同租金总收入（必填）：填写出租协议约定的出租房产的总收入。

12.合同约定租赁期起（必填）：填写出租协议约定的收取租金等收入的租赁期起。

13.合同约定租赁期止（必填）：填写出租协议约定的收取租金等收入的租赁期止。

14.申报租金收入（必填）：填写本次申报的应税租金收入。

15.申报租金所属租赁期起（必填）：填写申报租金收入的所属租赁期起。

16.申报租金所属租赁期止（必填）：填写申报租金收入的所属租赁期止。

17.减免性质代码：按照税务机关制发的减免税政策代码表中最细项减免性质代码填写。有减免税情况的必填。对于出租房产不适用12%法定税率的，应当填写相关的减免税内容。

18.减免项目名称：按照税务机关最新制发的减免税政策代码表中最细项减免项目名称填写。

19.享受减免税租金收入：填写本出租房产可以享受减免税政策的租金收入。

20.减免税额：根据纳税人选择的减免性质代码自动计算。

21.带星号（*）的项目不需要纳税人填写。

3.7.6 车船税纳税申报表

车船税纳税申报表

税款所属期限：自 年 月 日至 年 月 日　　　填表日期：年 月 日　　　金额单位：元至角分

纳税人识别号 □□□□□□□□□□□□

纳税人名称		纳税人身份证照类型	
纳税人身份证照号码		居住（单位）地址	
联系人		联系方式	

序号	(车辆)号牌号码/(船舶)登记号码	车船识别代码(车架号/船舶识别号)	征收品目	计税单位	计税单位的数量	单位税额	年应缴税额	本年减免税额	减免性质代码	减免税证明号	当年应缴税额	本年已缴税额	本期年应补(退)税额
	1	2	3	4	5	6	7=5*6	8	9	10	11=7-8	12	13=11-12
合计		—	—	—	—	—			—	—			

申报车辆总数（辆）：　　　申报船舶总数（艘）：

以下由申报人填写

纳税人声明	此纳税申报表是根据《中华人民共和国车船税法》和国家有关税收规定填报的，是真实的、可靠的、完整的。	
纳税人签章	代理人签章	代理人身份证号

以下由税务机关填写

受理人	受理日期	受理税务机关（签章）

本表一式两份，一份纳税人留存，一份税务机关留存。

《车船税纳税申报表》填报说明：

1.《车船税纳税申报表》适用于中华人民共和国境内自行申报车船税的纳税人填报。本表分为一主表两附表，车辆车船税纳税人填报纳税申报表和税源明细表（车辆），船舶车船税纳税人填报纳税申报表和税源明细表（船舶）。

2.对首次进行车船税纳税申报的纳税人，需要申报其全部车船的主附表信息。此后办理纳税申报时，如果纳税人的车船及相关信息未发生变化的，可不再填报信息，仅提供相关证件，由税务机关按上次申报信息生成申报表后，纳税人进行签章确认即可。对车船或纳税人有关信息发生变化的，纳税人仅就变化的内容进行填报。已获取第三方信息的地区，税务机关可将第三方信息导入纳税申报系统，直接生成申报表由纳税人进行签章确认。

3.税款所属期限：填报纳税年度的1月1日至12月31日。

4.纳税人识别号：单位纳税人填报，自然人纳税人不必填报。

5.纳税人身份证照类型：

（1）组织机构代码

（2）居民身份证或临时居民身份证

（3）有效军人身份证件

（4）香港、澳门特别行政区居民身份证明

（5）台湾地区居民身份证明

（6）外国人护照或居留许可

（7）外交部核发的外国驻华使馆、领馆人员、国际组织驻华代表机构人员的有效身份证

（8）其他

6.纳税人身份证照号码：是单位的，填报含所属行政区域代码的组织机构代码。是个人的，填报身份证照号码。

7.征收品目：

（1）1.0升（含）以下的乘用车

（2）1.0升以上至1.6升（含）的乘用车

（3）1.6升以上至2.0升（含）的乘用车

（4）2.0升以上至2.5升（含）的乘用车

（5）2.5升以上至3.0升（含）的乘用车

（6）3.0升以上至4.0升（含）的乘用车

（7）4.0升以上的乘用车

（8）核定载客人数9人以上20人以下的中型客车

（9）核定载客人数20人（含）以上的大型客车

（10）货车

（11）挂车

（12）专用作业车

（13）轮式专用机械车

（14）摩托车

（15）净吨位不超过200吨的机动船舶

（16）净吨位超过200吨但不超过2 000吨的机动船舶

（17）净吨位超过2 000吨但不超过10 000吨的机动船舶

（18）净吨位超过10 000吨的机动船舶

（19）艇身长度不超过10米的游艇

（20）艇身长度超过10米但不超过18米的游艇

（21）艇身长度超过18米但不超过30米的游艇

（22）艇身长度超过30米的游艇

8.计税单位：

（1）乘用车、客车、摩托车子税目，填报辆

（2）货车、挂车、专用作业车、轮式专用机械车、机动船舶子税目，填报吨（保留两位小数）

（3）游艇子税目，填报米

9.计税单位的数量：车辆按辆征收的，填报1；车辆按整备质量以及船舶按净吨位征收的，填报吨数；游艇按米征收的，填报总长的米数。

10.单位税额：根据纳税地点所在省、自治区、直辖市车船税实施办法所附税目税额表相应的单位税额填报。

11.减免性质代码：按照国家税务总局制定下发的最新《减免性质及分类表》中的最细项减免性质代码填报。

车船税税源明细表（车辆）

纳税人名称：　　　　　　　　纳税人身份证照号码：　　　　　　　　填表日期：

申报车辆总数（辆）											
序号	号牌号码	车辆识别代码（车架号）	车辆类型	品牌型号	发动机号	车辆发票日期或注册登记日期	使用性质	燃料种类	排（气）量	核定载客	整备质量
1											
2											
3											
4											
5											
6											
7											
8											
9											
10											

《车船税税源明细表》（车辆）填报说明：

　　1.机动车信息（包括号牌号码、车辆识别代码（车架号）、发动机号、品牌型号、车辆类型、使用性质、燃料种类、排（气）量、核定载客、整备质量），根据整车合格证、机动车登记证书和机动车行驶证等材料所载数据填报。其中，品牌型号在提交材料为整车合格证、机动车登记证书时按照车辆品牌、车辆型号两个字段汇总填报。

　　2.车辆发票或注册登记日期：有机动车销售发票的，填报销售发票日期；确无销售发票的，填报机动车登记证书的注册登记日期。

车船税税源明细表（船舶）

纳税人名称：　　　　　　　　　纳税人身份证照号码：　　　　　　　　　填表日期：

申报船舶总数（艘）												
序号	船舶登记号	船舶识别号	船舶种类	中文船名	初次登记号码	船籍港	发证日期	取得所有权日期	建成日期	主机种类	净吨位	主机功率	艇身长度（总长）
1												
2												
3												
4												
5												
6												
7												
8												
9												
10												

《车船税税源明细表》（船舶）填表说明：

　　船舶信息（包括船舶登记号、船舶识别号、船舶种类、中文船名、初次登记号码、船籍港、发证日期、取得所有权日期、建成日期、净吨位、主机种类、主机功率、艇身长度）根据船舶登记证书等所载数据填报。

车船税代收代缴报告表

税款所属期限：自　　年　　月　　日至　　年　　月　　日　　　　　填表日期：　　年　　月　　日　　　　　金额单位：元至角分

扣缴义务人纳税识别号：□□□□□□□□□□□□□□□□□□

扣缴义务人纳税人名称：　　　　　　　　　　　　　　　　　扣缴义务人地址：

联系人　　　　　　　　　　　　　　　　　　　　　　　　　联系方式：

序号	保险信息					机动车信息									征收品目	计税单位	计税单位的数量	单位税额	纳税信息											
	纳税人名称	纳税人身份证照类型	纳税人身份证照号码	保险单号	保险单起期	保险单止期	签单日期	号牌号码	车辆识别代码(车架号)	发动机号码	品牌型号	机动车种类	车辆发票或注册登记日期	使用性质	燃料种类	排(气)量	核定载客量	整备质量					本年应缴税额	本年减免税额	减免性质代码	减免税证明号码	完税凭证号	纳税人拒绝开具完税凭证	税务机关代收信息	当年应缴税额	往年补缴税额	滞纳金	实际缴纳税款	滞纳金合计
	纳税人名称																						年应缴税额											
	1	2	3	4	5	6	7	8	9	10	11	12	13	14	15	16	17	18	19	20	21	22	23=21*22	24	25	26	27	28	29	30=23-24	31	32	33=	30+31+32
								—	—	—	—	—	—				—	—				—	—	—	—	—	—	—	—	—	—	—	—	—
合计																																		

本期代收代缴车船税车辆总数　　　（辆）

扣缴义务人声明	此代收代缴报告表是根据《中华人民共和国车船税法》和国家有关税收规定填报的，是真实的、可靠的、完整的。
	扣缴义务人（公章）　　　　　　　受理税务机关（盖章）

以下由税务机关填写：

受理日期		受理人		受理税务机关（盖章）

本表一式两份，一份扣缴义务人留存，一份税务机关留存。

《车船税代收代缴报告表》填报说明：

1.《车船税代收代缴报告表》适用于中华人民共和国境内代收代缴车船税的扣缴义务人申报解缴时填报。每条明细数据为一辆车。

2.税款所属期限：填报纳税年度的1月1日至12月31日。

3.纳税人名称：是单位的，填报组织机构名称；是自然人的，填报姓名。

4.纳税人身份证照类型：

（1）组织机构代码

（2）居民身份证或临时居民身份证

（3）有效军人身份证件

（4）香港、澳门特别行政区居民身份证明

（5）台湾地区居民身份证明

（6）外国人护照或居留许可

（7）外交部核发的外国驻华使馆、领馆人员、国际组织驻华代表机构人员的有效身份证

（8）其他

5.纳税人身份证照号码：是单位的，填报含所属行政区域代码的组织机构代码。是个人的，填报身份证照号码。

6.品牌型号：品牌型号在整车合格证、机动车登记证书时按照车辆品牌、车辆型号两个同名栏目汇总填报。

7.机动车种类：根据交强险保单的同名栏目所载数据填报。

8.车辆发票或注册登记日期：有机动车销售发票的，填报销售发票日期；确无销售发票的，填报机动车登记证书的注册登记日期。

9.燃料种类：根据机动车登记证书或整车合格证上的同名栏目所载数据填报。

10.排（气）量：单位为毫升。

11.核定载客：单位为人。

12.整备质量：单位为吨。

13.征收品目：

（1）1.0升（含）以下的乘用车

（2）1.0升以上至1.6升（含）的乘用车

（3）1.6升以上至2.0升（含）的乘用车

（4）2.0升以上至2.5升（含）的乘用车

（5）2.5升以上至3.0升（含）的乘用车

（6）3.0升以上至4.0升（含）的乘用车

（7）4.0升以上的乘用车

（8）核定载客人数9人以上20人以下的中型客车

（9）核定载客人数20人（含）以上的大型客车

（10）货车

（11）挂车

（12）专用作业车

（13）轮式专用机械车

（14）摩托车

（15）净吨位不超过200吨的机动船舶

（16）净吨位超过200吨但不超过2 000吨的机动船舶

（17）净吨位超过2 000吨但不超过10 000吨的机动船舶

（18）净吨位超过10 000吨的机动船舶

（19）艇身长度不超过10米的游艇

（20）艇身长度超过10米但不超过18米的游艇

（21）艇身长度超过18米但不超过30米的游艇

（22）艇身长度超过30米的游艇

14.计税单位：

（1）乘用车、客车、摩托车子税目，填报辆

（2）货车、挂车、专用作业车、轮式专用机械车、机动船舶子税目，填报吨

（3）游艇子税目，填报米

15.计税单位的数量：车辆按辆征收的，填报1；车辆按整备质量以及船舶按净吨位征收的，填报吨数；游艇按米征收的，填报总长的米数。

16.单位税额：根据纳税地点所在省、自治区、直辖市车船税实施办法所附税目税额表相应税目的单位税额填报。

17.减免税额：属于《国家税务总局 中国保险监督管理委员会关于机动车车船税代收代缴有关事项的公告》（国家税务总局 中国保险监督管理委员会公告2011年第75号）规定的不代收代缴车船税的情形的，扣缴义务人按照税法计算减免税额后填报。其余车辆根据税务机关出具的《减免税证明》的年减（免）税额填报。

18.减免性质代码：按照国家税务总局制定下发的最新《减免性质及分类表》中的最细项减免性质代码填报。

19.减免税证明号：有税务机关出具的《车船税减免税证明》的，填报此项。

20.完税凭证号：对已经向主管税务机关申报缴纳车船税的车辆，填报车辆完税凭证号。

21.开具税务机关：填报开具车船税完税凭证或《车船税减免税证明》的税务机关。

22.纳税人拒绝代收信息：如果纳税人投保交强险时，无完税或减免税证明，又拒绝扣缴义务人代收代缴的，填报（1）是；其余填（2）否。

3.7.7　扣缴个人所得税报告表

个人所得税基础信息表（A表）

（适用于扣缴义务人填报）

扣缴义务人名称：

扣缴义务人纳税人识别号（统一社会信用代码）：□□□□□□□□□□□□□□□□□□

序号	纳税人基本信息						任职受雇从业信息					联系方式					银行账户		投资信息		其他信息		华侨、港澳台、外籍个人信息（带*必填）					备注
	*纳税人识别号	*纳税人姓名	*身份证件类型	*身份证件号码	*出生日期	*国籍/地区	类型	职务	学历	任职受雇从业日期	离职日期	手机号码	户籍所在地	经常居住地	联系地址	电子邮箱	开户银行	银行账号	投资额（元）	投资比例	是否残疾孤老烈属	残疾/烈属证号	*出生地	*性别	*首次入境时间	*预计离境时间	*涉税事由	
1	2	3	4	5	6	7	8	9	10	11	12	13	14	15	16	17	18	19	20	21	22	23	24	25	26	27	28	29

谨声明：本表是根据国家税收法律法规及相关规定填报的，是真实的、可靠的、完整的。

经办人签字：

经办人身份证件号码：

代理机构签章：

代理机构统一社会信用代码：

受理人：

受理税务机关（章）：

受理日期：　　年　月　日

扣缴义务人（签章）：　　年　月　日

国家税务总局监制

《个人所得税基础信息表（A表）》填表说明：

一、适用范围

本表由扣缴义务人填报。适用于扣缴义务人办理全员全额扣缴申报时，填报其支付所得的纳税人的基础信息。

二、报送期限

扣缴义务人首次向纳税人支付所得，或者纳税人相关基础信息发生变化的，应当填写本表，并于次月扣缴申报时向税务机关报送。

三、本表各栏填写

本表带"*"项目分为必填和条件必填，其余项目为选填。

（一）表头项目

1.扣缴义务人名称：填写扣缴义务人的法定名称全称。

2.扣缴义务人纳税人识别号（统一社会信用代码）：填写扣缴义务人的纳税人识别号或者统一社会信用代码。

（二）表内各栏

1.第2-8列"纳税人基本信息"：填写纳税人姓名、证件等基本信息。

（1）第2列"纳税人识别号"：有中国公民身份号码的，填写中华人民共和国居民身份证上载明的"公民身份号码"；没有中国公民身份号码的，填写税务机关赋予的纳税人识别号。

（2）第3列"纳税人姓名"：填写纳税人姓名。外籍个人英文姓名按照"先姓（surname）后名（given name）"的顺序填写，确实无法区分姓和名的，按照证件上的姓名顺序填写。

（3）第4列"身份证件类型"：根据纳税人实际情况填写。

①有中国公民身份号码的，应当填写《中华人民共和国居民身份证》（简称"居民身份证"）。

②华侨应当填写《中华人民共和国护照》（简称"中国护照"）。

③港澳居民可选择填写《港澳居民来往内地通行证》（简称"港澳居民通行证"）或者《中华人民共和国港澳居民居住证》（简称"港澳居民居住证"）；台湾居民可选择填写《台湾居民来往大陆通行证》（简称"台湾居民通行证"）或者《中华人民共和国台湾居民居住证》（简称"台湾居民居住证"）。

④外籍人员可选择填写《中华人民共和国外国人永久居留身份证》（简称"外国人永久居留证"）、《中华人民共和国外国人工作许可证》（简称"外国人工作许可证"）或者"外国护照"。

⑤其他符合规定的情形填写"其他证件"。

身份证件类型选择"港澳居民居住证"的，应当同时填写"港澳居民通行证"；身份证件类型选择"台湾居民居住证"的，应当同时填写"台湾居民通行证"；身份证件类型选择"外国人永久居留证"或者"外国人工作许可证"的，应当同时填写"外国护照"。

（4）第5-6列"身份证件号码""出生日期"：根据纳税人身份证件上的信息

填写。

（5）第7列"国籍/地区"：填写纳税人所属的国籍或者地区。

2.第8-12列"任职受雇从业信息"：填写纳税人与扣缴义务人之间的任职受雇从业信息。

（1）第8列"类型"：根据实际情况填写"雇员"、"保险营销员"、"证券经纪人"或者"其他"。

（2）第9-12列"职务""学历""任职受雇从业日期""离职日期"：其中，当第9列"类型"选择"雇员"、"保险营销员"或者"证券经纪人"时，填写纳税人与扣缴义务人建立或者解除相应劳动或者劳务关系的日期。

3.第13-17列"联系方式"：

（1）第13列"手机号码"：填写纳税人境内有效手机号码。

（2）第14-16列"户籍所在地""经常居住地""联系地址"：填写纳税人境内有效户籍所在地、经常居住地或者联系地址，按以下格式填写（具体到门牌号）：＿＿省（区、市）＿＿市＿＿区（县）＿＿街道（乡、镇）＿＿。

（3）第17列"电子邮箱"：填写有效的电子邮箱。

4.第18-19列"银行账户"：填写个人境内有效银行账户信息，开户银行填写到银行总行。

5.第20-21列"投资信息"：纳税人为扣缴单位的股东、投资者的，填写本栏。

6.第22-23列"其他信息"：如纳税人有"残疾、孤老、烈属"情况的，填写本栏。

7.第24-28列"华侨、港澳台、外籍个人信息"：纳税人为华侨、港澳台居民、外籍个人的填写本栏。

（1）第24列"出生地"：填写华侨、港澳台居民、外籍个人的出生地，具体到国家或者地区。

（2）第26-27列"首次入境时间""预计离境时间"：填写华侨、港澳台居民、外籍个人首次入境和预计离境的时间，具体到年月日。预计离境时间发生变化的，应及时进行变更。

（3）第28列"涉税事由"：填写华侨、港澳台居民、外籍个人在境内涉税的具体事由，包括"任职受雇""提供临时劳务""转让财产""从事投资和经营活动""其他"。如有多项事由的，应同时填写。

四、其他事项说明

以纸质方式报送本表的，应当一式两份，扣缴义务人、税务机关各留存一份。

个人所得税扣缴申报表

税款所属期： 年 月 日 至 年 月 日

扣缴义务人名称：

扣缴义务人纳税人识别号（统一社会信用代码）：□□□□□□□□□□□□□□□□□□

金额单位：人民币元（列至角分）

序号	姓名	身份证件类型	身份证件号码	纳税人识别号	是否为非居民个人	所得项目	收入额计算				本月（次）情况										累计情况											税款计算							备注
							收入	免税收入	费用	减除费用	专项扣除				其他扣除						累计收入额	累计减除费用	累计专项扣除	累计专项附加扣除					累计其他扣除	减按计税比例	准予扣除的捐赠额	应纳税所得额	税率/预扣率	速算扣除数	应纳税额	减免税额	已缴税额	应补/退税额	
											基本养老保险费	基本医疗保险费	失业保险费	住房公积金	年金	商业健康保险	税延养老保险	财产原值	允许扣除的税费	其他				子女教育	赡养老人	住房贷款利息	住房租金	继续教育											
1	2	3	4	5	6	7	8	9	10	11	12	13	14	15	16	17	18	19	20	21	22	23	24	25	26	27	28	29	30	31	32	33	34	35	36	37	38	39	40
合计 合计																																							

谨声明：本表是根据国家税收法律法规及相关规定填报的，是真实的、可靠的、完整的。

经办人签字：

经办人身份证件号码：

代理机构签章：

代理机构统一社会信用代码：

扣缴义务人（签章）： 年 月 日

受理人：

受理税务机关（章）：

受理日期： 年 月 日

国家税务总局监制

《个人所得税扣缴申报表》填表说明：

一、适用范围

本表适用于扣缴义务人向居民个人支付工资、薪金所得，劳务报酬所得，稿酬所得和特许权使用费所得的个人所得税全员全额预扣预缴申报；向非居民个人支付工资、薪金所得，劳务报酬所得，稿酬所得和特许权使用费所得的个人所得税全员全额扣缴申报；以及向纳税人（居民个人和非居民个人）支付利息、股息、红利所得，财产租赁所得，财产转让所得和偶然所得的个人所得税全员全额扣缴申报。

二、报送期限

扣缴义务人应当在每月或者每次预扣、代扣税款的次月15日内，将已扣税款缴入国库，并向税务机关报送本表。

三、本表各栏填写

（一）表头项目

1.税款所属期：填写扣缴义务人预扣、代扣税款当月的第1日至最后1日。如：2019年3月20日发放工资时代扣的税款，税款所属期填写"2019年3月1日至2019年3月31日"。

2.扣缴义务人名称：填写扣缴义务人的法定名称全称。

3.扣缴义务人纳税人识别号（统一社会信用代码）：填写扣缴义务人的纳税人识别号或者统一社会信用代码。

（二）表内各栏

1.第2列"姓名"：填写纳税人姓名。

2.第3列"身份证件类型"：填写纳税人有效的身份证件名称。中国公民有中华人民共和国居民身份证的，填写居民身份证；没有居民身份证的，填写中华人民共和国护照、港澳居民来往内地通行证或者港澳居民居住证、台湾居民通行证或者台湾居民居住证、外国人永久居留身份证、外国人工作许可证或者护照等。

3.第4列"身份证件号码"：填写纳税人有效身份证件上载明的证件号码。

4.第5列"纳税人识别号"：有中国公民身份号码的，填写中华人民共和国居民身份证上载明的"公民身份号码"；没有中国公民身份号码的，填写税务机关赋予的纳税人识别号。

5.第6列"是否为非居民个人"：纳税人为居民个人的填"否"。为非居民个人的，根据合同、任职期限、预期工作时间等不同情况，填写"是，且不超过90天"或者"是，且超过90天不超过183天"。不填默认为"否"。

其中，纳税人为非居民个人的，填写"是，且不超过90天"的，当年在境内实际居住超过90天的次月15日内，填写"是，且超过90天不超过183天"。

6.第7列"所得项目"：填写纳税人取得的个人所得税法第二条规定的应税所得项目名称。同一纳税人取得多项或者多次所得的，应分行填写。

7.第8-21列"本月（次）情况"：填写扣缴义务人当月（次）支付给纳税人的所得，以及按规定各所得项目当月（次）可扣除的减除费用、专项扣除、其他扣除等。其中，工资、薪金所得预扣预缴个人所得税时扣除的专项附加扣除，按照纳税年度内纳税人在该任职受雇单位截至当月可享受的各专项附加扣除项目的扣除总额，填写至"累计情况"中第25-29列相应栏，本月情况中则无须填写。

（1）"收入额计算"：包含"收入""费用""免税收入"。收入额＝第8列－第9列－第10列。

①第8列"收入"：填写当月（次）扣缴义务人支付给纳税人所得的总额。

②第9列"费用"：取得劳务报酬所得、稿酬所得、特许权使用费所得时填写，取得其他各项所得时无须填写本列。居民个人取得上述所得，每次收入不超过4 000元的，费用填写"800"元；每次收入4 000元以上的，费用按收入的20%填写。非居民个人取得劳务报酬所得、稿酬所得、特许权使用费所得，费用按收入的20%填写。

③第10列"免税收入"：填写纳税人各所得项目收入总额中，包含的税法规定的免税收入金额。其中，税法规定"稿酬所得的收入额减按70%计算"，对稿酬所得的收入额减计的30%部分，填入本列。

（2）第11列"减除费用"：按税法规定的减除费用标准填写。如，2019年纳税人取得工资、薪金所得按月申报时，填写5 000元。纳税人取得财产租赁所得，每次收入不超过4 000元的，填写800元；每次收入4 000元以上的，按收入的20%填写。

（3）第12-15列"专项扣除"：分别填写按规定允许扣除的基本养老保险费、基本医疗保险费、失业保险费、住房公积金（以下简称"三险一金"）的金额。

（4）第16-21列"其他扣除"：分别填写按规定允许扣除的项目金额。

8.第22～30列"累计情况"：本栏适用于居民个人取得工资、薪金所得，保险营销员、证券经纪人取得佣金收入等按规定采取累计预扣法预扣预缴税款时填报。

（1）第22列"累计收入额"：填写本纳税年度截至当前月份，扣缴义务人支付给纳税人的工资、薪金所得，或者支付给保险营销员、证券经纪人的劳务报酬所得的累计收入额。

（2）第23列"累计减除费用"：按照5000元/月乘以纳税人当年在本单位的任职受雇或者从业的月份数计算。

（3）第24列"累计专项扣除"：填写本年度截至当前月份，按规定允许扣除的"三险一金"的累计金额。

（4）第25-29列"累计专项附加扣除"：分别填写截至当前月份，纳税人按规定可享受的子女教育、赡养老人、住房贷款利息或者住房租金、继续教育扣除的累计金额。大病医疗扣除由纳税人在年度汇算清缴时办理，此处无须填报。

（5）第30列"累计其他扣除"：填写本年度截至当前月份，按规定允许扣除的年金（包括企业年金、职业年金）、商业健康保险、税延养老保险及其他扣除项目的累计金额。

9.第31列"减按计税比例"：填写按规定实行应纳税所得额减计税收优惠的减计比例。无减计规定的，可不填，系统默认为100%。如，某项税收政策实行减按60%计入应纳税所得额，则本列填60%。

10.第32列"准予扣除的捐赠额"：是指按照税法及相关法规、政策规定，可以在税前扣除的捐赠额。

11.第33—39列"税款计算"：填写扣缴义务人当月扣缴个人所得税款的计算情况。

（1）第33列"应纳税所得额"：根据相关列次计算填报。

①居民个人取得工资、薪金所得，填写累计收入额减除累计减除费用、累计专项扣除、累计专项附加扣除、累计其他扣除后的余额。

②非居民个人取得工资、薪金所得，填写收入额减去减除费用后的余额。

③居民个人或者非居民个人取得劳务报酬所得、稿酬所得、特许权使用费所得，填写本月（次）收入额减除其他扣除后的余额。

保险营销员、证券经纪人取得的佣金收入，填写累计收入额减除累计减除费用、累计其他扣除后的余额。

④居民个人或者非居民个人取得利息、股息、红利所得和偶然所得，填写本月（次）收入额。

⑤居民个人或者非居民个人取得财产租赁所得，填写本月（次）收入额减去减除费用、其他扣除后的余额。

⑥居民个人或者非居民个人取得财产转让所得，填写本月（次）收入额减除财产原值、允许扣除的税费后的余额。

其中，适用"减按计税比例"的所得项目，其应纳税所得额按上述方法计算后乘以减按计税比例的金额填报。

按照税法及相关法规、政策规定，可以在税前扣除的捐赠额，可以按上述方法计算后从应纳税所得额中扣除。

（2）第34—35列"税率/预扣率""速算扣除数"：填写各所得项目按规定适用的税率（或预扣率）和速算扣除数。没有速算扣除数的，则不填。

（3）第36列"应纳税额"：根据相关列次计算填报。第36列=第33列×第34列-第35列。

（4）第37列"减免税额"：填写符合税法规定可减免的税额，并附报《个人所得税减免税事项报告表》。居民个人工资、薪金所得，以及保险营销员、证券经纪人取得佣金收入，填写本年度累计减免税额；居民个人取得工资、薪金以外的所得或非居民个人取得各项所得，填写本月（次）减免税额。

（5）第38列"已缴税额"：填写本年或本月（次）纳税人同一所得项目，已由扣缴义务人实际扣缴的税款金额。

（6）第39列"应补/退税额"：根据相关列次计算填报。第39列=第36列-第37列-第38列。

四、其他事项说明

以纸质方式报送本表的，应当一式两份，扣缴义务人、税务机关各留存一份。

>> 3.8 编制会计报表（适用于已执行新金融准则、新收入准则和新租赁准则的企业）

资产负债表

会企 01 表

编制单位：

年　月　日

单位：元

资产	期末余额	上年年末余额	负债和所有者权益（或股东权益）	期末余额	上年年末余额
流动资产：			流动负债：		
货币资金			短期借款		
交易性金融资产			交易性金融负债		
衍生金融资产			衍生金融负债		
应收票据			应付票据		
应收账款			应付账款		
应收账款融资			预收款项		
预付款项			合同负债		
其他应收款			应付职工薪酬		
存货			应交税费		
合同资产			其他应付款		
持有待售资产			持有待售负债		
一年内到期的非流动资产			一年内到期的非流动负债		
其他流动资产			其他流动负债		
流动资产合计			流动负债合计		
非流动资产：			非流动负债：		
债权资产			长期借款		
其他债权资产			应付债券		
长期应收款			其中：优先股		
长期股权投资			永续债		
其他权益工具投资			租赁负债		
其他非流动金融资产			长期应付款		
投资性房地产			预计负债		
固定资产			递延收益		
在建工程			递延所得税负债		
生产性生物资产			其他非流动负债		
油气资产			非流动负债合计		
使用权资产			负债合计		
无形资产			所有者权益（或股东权益）：		
开发支出			实收资本（或股本）		
商誉			其他权益工具		
长期待摊费用			其中：优先股		
递延所得税资产			永续债		
其他非流动资产			资本公积		
非流动资产合计			减：库存股		
			其他综合收益		
			专项储备		
			盈余公积		
			未分配利润		
			所有者权益（或股东权益）合计		
资产总计			负债和所有者权益（或股东权益）总计		

利润表

会企02表

编制单位：　　　　　　　　　　　　　　年　月　　　　　　　　　　　　　　　　单位：元

项目	本期金额	本年累计金额
一、营业收入		
减：营业成本		
税金及附加		
销售费用		
管理费用		
研发费用		
财务费用		
其中：利息费用		
利息收入		
加：其他收益		
投资收益（损失以"-"号填列）		
其中：对联营企业和合营企业的投资收益		
以摊余成本计量的金融资产终止确认收益（损失以"-"号填列）		
净敞口套期收益（损失以"-"号填列）		
公允价值变动收益（损失以"-"号填列）		
信用减值损失（损失以"-"号填列）		
资产减值损失（损失以"-"号填列）		
资产处置收益（损失以"-"号填列）		
二、营业利润（亏损以"-"号填列）		
加：营业外收入		
减：营业外支出		
三、利润总额（亏损总额以"-"号填列）		
减：所得税费用		
四、净利润（净亏损以"-"号填列）		
（一）持续经营净利润（净亏损以"-"号填列）		
（二）终止经营净利润（净亏损以"-"号填列）		
五、其他综合收益的税后净额		
（一）不能重分类进损益的其他综合收益		
1.重新计量设定受益计划净负债或净资产的变动		
2.权益法下不能转损益的其他综合收益		
3.其他权益工具投资公允价值变动		
4.企业自身信用风险公允价值变动		
⋮		
（二）将重分类进损益的其他综合收益		
1.权益法下可转损益的其他综合收益		
2.其他债权投资公允价值变动		
3.金融资产重分类计入其他综合收益的金额		
4.其他债权投资信用减值准备		
5.现金流量套期储备		
6.外币财务报表折算差额		
⋮		
六、综合收益总额		
七、每股收益：		
（一）基本每股收益		
（二）稀释每股收益		

3. 第19行 = 第20+21+22行。

4. 第25行 = 第26+27+28+29+30行。

5. 第26行和第27行不可同时填报。

6. 第31行 = 第1+17+25行。

（二）表间关系

1. 第3行 = 表A107011第8行第17列。

2. 第4行 = 表A107011第9行第17列。

3. 第5行 = 表A107011第10行第17列。

4. 当表A000000"210-3"项目未填有入库编号时，第26行 = 表A107012第51行。

5. 当表A000000"210-3"项目填有入库编号时，第27行 = 表A107012第51行。

6. 第31行 = 表A100000第17行。

A107011　符合条件的居民企业之间的股息、红利等权益性投资收益优惠明细表

行次	被投资企业	被投资企业统一社会信用代码（纳税人识别号）	投资性质	投资成本	投资比例	被投资企业利润分配确认金额		被投资企业清算确认金额		撤回或减少投资确认金额					合计
						被投资企业做出利润分配或转股决定时间	依决定归属于本公司的股息、红利等权益性投资收益金额	分得的被投资企业清算剩余资产	被清算企业累计未分配利润和累计盈余公积应享有部分	应确认的股息所得	从被投资企业撤回或减少投资取得的资产	减少投资比例	少投资成本	收回初始投资成本	取得资产中超过收回初始投资成本部分	撤回或减少投资应享有被投资企业累计未分配利润和累计盈余公积	应确认的股息所得	
	1	2	3	4	5	6	7	8	9	10（8与9孰小）	11	12	13（4×12）	14（11-13）	15	16（14与15孰小）	17（7+10+16）
1																	
2																	
3																	
4																	
5																	
6																	
7																	
8	合计																
9	其中：股票投资—沪港通H股																
10	股票投资—深港通H股																

21.第21行"2.保险机构取得的涉农保费收入在计算应纳税所得额时减计收入":填报保险公司为种植业、养殖业提供保险业务取得的保费收入总额乘以10%的金额。其中保费收入总额＝原保费收入+分保费收入-分出保费。

22.第22行"3.小额贷款公司取得的农户小额贷款利息收入在计算应纳税所得额时减计收入":填报按照《财政部 税务总局关于小额贷款公司有关税收政策的通知》(财税〔2017〕48号)等相关税收政策规定,对经省级金融管理部门(金融办、局等)批准成立的小额贷款公司取得的农户小额贷款利息收入乘以10%的金额。

23.第23行"(三)取得铁路债券利息收入减半征收企业所得税":填报纳税人根据《财政部 国家税务总局关于铁路建设债券利息收入企业所得税政策的通知》(财税〔2011〕99号)、《财政部 国家税务总局关于2014 2015年铁路建设债券利息收入企业所得税政策的通知》(财税〔2014〕2号)及《财政部 国家税务总局关于铁路债券利息收入所得税政策问题的通知》(财税〔2016〕30号)等相关税收政策规定,企业持有中国铁路建设铁路债券等企业债券取得的利息收入乘以50%的金额。

24.第24行"(四)其他":填报纳税人享受的其他减免税项目名称、减免税代码及减计收入金额。

25.第25行"三、加计扣除":填报第26+27+28+29+30行的合计金额。

26.第26行"(一)开发新技术、新产品、新工艺发生的研究开发费用加计扣除":当表A000000"210-3"项目未填有入库编号时,填报表A107012第51行金额。本行与第27行不可同时填报。

27.第27行"(二)科技型中小企业开发新技术、新产品、新工艺发生的研究开发费用加计扣除":当表A000000"210-3"项目填有入库编号时,填报表A107012第51行金额。本行与第26行不可同时填报。

28.第28行"(三)企业为获得创新性、创意性、突破性的产品进行创意设计活动而发生的相关费用加计扣除":填报纳税人根据《财政部 国家税务总局 科技部关于完善研究开发费用税前加计扣除政策的通知》(财税〔2015〕119号)第二条第四项规定,为获得创新性、创意性、突破性的产品进行创意设计活动而发生的相关费用按照规定进行税前加计扣除的金额。

29.第29行"(四)安置残疾人员所支付的工资加计扣除":填报纳税人根据《财政部 国家税务总局关于安置残疾人员就业有关企业所得税优惠政策问题的通知》(财税〔2009〕70号)等相关税收政策规定安置残疾人员的,按照支付给残疾职工工资的100%加计扣除的金额。

30.第30行"(五)其他":填报纳税人享受的其他加计扣除项目名称、减免税代码及加计扣除的金额。

31.第31行"合计":填报第1+17+25行金额。

二、表内、表间关系

(一)表内关系

1.第1行 = 第2+3+6+7+8+9+10+11+12+13+14+15+16行。

2.第17行 = 第18+19+23+24行。